住総研住まい読本

近居

少子高齢社会の住まい・地域再生にどう活かすか

大月敏雄＋住総研 編著

学芸出版社

まえがき

近居という現象を意識したのは、大学四年生の夏休み、汐入研究会の調査に参加したときのことであった。汐入は荒川区南千住にあった江戸時代から続く集落で、明治期に南隣に鐘ヶ淵紡績工場ができて市街化がはじまり、関東大震災後、都心から多くの人びとが移り住み、集落内の畑が一挙に長屋で埋め尽くされたような町であった。幸い、第二次大戦の空襲の被害を受けなかったため、平成のはじめまで、長屋群と魅力的な路地で有名なところとなっていたが、防災拠点づくりのために全面再開発され、現在では、超高層住宅群が林立し、往年の面影は残っていない。

調査では、長屋群がどのように住まわれてきたのかを解明するために、居住者にインタビューや実測調査をお願いして回った。多くの長屋では増築が施され、住戸間の壁を取り去り、もともと二つの住戸だったところを一軒として住んでいるところも多く発見された。家族が増え、面積を増やすためにこうした二戸一化が進んでいた。さらに、受験生のお兄ちゃんのために、近所のアパートの一室を緊急措置として借りているというお宅に出会った。一つの家族なのに、空間的に離れた二つの住宅を用いて、柔軟に面積を調節しながら生活を成り立たせている、ということが新鮮に感じられた。

そして、その年の秋になり、卒業論文として取り組んだのが同潤会住利《すみとし》アパートであった。70年近く集合住宅に住み続けると何が起きるのかが知りたかった。ここでも、隣の住戸を買い増して、増築部分でその二つの住戸をつないでいるお宅を発見することができた。そして、同じアパート内に複数の住戸を使って暮らしている家族を多数発見できた。そしてその「離れ」的な住戸は、「受験生の部屋」「お兄ちゃんの部屋」「息子夫婦の部屋」「おばあちゃんの部屋」「趣味の部屋」「物置」などとして使われていたのである。

一つの家族が近所の別々の住宅に住み、互いに行き来しながら生活を成り立たせている現象、それを近居とするならば、この近居にこそ、集合住宅や市街地に集まって住む意味がいろいろと見つかるのではないだろうか。そうしたことを漠然と考えるようになった。

その後も、たくさんの同潤会アパートや古い市街地、海外のスラムなどの住宅地を調べたが、いずれも「近居」が観察された。もちろん、集合住宅や住宅市街地において、人びとが群れなして住むことを計画するときに、近代的計画概念においては、コミュニティをどう形成するかがいつも主題であり続けている。つまり、田舎から都会に出てきた、互いに見ず知らずの労働者たちの、労働力再生産の場としての居住地を計画的につくるときに大事にされてきた概念が、コミュニティであったのだ。それは、もともと知らない者どうしが、助け合いながら、新規開発居住地のその後の運営をうまく持続させていくこと、を目的として考え始められたことなのだろう。

しかし、近代における住宅地の計画では、一つの家族はつねに一つの住戸に収納され、もしそこからはみ出ることがあっても、それは「独立」という形で、全く新しい個別の家族として取り扱われてきた。つねに「一家族一住宅」が、近代住宅地計画の暗黙の前提だった。しかしながら、ここでいう「家族」は、厳密には「世帯」とも言うべきもののはずである。そもそも「家族」は、日本の法体系に明確に定義づけられていない。代わりに、「親族」と「世帯」は、それぞれ民法と国勢調査令によって定義づけられている。親族は基本的に、一親等や二親等などの血縁関係に根拠づけられた関係を有する人間の集団を規定しており、婚姻や相続のルールに絡む。「世帯」は行政計画の基礎データを把握するために行われる国勢調査において、原則として「同一生計」と「同居」に根拠づけられた人間集団である。一方で、「家族」はさまざまな定義が可能であるが、基本的には自分が家族だと思えば、家族なのだ。

だから、近代計画論が前提する「一家族一住宅」は、日本の文脈では「一世帯一住宅」なのであり、世帯どうしがとり結ぶ家族的関係性は、どの計画論の俎上にも上がってこなかった。こう考えると、近居において、世帯どうしが取り結ぶ家族的関係を無視すれば、地域という空間が持っている本来の意味の多くが見失われることになりはしないだろうか。その端的な例として、少子高齢社会において近居が一定割合実現することにより、地域的家族関係のなかで子どもや高齢者の世話が日常生活の延長として解決される面も出て来ようし、都市近郊ニュータウンにありがちな、いびつな人口構成の是正に資する面があるかもしれない。

私が汐入や同潤会アパートで観察してきたような「近居」は、実際に多数存在しており、説明しさえすれば誰もが思い当たる、ごく一般的な現象である。改めて、その現象に注目することにより、近居が有する地域生活空間の意味の再解釈を試み、なおかつそこから得られた知見を、地域を再生するために、住宅政策、住宅供給、住宅研究の諸分野でどのように活用可能なのかを検討することが、本書の目的とするところである。

本書は３部に分かれおり、第１部「近居の現状と課題」では近居、および近居に近い居住現象の実態をさまざまなフィールドと視点から提供する。第２部「自治体の取り組み」では、地方自治体レベルで実験的に始まったばかりの、近居という現象を誘導する仕組み、地域再生を図るための意欲的試みを紹介する。そして第３部「住宅に住む」から「地域に住む」時代へ」では、第１部、第２部を踏まえ、近居や近居に近い住まい方が、どのように再解釈されうるのかを論じている。そこでは、家族と住居の関係をどのように捉えるべきかという、住宅問題の本質が議論され、近居に着目することが、単に住宅問題ばかりでなく、我々人類の地域居住空間のつくり方という、社会学・人類学・地理学的テーマにおいても重要であることが議論される。

しかし正直に言うと、いまだに近居の定義が曖昧なまま議論が進んでいることも事実である。何メートル離れていれば近居なのか、何分でたどり着ければ近居なのか、そして家族はどこまでが家族なのか。こうした課題はいまだに解けていない。しかし、これをさまざまな角度から解こうとするプロセスのなかに、新たな居住問題を解くヒントが多様に発見できるのではないかと思っているのである。

平成26年３月１日

大月敏雄

近居

少子高齢社会の住まい・地域再生にどう活かすか

目次

序論

近居の意義

大月敏雄

①超高齢社会における近居

今の日本の社会が抱える重要な課題として、超高齢化への対応がある。各種の統計や推計によると、とりわけ高齢単身者[注1]の増加が、深刻な問題を社会にもたらすことに警鐘が鳴らされる場面をよく見かける。高齢単身者が増えていくと、彼らの生活上のサポートを誰がおこなうかを考えた場合に、莫大な税の投入を覚悟せざるを得ない。そして、今でこそ深刻な問題となっている孤独死・孤立死が、より頻発するような社会に、どのように対処するべきかという不安はますます大きくなっていく。

このように、統計上では確実に高齢単身者の数は増えているのだが、はたして、その数はそのまま、「孤立無援の人びと」の数であると捉えていいのだろうか、ということについて少し考えてみたい。じつは、国の各種施策のベースとなる国勢調査[注2]

注1　高齢単身者
　内閣府の平成24年版高齢社会白書によれば、「65歳以上の高齢者のいる世帯」は国民全体の4割である。この「65歳以上の高齢者のいる世帯」のうちの「単独世帯」、すなわち「高齢単身者の世帯」の割合は25％となっている。すなわち、日本の全世帯のうちの1割程度が単身高齢者の世帯だということである。またこの割合は年々増加している。

注2　国勢調査
　国の人口の情況を明らかにするために、大正9年以来ほぼ5年ごとに行われてきた全国規模の調査。統計法にもとづき、国勢調査令などに従って、西暦の5の倍数の年に実施される。国勢調査令の中で「世帯」の定義がなされ、同居と同一家計が世帯の原則的要件とされる。

や、地方自治体の施策の元となる住民基本台帳[注3]などでは、親族どうしが近い距離に暮らし、それぞれがある程度、できる範囲で助け合いながら暮らしていくという現象は、捕捉されていない。近居や隣居という現象は、高齢単身者の増加を示す統計とは切り離された現象として認識されている。

こうした意味では、単純に「高齢単身者の数」＝「孤立無援の人びとの数」と定式化して、それをもとに、ある種の政策的パターナリズム[注4]にもとづく税金の大量投入へと導く議論の流れに対しては、やや間をとって見る必要がありそうだ。だからといって、家族が近くに住み合い、血縁の相互扶助でもって、高齢者サポート問題を解決するべきだという方向もアナクロにすぎる。

ここで考えたいのは、超高齢化社会に対して、政策財源を増やさねばならないのは確実であるにしても、その程度をどう考えればいいのかについての目途を探るということである。または、そのための我々の居住空間とはどのようなものであったらいいのかということである。

筆者のこれまでのフィールド調査の経験からいえば、おおむね20年以上たった町では、それがニュータウンの戸建団地であろうが、都心の分譲マンションであろうが、ざっくり言って、高齢者のおおむね1〜3割程度（地域による）が、子ども家族と近居（この場合だいたい30分以内に駆けつけることができる）を行っているということが類推的に言え、そのことを踏まえた政策が形成される可能性があるのではないかということである。

日本の都市政策も住宅政策も、近居という現象を念頭に入れて組み立てられてい

注3　住民基本台帳
住民基本台帳法にもとづき、市町村長が個人を単位とする住民票を世帯ごとに編成して作成したもので、行政施策の対象としての個人や世帯の動向を補足する基礎資料となる。住民基本台帳事務処理要領という通知では、世帯は「居住と生計をともにする社会生活上の単位」と定義されている。

注4　パターナリズム
家父長主義、父権主義などと訳される。一般には立場の強いものが、立場の弱いものの庇護者として、被庇護者の便益を図る名目でその自由を束縛しがちなことをさすが、これを国家と個人の関係になぞらえることが多い。

るわけではまったくないにもかかわらず、少なからずの人が、ある場合には仕方なく、また別の場合には選好的に近居を実践しているということは、近居が、ある種類の生活課題を解くための手だてとして活用されているのだと、理解し得るのではないか。いわば、個人の自助努力の結果としての近居、という側面があろうということである。これをうまく都市政策・居住政策[注5]に組み込むことができれば、過剰投資を一定程度免れ得るのではないかという考えも、成り立たないわけではない。

むろん、すべての高齢の親が、子ども世帯に近所に住んでもらって、何かあった時に駆けつけてくれることを幸せなことだと思っているわけではないだろうし、逆にすべての子育て世帯が、まだ元気な親に子育てを手伝ってほしいと思っているわけではなかろう。また、おじいちゃんおばあちゃんになったからといって、孫と接しているときが一番楽しいという人ばかりとは限らず、せっかくの老後の自由時間を、子どもにも孫にも干渉されずに、のんびり過ごしたいのだという人も多いことだろう。

こうしたことを考え合わせると、すべての人が近居をしなければならないわけでは毛頭ないものの、近居について、それを望む人がある程度自然に選択できるように配慮するような計画が、まちづくりレベル、住まいづくりレベルで考えられる余地がありそうだということだ。

注5　近居にかかわる都市政策・居住政策
平成18年に閣議決定された住生活基本計画（全国計画）の中で初めて「近居」が国家の住宅政策の文言として採用された。その後同計画は平成23年に改訂が加えられ、「住生活の安定の確保及び向上の促進に関する目標」の3番目として、「多様な居住ニーズが適切に実現される住宅市場の環境整備」が掲げられ、そのための「基本的な施策」の一つとして、「既存ストックを活用しつつ、高齢者等向けの賃貸住宅の供給や三世代同居・近居への支援を行う」ことが掲げられている。しかし、その具体的な施策展開は地方自治体の創意工夫（あるいは試行錯誤）に任されているが、本書第2部で見るように、ようやくその具体的取り組みが始まりつつある。

②血縁・地縁と近居の選択的実現

それでは、本当に身寄りのない孤立無援の高齢者は、どうしたらよいのか。これこそは、基本的には、政策的なセーフティネット[注6]がサポートするべきであろう。ただし、それだけでは世の中は成り立っていかない。ここで、日本における家族関係の福祉の担い手の変化をざっと振り返る必要があるだろう。

日本が福祉型の国家に変革してきた高度経済成長時代までは、こうした家族関係の福祉は、基本的に血縁家族が担ってきた。場合によっては、それを地縁社会（コミュニティ）が補完的に支援してきたし、血縁関係の薄い都会では地縁社会が個人の福祉を下支えしてきた面もある。「遠くの親戚より近くの他人」などという言葉が実感をもってつかわれていた世界である。そうした伝統的な家族の福祉のありようが、高度経済成長にともなう都市的生活様式への移行とともに徐々に解体し、勤め先による福祉と、公による福祉政策にとって替わられてきた。血縁と地縁による福祉から、公共と勤め先組織による福祉への切り替えである。別な表現方法をとれば、これまで親類づきあいの煩わしさや、隣近所づきあいの煩わしさを、いわば「一種の保険料」[注7]として成り立たせていた互助の仕組みを、税金や保険料という形で、より集約的に、より合理的に、より広域的に、より契約的に行う国家システムへと、変換してきたのである。そのことを通じて戦後日本人は、それぞれが「自立した個人」「他人に迷惑を掛けない個人」たらんことを目指してきたのである。一方で、そのプ

注6　セーフティネット
安全網。平成の大不況の中で、社会保障制度が大きく後退し、多くの生活不安定者が社会に放り出される結果となった。住宅政策の面では、公共住宅の新規建設抑制策が続けられる中で、生活不安定者の最後の砦としての公営住宅や、生活保護受給者のための低家賃の民間賃貸住宅などを、住宅セーフティネットとして見直す動きがでてきた。

注7　一種の保険料
筆者は、日常生活における近隣への会釈や挨拶や声掛け、あまり物やお土産などのやり取りが、一種の「保険システム」のように機能している側面があると見ている。挨拶やお土産は、言ってみれば「保険料」であり、自分が近隣に助けてもらわなければならない事態に遭遇したときに、近隣からの何がしかの「助け（言ってみれば、保険金）」を期待できる可能性を持っている。この考えは余りにもプラグマティック（実利主義的）に過ぎるかもしれないが、「なぜ近隣と仲良くしなければならないのか？」という問いへの、回答の一つとなるのではないかと考えている。

ロセスのなかで役割を減じてきたのが、親族と近隣による助け合いであった。

しかし、ここ20年で起きたことは、公による福祉の縮減と、勤め先組織による福祉からの撤退であった。原因は経済成長の終焉である。つまり、かつてのように公と勤め先にお金が集まる目途が立たなくなったのである。だからこそ、それまで議論の対象とならなかったセーフティネットが改めて議論されなければならなかったのである。

ただ、このセーフティネットをだれが構築すべきか、という点が重要である。すべて公が負担するということはすでに現実的ではないだろう。高齢化にともなう諸費用が今後膨らんでいくことは明らかだし、消費税を上げるにも限界があろう。そこで登場するのが、従来の血縁・地縁の枠組みを顕在化させることである。しかし、ここでも問題が生じる。血縁を強調すれば、家族による介護、シャドーワーク[注8]などなど、これまで忌避されてきた不平等な負担が思い出される。また、地縁を強調すれば、伝統的保守的な町内会組織によるボス支配とそれを通じた巧みな行政支配の影が頭をよぎる人もいる。こうした伝統社会の暗い影を払拭しようとして、我々は戦後、「自立した個人が形成する社会」を築いてきたのではなかったのか。

とはいっても、可能な範囲で親の面倒を見る、あるいは孫の世話をするというような、家族をケアしあうということに喜びを感じる人も当然いるだろうし、町内会が常に保守的だとは限らない。町内会自治会の活動は地域社会にとっては不可欠で重要であることも多い。また一方で、地域のなかでは、ＮＰＯなどを中心とした、新手の活動主体も大きく台頭してきた。ＮＰＯという構えをとらずとも、インターネ

注8　シャドーワーク
貨幣などの対価が明示的に支払われない労働。女性の家事・育児・高齢者介護などが典型例。社会思想家、イヴァン・イリイチの同名書により、世界中に普及した概念。

ットで形成された人間関係が、地域の課題を解く方向に動いていく可能性も実証されつつある。

当たり前かもしれないが、こうした、地域における新旧の多様な人間関係でもって、地域のセーフティネットを、公とともに構築するしか、道はなさそうである。もちろん、場合によっては「勤め先」もそのなかに積極的にかかわってほしい。血縁、地縁そして、NPOやネット社会といった新たな縁（人間関係）がどのような塩梅で地域の福祉を支えることが可能なのか。そこにどう公が絡むのか。またそこにどう勤め先がビジネスとして、あるいは社縁として絡むのか。こうしたことを総合的に考える必要がありそうである。

こうしたなかで、比較的、都市・建築・住宅・地域空間の計画といった分野となじみが深いのが、「地縁」であった。特に住宅計画・住宅地計画の分野では「コミュニティ形成」[注9]なるものが、一つの計画価値として一定の重きをなしてきた。それでも、世の中には常に一定の割合で「コミュニティなるものは必要ない」と感じている人びとが存在するのは事実なので、「コミュニティ計画」は、ともすれば、独り善がりな価値観の押しつけ、というふうに取られる場面が多々あったことは否めない。しかし、好むと好まざるとにかかわらず、地縁による互助を改めて議論すべき時期にきていることも事実だし、伝統的コミュニティ形成論を自己目的化することを超えて、上述の文脈のなかで議論し続けていくことの重要性はますます強まっている。

また、「新たな縁（NPOやネット社会）」はまちづくりの新たな担い手としてさまざ

注9　コミュニティ形成
コミュニティという概念は、そもそも生態学や社会学で用いられていたが、日本では戦後の大量の団地建設の中で、新規建設住宅地において親密な近隣関係が形成されることを期待して用いられる言葉となった。このため初期の団地計画ではグルーピング（居住者の社会集団としてのまとまりを形成しやすくするために住戸の物理的なまとまりを考える）やNSペア（集合住宅の階段室を南北で向かい合わせることにより住民が接する機会を増やす）などの設計手法が用いられた。現在でも、中間領域やコモンなどの空間デザインによって、コミュニティ形成を目的とした計画がおこなわれる。

まに研究されつつあるし、「コミュニティビジネス」などの関連で、地域空間における「勤め先」の担う役割も多様化しつつある。介護ビジネスへのさまざまな主体の参入の状況をみれば、それが生々しく展開しつつある様子がわかる。また、その関連として公共の役割も相対的に見直されつつあり、ＰＰＰ[注10]という言葉がそれを象徴している。

しかるに、従来、住宅や空間の研究と関連の深かった「地縁」は、この「家族の福祉を地域的にどう解くか」という問題にどう絡むのか。それを空間的な解釈としてみた場合に、建築学、住居学の人びとは何を考えたらいいのか。こう考えた時に、近居という現象に、改めて着目する必要があると考えられるのだ。

こういうことから、住宅計画の一つの目標価値として、コミュニティ形成などと同様に、近居の選択的実現の可能性を掲げることができないだろうか、というのが本書で展開されるテーマである。ただし、あくまでも「選択的実現の可能性」である点が重要だ。

③ モノトーン住宅地の成熟化と近居

また一方で、上述のような、高齢者の面倒を見るという、どちらかというと個人個人の生活をどう成り立たせるかといった観点からのみ近居を議論すべきではないことも当然である。近年大きくクローズアップされている課題の一つとして、都市内外で周囲と比べて異様に高齢化してしまった住宅地の問題がある。いろんな意味

注10　ＰＰＰ
Public-Private Partnership の略。官民連携のこと。行政側（Public）がパターナリズム（前出）をもってあらゆる公的サービスをこなしていくのではなく、民間事業者（Private）の創意工夫や資力を活用しながらやっていくこと。公的施設の建設・運営などを民間事業者が行うＰＰＰ（Private Finance Initiative）や指定管理者制度なども、この一種。

でそこはモノトーンであるので、筆者はモノトーン住宅地と呼んでいる。高度経済成長期にできた住宅ばかりの郊外団地や、ある一定の属性の家族ばかりを何千軒規模で集めた都市部の団地などが、その典型である。現在そうしたところでは、地域空間の運営（住宅地マネジメント）の担い手が減り、子ども会、婦人会、自治会の機能が徐々に解体し、孤独死が多発する、いわゆる住宅地の限界集落化[注11]問題が進行しつつある。このこと自体はずっと前から予測されてきたことだ。ただ、誰もそれに効果的な手を打ってこなかっただけのことである。

　こうしたモノトーン住宅地では、現在高齢化が問題になっているが、たいていそこはかつて、保育園や小学校といった子育て施設の不足が問題になったところでもあった。そこで現在見られる異常に多い高齢者や、かつて見られた異常に多い子どもたちは、彼ら自身が問題なのではなく、その住宅地自体が構造的に抱えている問題の結果なのである。

　この問題は、二つに分けることができる。第一番目の問題は、ある一定のライフステージの人間ばかりを呼び寄せてしまった、住宅地を構成する住宅の種類の少なさ、つまり、ワンパターンの住宅だけで覆い尽くされてしまった地域であるという、ハードの問題である。そして二番目の問題は、入居者の募り方である。もちろん、一挙に入居者を集めてしまえば、同じようなライフスタイルの人ばかり集まる。ワンパターンの住宅ばかり並ぶところでも、少しずつ入居時期をずらしながら長期にわたって入居者を集めれば、[注12]それほど極端に人口は偏らない。しかしながら、開発業者からすればたいてい借入金で事業を行っているので、短期間に土地や住宅を売

注11　限界集落
高齢化率が50%を超えた集落をさす。総務省が平成22年に実施した「過疎地域等における集落の状況に関するアンケート調査」によると、過疎関係市町村の集落約6万5千地域のうち、約15%において高齢者の割合が50%を超えていた。

注12　長期にわたって入居者を集める
新規開発の大規模住宅地では、新築住宅に35歳前後の夫婦とその子ども（多くは未就学児）が住み始めることが多い。このため、一定範囲の団地に一挙に新築住宅が増えると、そこの人口構成がいびつな形で固定化される可能性が高い。これを防ぐための方策として、長期にわたって新規住宅建設を行う方策が考えられるが、市場原理の中では住宅が売れるときに一挙に売ってしまった方が、短期的利益が上がるため、なかなか実現は難しい。しかし、株を公開していないデベロッパーによって供給されたユーカリが丘ニュータウン（千葉県佐倉市）では住宅供給戸数を年間約200戸に制御することによっていびつな人口構成の固定化を防ぐ試みが長年にわたって実施されている。深見かほり、大月敏雄「ユーカリが丘ニュータウンの人口動態に関する考察」『学術講演梗概集　建築計画II』日本建築学会、2007年参照。

り捌かなくてはならないという事情がある。開発地の人口が偏らなくなるまで悠長に土地・住宅の分譲を行うわけにはいかない。また一方で、賃貸の住宅団地でも、事業者側の都合で一方的に新規入居者の募集を停止したりすると、一挙に高齢化が促進されることも明らかである。このように、どのように入居者を募集したり、しなかったりするかによっても、住宅地の居住者の偏りは大きく変わり得るのである。すなわち、モノトーン住宅地は、それが備える住宅ストックの種別構成というハードの問題、そして、入居者をどのようなタイムスパンで集めるかというソフトの問題の、2種の問題によって成り立っているのである。

　このようなモノトーン住宅地を解決するには、上記したハードの側面と、ソフトの側面を解決せねばならない。すなわち、ハードの側面からは地域における住宅ストックの構成比率の多様化、そしてソフトの側面からは多様な居住者の呼び込み方である。もちろんこれらの手立ては相補関係にある。だが、手っ取り早く行われるのが、現在人口ボリュームの主流となっている年代とは別の年代を呼び込むことである。ここ20年ほど地方では、Ｉターン、Ｊターン、Ｕターン[注13]によって地域の人口を回復しようと、いろいろと努力が試みられてきたが、こうした努力がいま、モノトーンな住宅地に求められようとしている。そこには特定のターゲットを呼び込むための、魅力（土地の魅力、仕事や生き甲斐）が用意されなければならないし、そのターゲットにふさわしい住宅が用意されていなければならない。

　そこで改めて、ちまたで生じている近居という現象に着目してみると、行政的に無理やり遠くから特定の人びとを引っ張って来なくても、自然現象として親世帯が

注13　Ｉターン、Ｊターン、Ｕターン
　いったん故郷を離れて都会に住んだものの、「訳あって」自分の生まれ故郷に戻ってくるＵターンは古くから使われていた言葉であるが、自分の故郷ではないけど「縁あって」、そこが気に入って住み着くＩターンは、かつては都会生まれの田舎暮らし志向者をさすことが多かった。近年、過疎が進む地方自治体では、田舎に住むことのメリットを説き、あるいは、田舎暮らしの魅力を高めることにより、人口増加策のために積極的にＩターンを促すことところが増えた。Ｊターンは、故郷を離れていったん大都会に住んだあとに、「訳あって」、もしくは「縁あって」、故郷に近い都市に、あるいは、かつて住んだ経験のあるところに住むことをさす。近居は、Ｉ、Ｊターンに深く関係していると考えられる。

近くに子世帯を呼んだり、子世帯が近くに親世帯を呼んでいることに気が付く。すなわち、近居を通して地域のいびつな人口構成の是正が、ある程度自然発生的になされうるのなら、モノトーン住宅地が今後、成熟して生き延びていくための手立てとして、近居の促進というものがあるのではないかということが、近居着目への第二の視点である。選好的に行われる近居が、必要に応じて自然発生的に生じる住宅地は、きっと、老若男女が住めるような住宅ストックをすでに形成しているわけで、モノトーン住宅地がそのように変質したときに、それは成熟した住宅地注14と呼べるようなものになるのではないだろうか。

④「住宅に住む」から「地域に住む」へ

従来の住宅政策では、人間を「住宅に住む」生き物と仮定し、住むことの対象物である「住宅」の方に焦点を当てて、研究蓄積がなされてきた。このことは、とりもなおさず住宅政策のあり方が、「家族は住宅に住む」ことを、暗黙の前提として展開してきたからであり、「一世帯一住戸」の確保や、「一世帯○○㎡」の確保などといった具体の政策も、「住宅に住む」という現象の改善を、政策目標とした結果であったと言っていいだろう。

確かに人間は「住宅に住む」のではあるが、人間の生活はそればかりでは充足されない。人間が「地域に住む」という現象も、実は決して忘れてはならない事実である。日本では、20世紀中をかけて「住宅に住む」ことは平面計画や近年の重装備

注14　成熟した住宅地

出発点がモノトーン住宅地であっても、時間経過によって多様な変化が住宅地にもたらされることがある。住宅であったものが店舗になったり、住宅の一部が店舗や事業所になったりといった、「建物機能の変化」。戸建て住宅であったものが、アパートになったり、その逆になったりといった、「建物種別の変化」。空き地が家庭菜園や駐車場になったりする「土地利用の変化」。こうして、住まい手の多様なニーズに長期にわたって応え続けることによって、住宅地の「物理的な変化」が生じ、空間的にモノトーン住宅地ではなくなっていく。それに加え、そこに住む人々の年齢や家族人数、家族形態といった「居住者属性の変化」がさらに加わっていき、その結果形成された居住環境が「成熟した住宅地」と言えるのではないかと、筆者は考えている。「住宅地の物理的な変化」と「居住者属性の変化」が相まって、近居という現象の素地を生み出していると考えられる。

化された諸設備によって、確かに大きく改善されたが、「地域に住む」こと自体については対象化されることもなく、そのまま放っておかれたといってよいだろう。

しかるに、我々が現在直面している大きな問題の一つは、都市の周辺部に昭和戦後期に大量に建てられた膨大な住宅のストックをどのように取り扱っていくかということだ。このような郊外の大量住宅供給エリアばかりでなく、日本中のあらゆる地域で、空き家という形での住宅ストック問題が顕在化しつつあり、すでに社会問題の様相を呈しつつある。

このような住宅ストックの多くは、住宅不足を背景に戦後大量に建て続けられてきたわけだが、その住宅大量供給の根底には、「一つの家族が、一つの敷地に建つ、一つの住宅に住む」ということが、大前提とされてきた。しかし、すでに昭和48年あたりから、数の上での住宅不足はなくなり、「一家族、一住宅、一敷地」という数だけの対応関係から導かれる政策理念が転換を迫られ、ついには「量より質だ」と叫ばれ始めた。しかし、ここでいう「質」は、「計測しやすい数字に裏付けられた質」であり、とりもなおさず品確法[注15]に列挙されているところの、「○○率」や「○○値」といった数値群に変換可能なしろものであった。

しかも、品確法的住宅の質というのは、確かに住み心地のようなものに深い関連を示すとは思われるが、それは住宅単体の物理的特性に過ぎず、たとえば、親子世帯がスープの冷めない距離に住み合い、親は子の子育て（つまり孫育て）を手伝い、子は親の調子が悪くなったときに面倒を見るといった、複数の世帯の生活の質を高め合うような現象（つまり近居など）は無視されてきたのである。あるいは、地域への

注15　品確法

住宅性能の表示基準や住宅性能の評価制度を定めた「住宅の品質確保の促進等に関する法律」（平成11年成立）の略称。同法によって規定された住宅性能表示制度では、新築住宅の場合、以下の十の項目について住宅性能を数値化している。ただし、これらの性能がそろえば、本当に良い住宅になるのかどうかはわからない。あくまでもこれらはよい住宅の必要条件の一部だと考えるべきだろう。

①構造の安定、②火災時の安全、③劣化の軽減、④維持管理更新への配慮、⑤温熱環境、⑥空気環境、⑦光・視環境、⑧音環境、⑨高齢者等への配慮、⑩防犯

注16　地域内での移動

住宅地では、時間経過とともに、それまで住んでいた住宅から地域内の別の住宅に移り住むケースが増えてくる。その中で、結構な数の人が同じ地域内へ移動するケースを発見できる。筆者が同潤会アパートを調べていた時にも、それは多数発見できた。関東大震災の復興住宅として登場した当初は公共賃貸住宅であったものが、戦後払い下げられて分譲マンションの一種となったので、住宅の売買が自由に行われるようになった。同潤会アパートから転出して行く人

愛着を前提とした、ある一定エリア内での住み替えも、生活基盤を根本から変えることなく、よりよい住環境へ居を移す行為として、多くの人がやっていることだが、こうした「地域内での移動」[注16]というのもまた、住宅政策上は何の価値付けも与えられてこなかった。こうした「地域内での移動」というものがひいては「緩やかな地域定住」[注17]をもたらし、住み継がれゆく安定的な地域を形成する基盤となるのではないだろうか。

　こう考えた時に、本書がとりあつかう「近居」を考えながら地域空間の計画論の対象とするということは、人間が「地域に住む」ことを意識化し、研究対象化し、政策化し、空間化することを目指すということにもつながる。

　以上のように、近居とは、超高齢社会における自然発生的な自助的現象をどのように誘導できるかという点、モノトーン住宅地のようなある意味で未完の住宅地を成熟化させるための地域住宅ストック種別の多様性の確保とともにそれが実現される点、そしてそのことが、一定の地域で人間が数世代にわたって持続的に住み続けるための地域的条件を計画することにつながっていく点、において今後注目すべき現象だと言えるのではないか。

　もちろん、この他にも近居には、幼い子が多世代に囲まれて、多様な環境に支えられて育つための地域空間を実現するなどなど、もっと多様な意義を見出しうるのであるが、さしあたって本書では、建築・都市計画・住宅政策・都市政策に近い範囲での論考を展開したいと思っている。

がいる一方で、アパート暮らしを続けるために、アパートの中のより条件の良いところに移り住む例が多く見られた。例えば日当たりの確保ために同じ階段室の1階から3階に移動した例もあれば、足が不自由なために同じ階段室の3階から2階へ、そして1階へと移動した例もあった。戸建て住宅地でも、歳をとって買い物距離を短くしたいので、同じ団地内でスーパーにより近いところに引っ越したという例もあった。

注17　緩やかな地域定住

　筆者は、定住には2種類あると考えている。一つは、居所を移さない「固い定住」である。○号棟○号室や○丁目○番地○号といった、特定の住宅にずっと住み続けることをさす。これはわかりやすい。もう一つは、「緩い定住」である。こちらの方はきちんとした定義が難しい、「お隣に引っ越した」から始まり、「隣の丁目に引っ越した」「隣町に引っ越した」「隣の市に引っ越した」など、引っ越しの際の移動距離は様々にあり得るが、行きつけの病院やスーパーや飲み屋、親しい知人たちなど、日常生活の拠点を移すことなく引っ越すことは相当にあり得るだろう。当事者にとっては、生活の変化が問題なのであって、引っ越す距離はそんなに問題ない。確かに移住ではあるが、生活の拠点は移動した感覚がないという場合を、ここでは緩やかな地域定住、と呼んでいる。

1部

近居の現状と課題

第1章
近居の広がりを捕捉する

大月敏雄

◇1 近居の量を測る

本書の「まえがき」でも述べたように、筆者自身はこれまでの研究のフィールド調査で、幾例もの近居の事例を見聞してきた。べつに、近居の事例を見つけるのが目的で調べていたわけではない。同じ住宅や地域に長期間住んできた居住者の、住宅や地域への住まい方の変遷を調査すると必ずそういう現象に出くわすので、知らず知らずのうちにそうした事例がたまってきたと言う方が正しい。

そして、筆者自身も決して意図したわけではなく、ごく自然に自らの家庭のいろんな諸問題を解決する一つの手立てとして、自分の嫁の父母（つまり、義理の父母）との近居を実践して、かれこれ10年近く経とうとしている。

こうした自分自身の例を踏まえた、近居の実践例を、一般向けの講演会などで面白おかしく発表すると、講演後にたいてい、幾人もの同調者が現れ、「そうそう、実は私も同じように近居しているんですよ」「近居をしたいんですけどなかなかできないんですよ」などという反応に出くわすことが多い。そういう反応に出くわすたびに、近居が世の中に浸透していることを実感するのである。一方で、研究的なニュアンスの濃い会合で、こうした近居の事例をとり上げたりすると、たいてい「話はわかるけど、日本人の中でいったいどれくらいの人が近居を実践しているのか?」「量的な把握はできているのか?」といった冷静な質問に直面する。

やはり、近居を本格的な研究ごととして取り扱うには、まず、量の捕捉が必要だと思うのであるが、国勢調査や住基台帳ベースの調査など、政策の基礎となる基幹的な人口動態関連調査では、近居はまったく捕捉されていない。確かに、親子がどれくらい離れて住んでいるかを類推するための統計は、いろいろと存在はするが、どれも近居の量的把握にダイレクトにつながらない。一方で、本書の他章で紹介されているように、親子がどれくらいの距離（時間距離、空間距離両方）で離れて住み合っているかということをテーマにした研究も少なからずあるが、広くインターネットで回答を求めたり、広域のアンケート調査によって捕捉されることが多い。したがって、ある一定の範囲のエリア内で、どの世帯とどの世帯が親族関係にあるのかを、明確に

図1　同潤会柳島アパートにおける
複数住戸使用の様子（昭和45～49年）

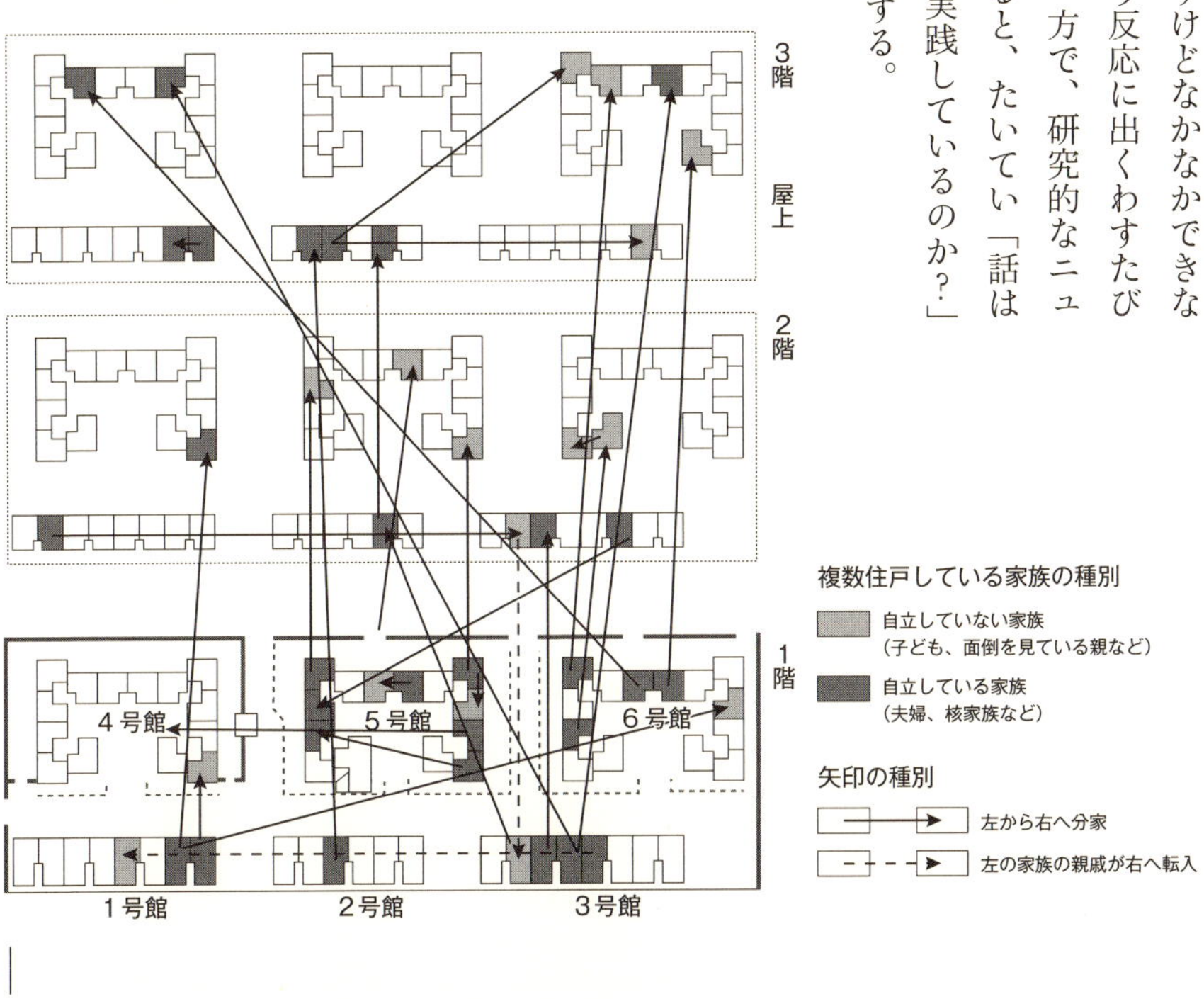

示すようなデータはあまりないのである。

特定の地域における近居の分布状況を細かく検討しようと思えば、筆者がかつて行った同潤会柳島アパートにおける悉皆調査[注1]のように、192戸ある団地すべての住戸に聴き取りを行って、その親族関係を把握するようなやり方（**図1**）が考えられる。その研究を行っていた当時は団地内の近居関係を、「近居」と呼ばずに、「団地内複数住戸使用」というこなれない造語を用いて説明していた。それは、築後70年になら んとする集合住宅において、複数の住戸を一つの家族が使いながらそこに住み続ける現象が多いことに着目したかったので、団地内外にまたがって近居を行っている事例を捨象して表現していたことが理由であった。近居の全貌を描くならば、この図ではだめで、団地内外にまたがって暮らしている様子を本当は表現しなければならなかったのだ。だが、それはかなり難しい仕事なのである。

それでは千人を超すような、ある一定範囲の一般市街地における近居の実態を解明するとすれば、どうしなければならないのか。たとえば、上和田（１９９４）[注2]が近居の一形態である「隣居」の、福岡市、北九州市における実態把握に挑戦したように、特定のエリアの住宅地図上で隣り合った住居の表示に同じ名字があるところを網羅的にピックアップし、電話や直接訪問で、親族どうしなのかどうか直接当たって聞いてみるなどという大変な作業を通してしか、その地域的広がりと実態を捕捉することができない。しかも、みんながきちんと答えてくれるわけではない。しかし、ある一定範囲内の近居関係を探るのには、このような悉皆調査的方法が、骨が折れるものの、とりあえずの方法のようである。

注1
大月敏雄・菊地成朋・伊藤裕久・高橋鷹志「同潤会柳島アパートの住みこなされ方に関する研究」（『日本建築学会学術講演梗概集 E 建築計画』245～246頁、１９９２）

注2
上和田茂・青木正夫・船越正啓「隣居型親子二世帯住宅に関する研究：その1 隣居の経緯と居住者の評価」（『日本建築学会研究報告九州支部計画系』第34号 129～132頁、１９９４）

以下、筆者が行った、主として3種の悉皆調査的方法による、千人を超すような居住地での近居の実態捕捉調査を通して、近居という現象の量を検討してみたい。ただし、それぞれの調査意図がそもそも異なっているので、残念ながらそれぞれの調査における近居の定義がいまひとつ統一されていないことに留意していただきたい。

②地方都市の戸建ニュータウンでの近居

近居の定量化。筆者が意図的にこれに取り組んだのは東日本大震災の前年のことだった。最初のターゲットは、東北の4千戸ほどの戸建住宅ばかりが建ち並んだニュータウンであった。このニュータウンは、県営住宅以外はほぼ戸建住宅で埋め尽くされており、分譲からの30数年間は、地元の人びとの憧れのニュータウンであった（**写真1**）。しかし、一時に同じような年齢層の居住者が集中してしまう、いわばニュータウンの法則から、近年では高齢化問題に直面し、空き家をどうするかが問題になっているところでもあった。すなわちモノトーン住宅地である。

この団地でずっと住宅の売買や賃貸借の仲介を手掛けてきた不動産屋さんの協力を得て、ここ10年ほどの、空き家となった物件がどこから来た人に住まわれるようになったのかを知る調査ができた。[注3] その結果を示したのが**図2**である。

図2の中央に示されているのは、この団地に存在する住宅ストックで、ここ10年の間に売買契約あるいは賃貸借契約が成立した物件である。住宅ストックには、大きく4種類ある。戸建持家、戸建賃貸、県営・官舎、そして共同賃貸である。戸建

写真1　調査対象としたニュータウンの様子

注3
中島孝裕・伊藤夏樹・李鎔根・佃悠・大月敏雄「地方都市ニュータウンにおける過去30年の不動産取引情報分析を通した人口減少・高齢化への対応に関する研究」（『日本建築学会学術講演梗概集　F-1』69〜72頁、2011）

持家はもと住んでいた人が何がしかの理由でそれを売りに出したもの。戸建賃貸は何がしかの理由で転出した人が、土地建物を所有した状態で賃貸に出したもの。県営・官舎はこのニュータウン開発時に計画的に建てられたもの。共同賃貸は、いわゆる賃貸アパートなのだが、当初この団地には計画されていなかった。しかし、団地周辺に大学や病院があるので、単身者向けの住宅ニーズが高かったせいもあり、戸建用地として売ろうとして売れ残った敷地に何軒か賃貸アパートが建つことになったのだ。当初の計画にはなかった、いわば、想定外のアパートであった。

図2に示す矢印は、この10年でこれらの住宅ストックめがけて、どこから人びとが転入してきたのかを示したものである。いちばん外側の黒い枠は県外からの、次の濃いグレーの枠は県内からの、内側の薄いグレーの枠は市内からの転入者をそれぞれ示している。そして、丸い輪っかを描く矢印は同じ住宅タイプからの移動を、示している。

この全体像を眺めてみると、この団地で発生した「空家」がどのような状況で埋まっていくかが理解できる。このなかで、筆者が特に注目したのは、転入者の内訳であった。

戸建持家には、市内や団地内といった比較的身近なところからの転入者が多いが、このうちの3割弱が、もともとこの団地に住んでいた人であることがわかった。つまり、この団地で生まれ育って、団地外に出て、結婚して子どもをもうけて再び団地に帰ってきた人である。そして、その大きな理由が「近居」であった。自分の生

図2　団地内の空家の循環

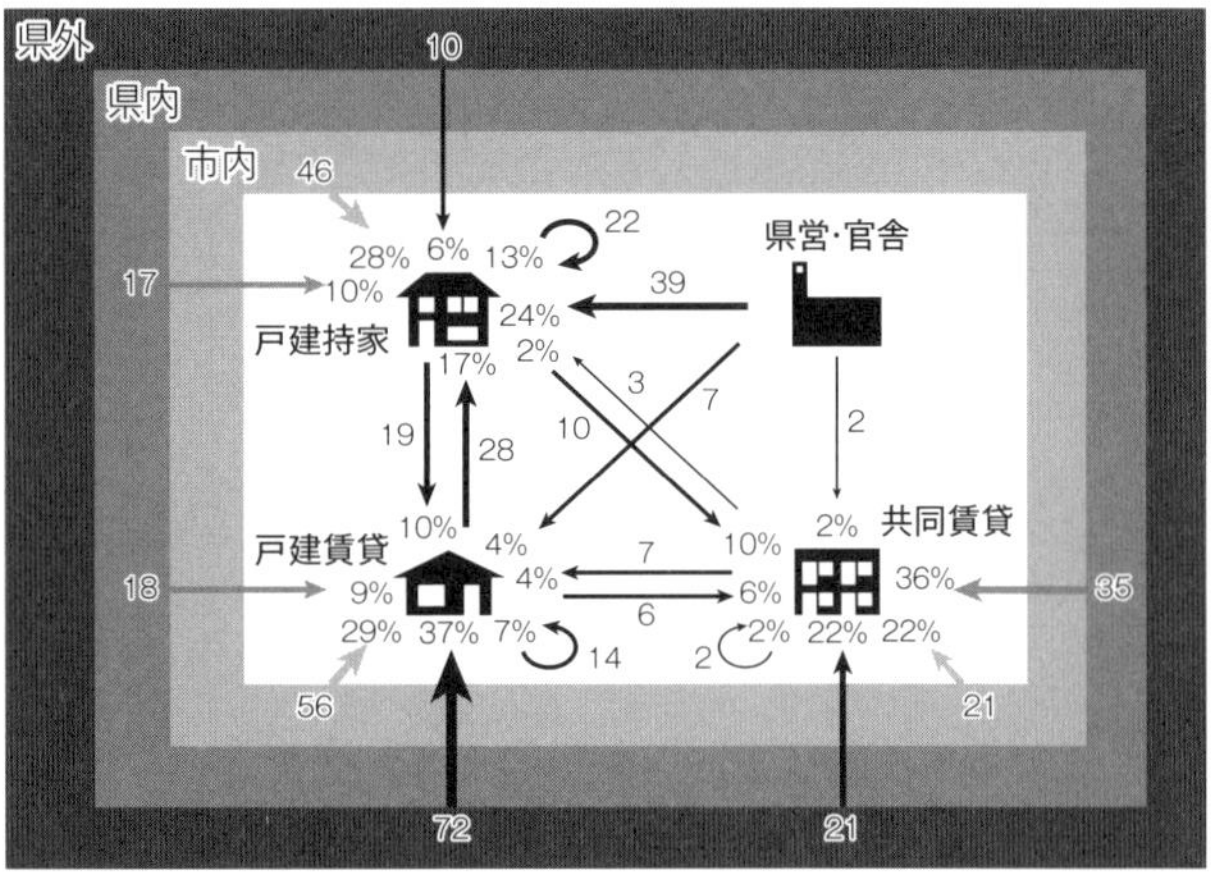

※数値は捕捉された契約件数を表す（%を除く）　　（作成：中島孝裕）

まれ育った団地に、すでにリタイア組になった自分の親がまだ元気に住んでおり、その近くに引っ越すことによって、子育てを少しばかり親に手伝ってもらう。その代わり、親の体が動かなくなってきたら面倒をみよう。そんな了解のもとに、近居を選択された人が多いということであった。

また、戸建賃貸の方は、県外と市内からの転入者が多いが、ここでも、約15％の人が、もともとこの団地出身の世帯であることが判明した。そして、戸建賃貸から戸建持家に移動する人も結構いることがわかった。このように、戸建住宅のストックのいくばくかは、地元に戻って近居を始める人びとのために利用されているのである。

それでは、共同賃貸はどうか。共同賃貸の方でも団地出身者が少なからずいた。またその多くが母子家庭であることも判明した。つまりこれは、都会に出ていって、結婚して子どもをもうけたが、離婚して帰ってきたという方である。統計によると、日本人カップルの実に1/3を超す組が離婚する世の中である。離婚した世帯の数を、再婚を考えずに単純計算してみると、離婚経験世帯数は2/3となり、結婚経験世帯を母数にとれば、その半数近くが離婚経験世帯となるのである。こうした現実を、地方都市の居住の実態は如実に反映している。

こうした離婚世帯にとって、近居は実に切実な問題だ。子どもの面倒を親に見てもらうことを多分に期待できる近居という居住作戦は、特に母子家庭にとっては重要な戦略の一つと言い得る。そしてこの団地では、当初は計画されていなかったものの、前述の理由のために、図らずしも共同賃貸住宅が幾棟か建っていた。実は、こうしたある意味での偶然の産物が、母子家庭という、いまどんどん数の増えつつある世帯の、切実なニーズにうまく応えている形になっているのだ。言い換えれば、モノトーン住宅地であったこの団地に、計画意図に反してアパートが建ったおかげで、この団地に住宅ストックの多様性が生まれ、こうした母子家庭の方の近居を成り立たせる空間が成立しているのだとも言い得る。

一方で、県営・官舎から、戸建住宅への流れもかなり大きいことがわかる。地方の公営住宅の一つの大きな役割は、収入の低い若い世帯に、住宅購入のための頭金が貯まるまでの一定期間住んでもらい、頭金が貯まった時点で近くの分譲住宅などに移ってもらうという「住み替え」の重要な一ステップとなることである。この図を見ると、この団地の公営住宅や官舎も、そうした重要な機能を果たしていることが読み取れる。残念ながら公営住宅・官舎についてはこの団地の出身者かどうかはわからなかったが、少なくとも、ある一定地域での循環的居住[注4]の重要な一端を担っていることが理解できよう。

以上のように、近居という現象に注目することによって、ある団地の空き家となった戸建住宅や賃貸住宅のストックが、どのような世帯の移り住みによって補充されていくかというプロセスの一端が明らかになったが、それでもまだ、この団地の近居関係の全貌を描ききっているとは言い難い。

注4　循環的居住
序章の脚注17で述べたように、ある地域に緩く定住するニーズは確かに一定割合存在しているようだ。その場合、住居の移動を伴うのだが、その家族にとってその時点でより望ましい環境を具備した住宅が選好される。しかしながら、多くの住宅地では、同じエリア内（たとえば同一団地内）には、同じような住宅タイプしか存在しないことが多い。こうした場合、近い距離に種類の異なる住宅地が存在すれば、あたかも、異なる濃度の溶液間で、浸透膜を通しての水の移動が起こり、最終的に濃度が近づいていくのと似た現象が起こることがある。たとえば、駅から遠い老朽化した戸建団地に住む老夫婦が、生活利便性を求めて近所の駅前の高層マンションに移り住む、といったようなことである。このように、ある一定の地域に多様な住居形態が存在すれば、自然と緩い定住が促進され、いわば、「地域循環居住」のような現象が生じていると思われる。こうした現象の中でも、近居は重要なファクターとなっているケースが多い。

③ 郊外と都心の集合住宅における近居

それでは、戸建ではなく、集合住宅団地ではどうか。

次に示す例は、昭和39年に日本住宅公団によって東京近郊に供給された約４千戸の賃貸住宅団地の例である（写真2）。この団地は現在全面建て替えが進行中で、調査時点では、ほぼ半分の建て替えが済んでいた。初期の公団賃貸住宅の建て替えは、新規居住者の募集停止をし、10年から20年程度、そのまま放っておくことが多いため、多くの建て替え団地では劇的に高齢化が進む。もちろん、この団地も例外ではない。この団地で、団地とその周辺の一般市街地に対してアンケートをおこない、子世帯がいると答えた団地内の351世帯、団地周辺の113世帯について、子ども世帯がど

写真２　調査対象とした東京近郊大規模公団賃貸住宅

写真３　調査対象とした都心超高層マンション

れくらい近所に住んでいるのかについて聞いてみた。[注5]

結果、団地内では車で30分以内に子世帯が住んでいる世帯は、ほぼ半数。そのうち、子どもが団地内に住んでいる世帯が全体の1割強、子どもが団地から徒歩15分くらいの所に住んでいる世帯が同じく全体の1割強を占めていた。これらを合わせて、徒歩15分以内を近居とすれば、24%、すなわち4分の1程度が近居をおこなっているといえる。これに対して、団地周辺では4%の人の子世帯が団地内に住んでおり、徒歩15分以内を近居とすれば、16%の人が近居をおこなっていることがわかった。

一方、同じ集合住宅でも、都心に建つ超高層マンションの場合はどうか。ここでは、昭和63年に分譲された日本でも最初期の都心超高層分譲マンション（**写真3**）の場合をみてみよう。ここは、25階建全部で600戸弱の住戸を有している。ここでアンケート調査をおこない、[注6] 92件の回収を得たが、このなかで10件、同一マンション内に親族が居住している実態を確認した。同一マンション内に住み合うことを近居とすれば、類推的にいって、約1割強の世帯で近居が行われている可能性がある。これを戸数ベースでみると、約100戸に対して20戸が親族関係にあるので、住戸の数の割合でいうと、ほぼ2割の住戸が近居関係を有しているといえる。

この内訳は、「子どもが親を呼んだ例（2件）」「親の近くに子どもが来た例（6件）」「兄弟姉妹が互いの近くに来た例（2例）」であった。ここでも、すでに述べた東北のニュータウンと同様、親世帯のそばの空き住戸を買って子世帯が近居を図る例が支配的であった。また、兄弟姉妹の例の一つは、80代の女性がもともとこのマンショ

注5
この調査は、東京大学GCOEプログラム「都市空間の持続再生学の展開」および、文部科学省科学研究費基盤研究（A）（一般）「超高齢社会に対応した地域建築機能再配置型都市再編システムの社会実験をとおした構築（主査：西出和彦）」（平成22～26）の一環としておこなったものである。

注6
本研究は、財団法人第一住宅建設協会平成22年度助成研究（一般研究）「長期経過した超高層分譲集合住宅におけるコミュニティ運営指針の居住者参加型構築（研究代表者：大月敏雄）」の一環としておこなったものである。

ンで一人で暮らしており、その妹も都内で一人暮らしであったのが、たまたま姉の隣の住戸が売りに出たので、それぞれ一人暮らしでは心細いので、妹を隣の住戸に呼び寄せたというものであった。

超高層マンションは、比較的分譲価格が高く、それに従って最初の入居世帯の年齢が、一般住宅購入者より高いことが多い。このため、マンション居住者世帯が一斉に高齢化するまでの期間が比較的短いのかもしれない。ともかく、一見すると近居とは縁のなさそうな都心超高層マンションではあるが、そんなところでも、類推的にではあるが、1割強の世帯が近居をおこなっているらしいのだ。

④ 近居の実態から類推できること

すでにおわかりのように、千人を超す規模の、ある一定のエリアに居住する人びとの近居の実態の全貌を完全な悉皆調査で把握することは事実上不可能なので、アンケートなどによって、なるべく多く抽出したサンプルをもとに、類推的にそのエリアの近居の構造を解明するしか手立てはなさそうである。

しかし、上述のように近居という現象は決して多数派ではないが、少なくない数の人びとが、選好的に実践していることがまず理解できよう。筆者の調査では、築20年くらい経過したまちであれば、ざっと1割から2割程度の人が近居をしているような実感がある（当然、これはあくまでも「感覚」である）。

また、この近居という現象は、高齢化社会と深い関係があることもわかる。高齢者の居住問題といえばとかく、施設の数が足りないとか、在宅のサービス網が充実してない、などのような、「施設か居宅か」といった二者択一問題に矮小化され、還元されやすい。ところが、高齢者の多くは元気なのだ。元気な高齢者の割と多くは、孫に近くに住んでほしいと思っている。当然、四六時中面倒を見ると疲れるので、適当な距離感のある近居がありがたい。数は増えつつあるが、その生活実態や指向性が実はつかみ切れているわけではない、高齢者という新たな計画上のターゲットの、居住生態を考える上でのキーワードの一つに、近居を据えてもいいと思う所以である。一方で、この近居は近年急増しつつある母子家庭の居住生態を理解するうえにおいても、大事なことだということもわかってこよう。

　また、こうした近居がある一定のエリア内で実現するには、100%戸建持家住宅というような住宅ストック構成ではだめで、戸建借家や、賃貸アパートのような居住形態も一定割合必要なことが理解できよう。また、公営や社宅というのも一定割合混ざっていれば、地域に一定の居住の循環がもたらされ、地域が一挙に高齢化に突入してしまうという現象の緩和にもなろう。つまり、地域の多様な人口構成を実現したければ、地域の多様な住宅ストック構成を考え直す必要がありそうだということである。

第2章

近居の広がりと必要とされる住宅供給のあり方——桜川市を例に

軽部　徹

① 大きい家があるのに、…

親と同居するのか？　別々に暮らすのか？　子どもの小学校はどうするか？　イエの跡取りはどうするのか？　大都市とは異なり農村集落部で暮らす若者は結婚する前、もしくは結婚後すぐに、このような問題に頭を悩ませることが多い。

この問題は、結婚はイエとイエでするものだという考え方が根底となっており、結婚≒イエの存続が前提となっていることに起因しているのではないかと考えられる。

本章が調査の対象とする茨城県桜川市（図1）の農村集落部（写真1、2、3）においては、上記のような考え方が根強く、結婚後になかなか同居しない若夫婦には、「大きい家があるのに、どうして一緒に住まないの？」というプレッシャーの言葉が、日常的に近所の高齢者からかけられる。果たして、大きい家があると同居しなければならないのだろうか。家の使い方として、空いている部屋を全部利用することが合

写真1　農村集落
（撮影：柴田広告事務所・柴田洋一）

写真2　農村集落

理的な住まい方と言えるのだろうか。

これを、若い世代の立場から見れば、「大きい家があるのに、…」と尋ねられた時、たとえ部屋が余っていても、生活費の負担が増加しても、人間関係で悩むよりは、別居する方が合理的な選択とも考えられるのである。

全国的には、１９７０年代から核家族化と別居化がセットで進んでいることがわかっている。このことからも住宅と家族形態は深い関連をもっていることがわかる。つまり、住宅政策は、ストックの数や生活できる人数を合わせた容量だけで捉えるのではなく、家族関係やその使われ方も含めて考えなければならないものであるといえる。

そこで本章では、これまでの近居・隣居・ネットワーク居住・サポート居住などにかかわる先行研究[注1]を踏まえ、筆者が茨城県桜川市を対象として実施した多世帯近居の実態調査の結果をもとに、農村集落部における今後の住まい方の動向や新たなハウジングの計画について検討を行いたい。

② 地域を住み継ぐ

桜川市の農村集落部では、人口減少と高齢化が進み、親世帯は広い家に２人暮らし、子世帯は、近くにある市街地のアパートに身を寄せ合って暮らすという現象が進みつつある。平成22年度に桜川市Ｏ地区とＩ地区で調査した人口構成からも、集落内におい

図１　桜川市の位置

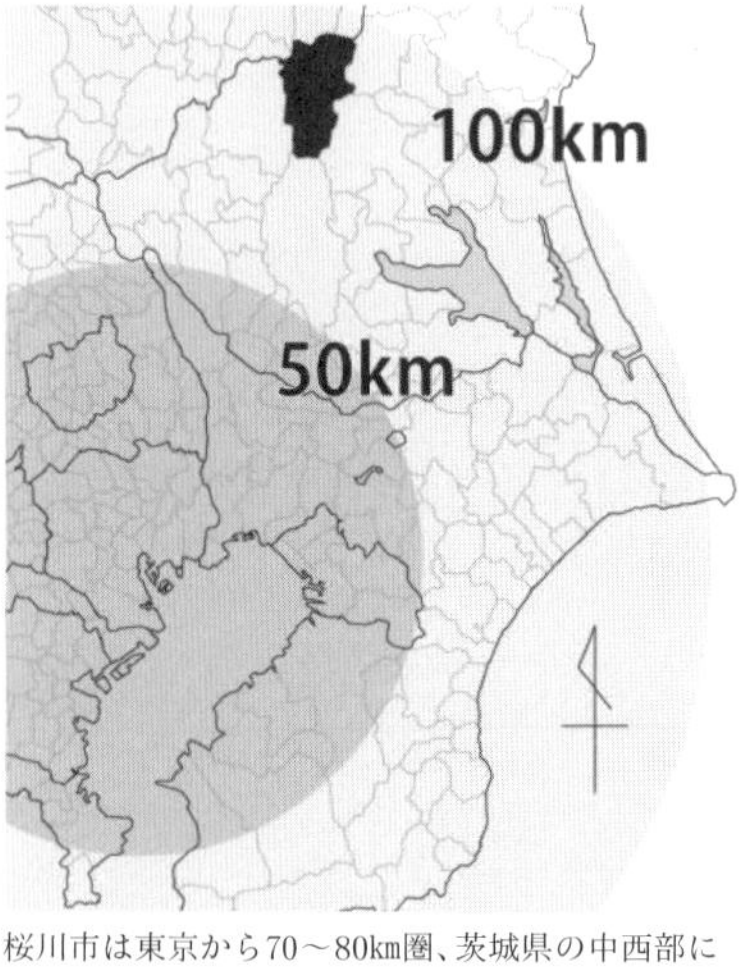

桜川市は東京から70～80km圏、茨城県の中西部に位置し総面積は約180km²。北は栃木県（真岡市・益子町・茂木町）、東は笠間市と石岡市、西は筑西市、南はつくば市と接している。

写真３　農村の家
（撮影：柴田広告事務所・柴田洋一）

て子育て世帯の人口が少なくなっていることがわかる（図2）。

これらの背景として、住宅ストックの大きな偏りが挙げられる。桜川市には、11の小学校区があるが、このなかでも、集落部にある中間規模のM小学校区（児童数160人、121世帯）を例にしてみると、学区内の世帯が936戸あるが、賃貸住宅は27戸（民間賃貸：17戸、市営住宅：10戸）しかなく、その他はすべて持ち家である。学区内の全体の住宅ストックに対し、3％しか賃貸住宅がないということは、一時居住先がほぼないことを意味する。平成20年度の住宅土地統計調査によると、全国平均では、「居住世帯のある住宅」のうち「持ち家」は61％で、「貸家（賃貸）」は36％になっていることから、全国平均と比較すると、本小学校区の賃貸住宅の割合が著しく低いことがわかる。

このような現状から、若い子育て世帯が農村集落部で暮らすためには、①同居する、②住宅を建てて近居する、の2通りに、選択肢が限られている。一方で、資金面の問題などから、結婚後すぐには住宅を建築できない世帯も多く、そのような世帯の選択肢は、実質的に①同居する、②近くの市街地にあるアパートで暮らす、のいずれかに絞られることになる。特に、住宅建築に係る問題は資金面のみではない。住宅の転売が困難なため、住宅建築を決意するには、大きな勇気が必要となる土地柄であることも選択肢を狭める要因の一つであるといえる。前出のO地区とI地区での調査では、他の世代と比較して人数の少ない30代について、集

注1 本書、10～13章を参照。

図2　O地区とI地区の人口構成

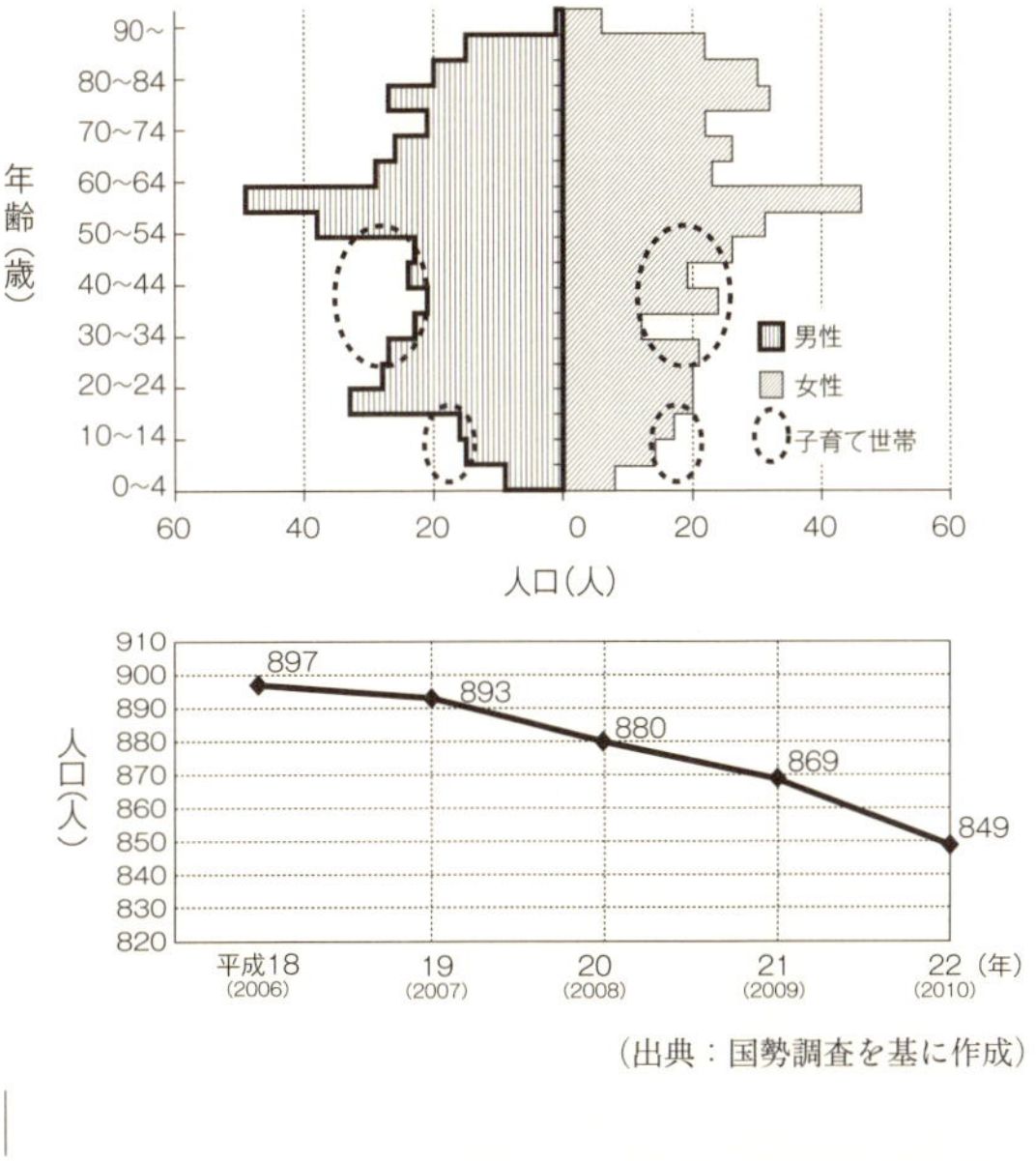

（出典：国勢調査を基に作成）

落自治組織の役員への聴きとりにより現住所を確認したところ、実数を把握するには至らなかったものの、相当数が近隣にある市街地のアパートで暮らしていることが確認された（**写真4**）。

桜川市は、平成17年に2町1村の合併により誕生した。その前に行われている昭和29・30年の大合併では、2町7村が合併しており、さらに前の明治22年の大合併以前には、75の村が存在していた（**図3**）。これらの村は、山の谷あいや台地など、地形に合わせて形成された集落であり、その自治組織は、行政区という名称で、現在も地域空間づくりや伝統文化の継承、冠婚葬祭などの催事における中心的な役割を担っている（**図4**）。前出のO地区・I地区についても、明治の大合併前は、O村とI村である。

人口が減少し、都市の縮退が論じられる昨今、どのように都市をコンパクトにしていくのかという議論のなかで、何代にもわたり継承されてきた農村集落部はどのように取り扱われるべきか。社会基盤施設の管理や低炭素まちづくりなど、さまざまな視点で検討されなければならないが、事実、そこには生活があり、農業に代表される生業がある。盆や正月に帰省する人びとのためのイエがある。農村集落部では、そういった「ふるさと」をどう住み継いでいくのかという立場で、住宅の役割を考えていく必要がある（**図5**）。

図3　明治の大合併以前の75村

現在もコミュニティの基礎単位となっている

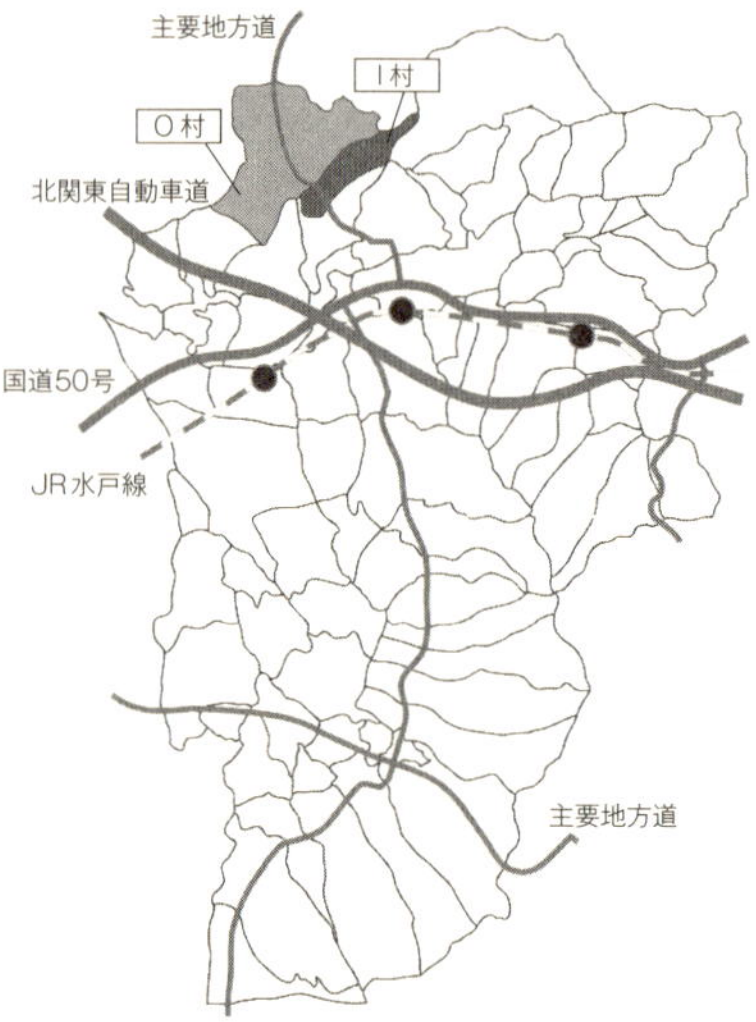

（出典：桜川市都市のあり方検討報告書より）

写真4　市街地のアパート

図4　桜川市の地形断面モデルと集落モデル

地形に合わせた土地利用がされている

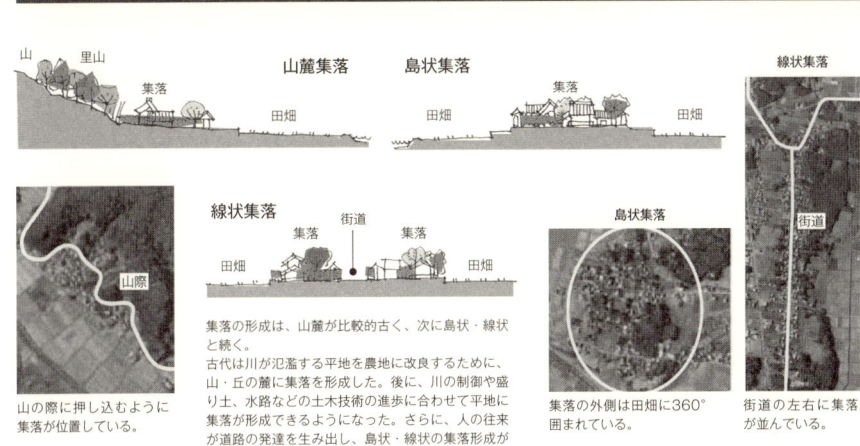

山麓集落

島状集落

線状集落

街道の左右に集落が並んでいる。

山の際に押し込むように集落が位置している。

線状集落

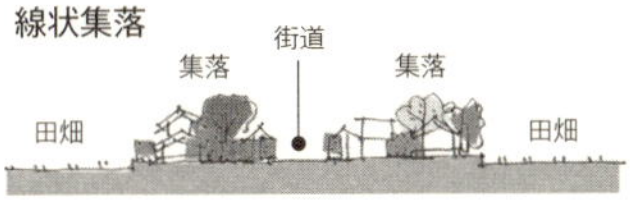

集落の形成は、山麓が比較的古く、次に島状・線状と続く。
古代は川が氾濫する平地を農地に改良するために、山・丘の麓に集落を形成した。後に、川の制御や盛り土、水路などの土木技術の進歩に合わせて平地に集落が形成できるようになった。さらに、人の往来が道路の発達を生み出し、島状・線状の集落形成がうまれた。

島状集落

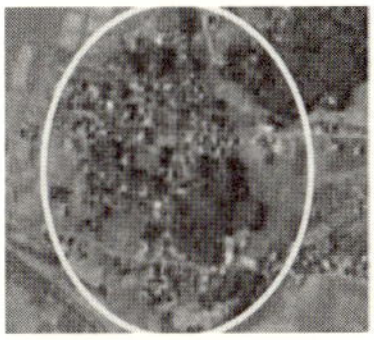

集落の外側は田畑に360°囲まれている。

（出典：景観まちづくりマスタープランより、作図：FIT 環境デザイン研究所・中井川正道）

図5　農家住宅の例とその外観

（作図：和設計室・鈴木孝和）

③集落部における近居の実態

人口規模だけでは、その地域の状況を捉えきることはできないが、人口４万～10万人の市が、合併により、10年間で全市町村数に対する割合を大きくのばしている。その傾向は、今後も続くだろう（図6上）。

自治体規模別に、全国人口のどのぐらいの割合が暮らしているかを出してみると、人口４万～10万人の市については、合併により、10年間で人口比率が上昇していることがわかる（図6下）。この意味において、人口約４万6千人（人口４万～10万人未満の市）で、本章における調査対象である桜川市の事例は、多くの示唆を与えてくれるものだと考えている。

筆者の世帯も、農村集落部に実家（イエ）がある子育て世帯であり、イエと跡取り問題、嫁姑問題、子育て問題、介護問題など、さまざまな問題に直面し、悩んだ末に、親世帯の近くの市街地にあるアパートで暮らしている。長男も小学3年生になり、そろそろ子ども部屋も欲しいが、なかなか住宅の建築には踏み切れないのが現状だ。小学校保護者等からの聴きとりでも、このような暮らし方をしている子育て世帯は数多く存在しており、加えて、望まない同居を強いられている若い世帯も相当数いることがわかっている。そこで、住宅を建築する時点での施主に関する情報に着目し、都市計画法第29条申請と同法第43条申請の内容について、分析を実施し、近居の実態を明らかにすることを試みた。

図6　人口規模別市町村数および人口の割合

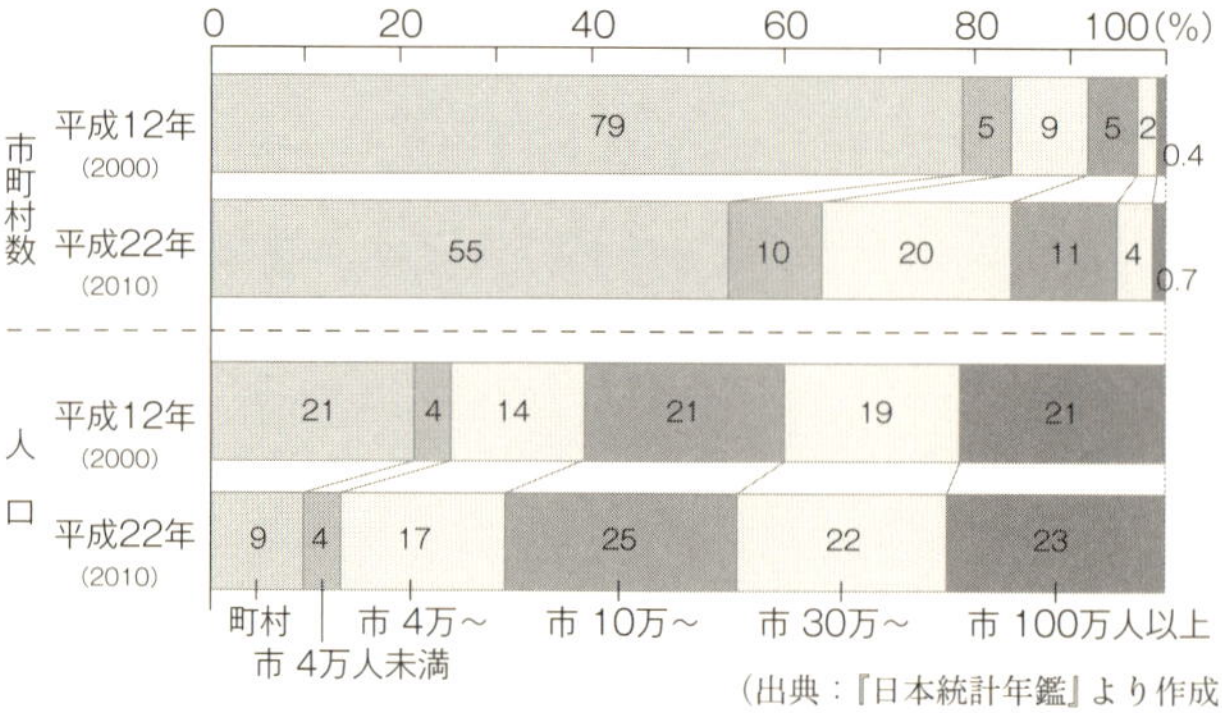

（出典：『日本統計年鑑』より作成）

捕捉された建築行為の割合

都市計画法第29条申請書および同法第43条申請書注2を調査すると、「市街化調整区域（集落部）内における建築物の新築行為（一部、増改築と用途変更を含む）」を調査することができる。桜川市では、市全体の建築件数に対する市街化調整区域内での建築件数の割合が、約75％となっており、集落部で建築行為をする人が多い。

調査では市街化調整区域内での新築件数のうち、おおむね80％前後を捕捉することができた（**表1**）。また、本調査対象は、増改築等も含めた市全体の建築件数（住宅のみ）と比較しても、おおむね20％前後の割合となる。

世帯数

国勢調査の結果と比較すると、桜川市の集落部では、3〜4人世帯が、突出して多いことがわかる。さらに、その傾向は、平成12年から平成22年の10年でさらに強まってきていると言える。

その分、5人以上の世帯が減少傾向で、核家族化が進んでいることがわかる（**図7**）。

表1　市街化調整区域内の建築行為に対する調査件数の割合

年度	範囲	調査件数（単位：件）	29条（単位：件）	43条（単位：件）	調整区域新築（建築確認）（単位：件）	割合［調査件数／調整区域（新築）］（単位%）
平成23	桜川市全域	45	25	20	48	0.83
平成22		45	23	22	49	0.92
平成12		40	0	40	69	0.58

注2
都市計画法第29条申請は、大規模な土地の開発を行う際に、周囲にある道路や水路などの公共施設や周辺土地利用との関係を整合するために必要となる申請であり、開発許可申請ともいう。
都市計画区域区分（線引き）と同時に運用されると、市街化調整区域（本文中では、農村集落部が該当）が急激に市街化するのを調整するため、小規模な土地の開発も申請の対象となり、住宅などを新築する際に申請が必要となる。
都市計画法第43条申請は、市街化調整区域において、土地の開発を伴わない建築物の新築を行う際に必要となる申請で、建築許可申請とも呼ばれる。
どちらの申請についても、市街化調整区域内で、住宅を新築する際には基本的に必要となるものであって、許可を得るには、現在やこれからの家族や仕事のことなどについての建築理由を述べなければならない。

年代別の賃貸率と住宅建築後の同居率・近居隣居率

20～30代の若い世帯ほど賃貸の割合が高い。（図8）賃貸住宅は前述のとおり集落部にはほぼ存在していないため、集落から若い世帯が流出していることがわかる。調査によれば、30代までは賃貸に居住している世帯が多いが、40代以上では、持家居住が多くなる。

また、ほぼ、全年代を通して、住宅建築後の同居が減少の傾向にある。現状、親世帯とは屋根を分けて暮らすのが主流であり、近居が多くなっているといえる（図9）。

これは、「家族で一緒に暮らす」から「地域のなかで家族が分かれて暮らす」への変化が進んでいることを意味していると考えられる。よって、賃貸住宅が極端に少ない集落部でこのような住まい方を成立させるためには、新たに家を建てるしか選択肢がないというのが、集落部から子育て世帯が流出する原因ではないかと考えることができる（図8により、若い世帯の半数以上が市街地の賃貸で暮らしていたことが判明したため）。

第1子年齢別の生活場所と居住形態

調査により、いつまでに住居を定める傾向にあるのかが明らかになった。子どもが小学生になるぐらいまでに、多くの子育て世帯が、集落内に戻ってくる。子どもが中学生以上になると、家を建てる場合でも、すでに集落内で同居している場合が

図7　世帯人員別世帯数の比較

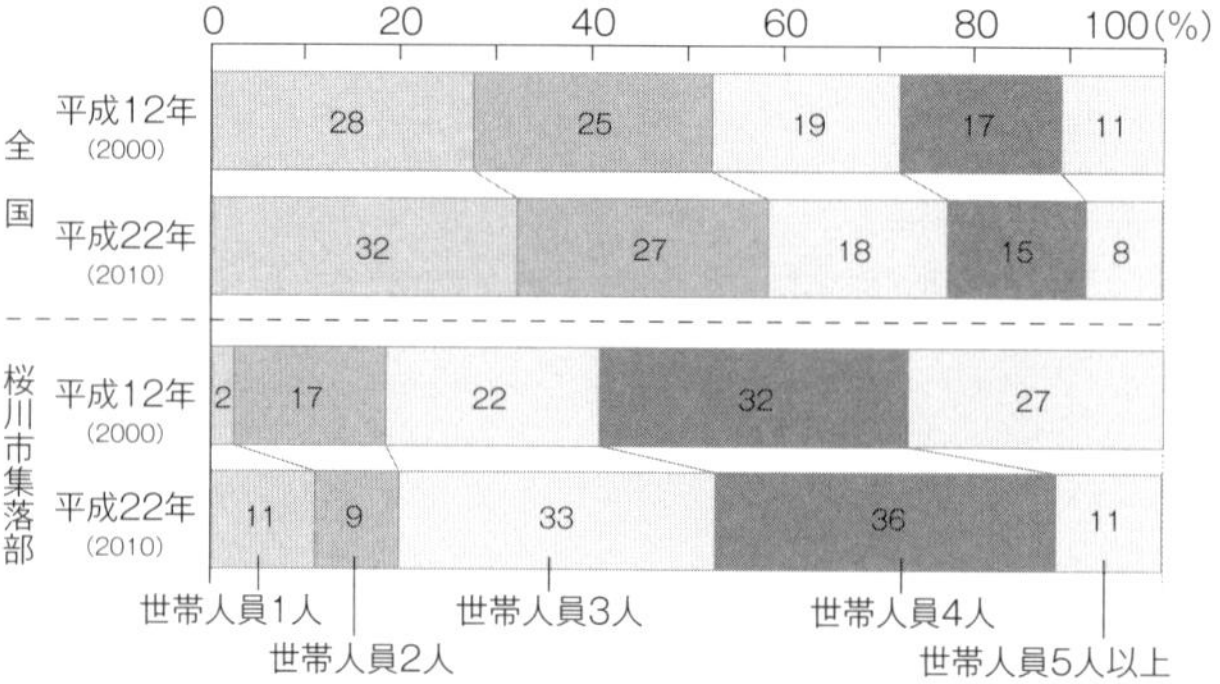

ほとんどである。保育所や小学校の保護者へのインタビューによると、結婚後に市街地のアパートで暮らしている世帯は、子どもが保育所や小学校に入る時点で、集落に戻るのかどうかについて、頭を悩ませることが多い。学区問題があり、子どもの転校を考えると、簡単には引っ越しを決意するわけにはいかないからである。

以上から、子育て世帯において、ライフステージが変わる節目は、子どもの成長と深い関係があることがわかった。

④ 集落部にある公営住宅の利用実態

集落部での近居の実態をみると、少なくとも住宅を市街化調整区域内に建築する世帯のほぼすべてが、親世帯との近居もしくは隣居となっていることがわかる。一方で、親と同居することも困難であり、住宅を新築することも難しい（タイミングも含めて）世帯も多数存在していることが推察される。

ここでは、農村集落部に賃貸住宅が存在する場合に、そこがどのように住まわれるのかについて、市内農村集落部にある県営住宅を例にとって利用形態を調査した結果を紹介する。調査対象を県営住宅とした理由について、家賃が安価なことが多いため、民間賃貸と同列には扱えないが、桜川市の市街化調整区域には賃貸住宅が少なく、十分なサンプルを得ることが困難であることから、入居者の数が多い県営住宅（**写真5**）での調査とした。

図8　年代別賃貸率（建築前の居住形態）

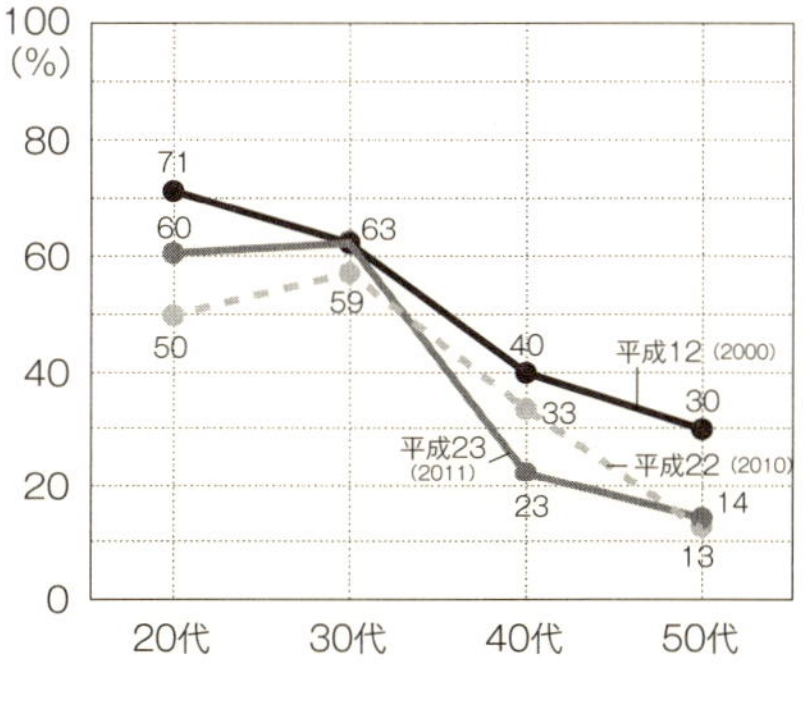

図9　住宅建築後の同居率と近居率

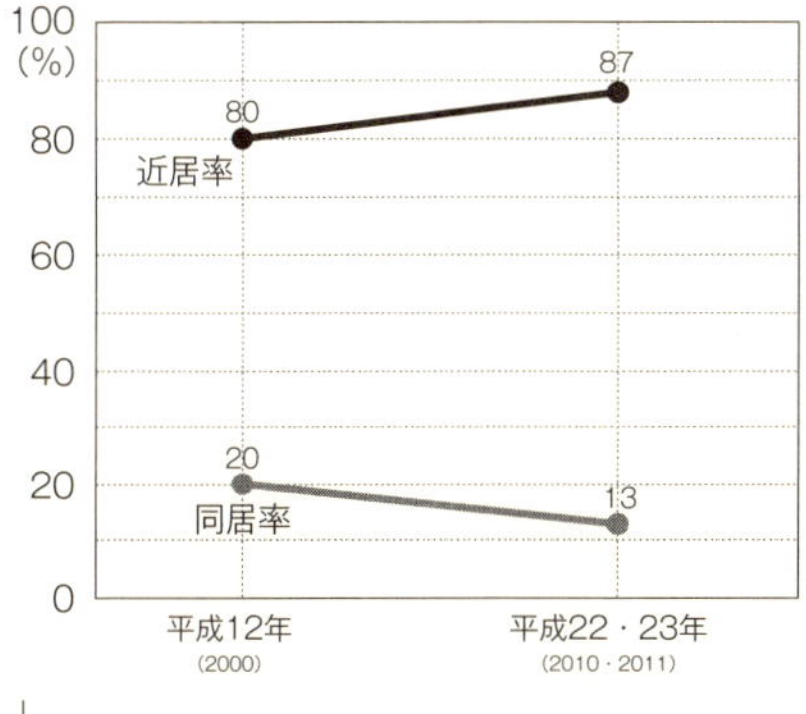

近隣小学校との関係

近隣の桜川市立S小学校との関連が深く、アパートの完成以来、小学校の全児童数に占めるアパート居住者の児童の割合が年々高まっている。

平成23年度では、その割合が53%にも達していることから、非常に大きな影響があることがわかる。

アパート居住者の児童数については直近で30人前後なので、集落部に公営住宅をつくることによって、結果的に部屋数の50~60%の児童数を10年以上にわたり確保できていることがわかった（図10）。

このように市街化調整区域に賃貸アパートがあれば、高い割合で子育て世帯が入居することが期待できるということが明らかになった。

写真5　県営Ｉアパート

図10　桜川市立S小学校の全児童数に占めるＩアパート居住世帯の児童数

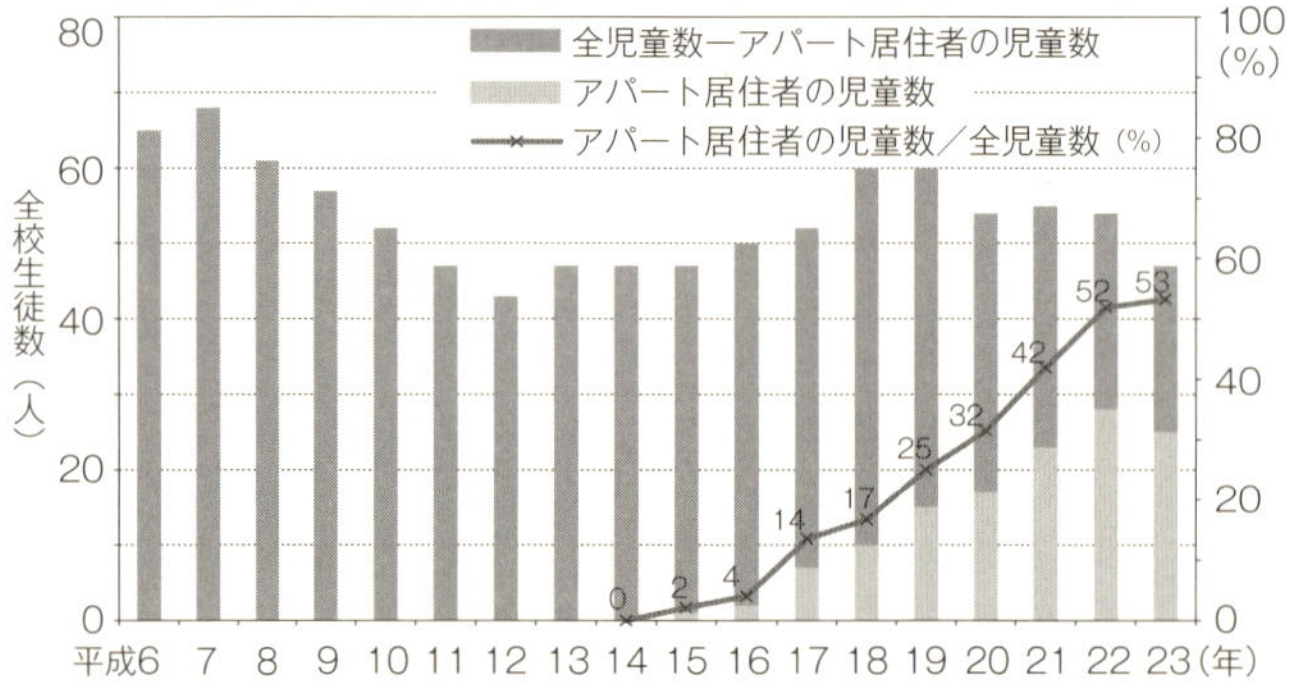

県営アパートの入居者について

この県営アパートに入居している世帯の半数以上は、近隣中学校区出身者であり、旧集落に住む親世帯との近居も多いことが推察される。またアパート居住者には、未就学児から高校生までの子どもがいて、何らかの立場で子育てに関わっている世帯を合わせると、全体の88％になり、このアパートの存在が地域に継続的に子育て世帯が存在する基盤となっていることがわかる。

加えて、母子家庭世帯が全体の25％の割合となっていることから、調整区域の既存集落内にリーズナブルな賃貸住宅があれば、さまざまな事情を受け止める一時的な居住先になりうると考えられる（図11）。

〈5〉持続可能な集落へ

以上のような調査結果から、桜川市内の集落部では、同居が減少し、近居が増えていること、加えて、近居を実現するための装置として、集落部での賃貸住宅には若い子育て世帯を中心とした一定の需要があることがわかった。また、今後も少子高齢化が進む一方で、高齢者の介護に係る家族間の協力がより求められる状況であることは明白である。よって、今後の集落部でのハウジング計画では、若い世帯の居住環境を向上させ、集落居住を後押しするための一手段として、集落部での居住先に、賃貸住宅を増やすことが有効であると考えることができる。

図11　県営Ⅰアパート入居者と子育て世帯

［調査対象：48世帯中、44世帯］

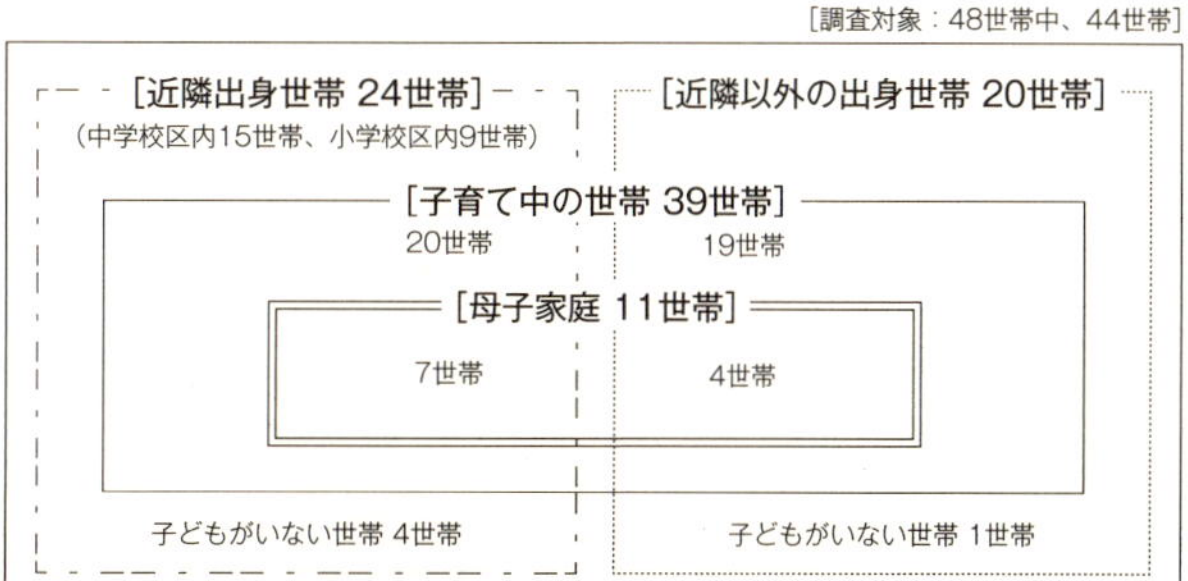

※子育て中の世帯とは、未就学児・小学生・中学生・高校生がいる世帯

集落部における近居の実態からも、家族内のさまざまな問題を解決するための手段として、近居が求められているようである。本調査により確認できた賃貸住宅の有効性だけではなく、開発許可申請の内容を調査していく過程では、新しく建築する延床面積20～30坪程度の住宅については親が使用し、これまで母屋として活用していた40～50坪の住宅は、子育て中の息子夫婦や娘夫婦が活用するといった家族内での住み替えのための申請も散見された。平成12年度と平成22年度の住宅床面積を比較すると、以前に比べ大きい家が減少し、小さい家を建てる世帯が増えている。ここから、今後の住まい方として、大家族による「母屋と離れ」を利用した居住形態ではなく、独立した大きさの違う住宅を、近居が可能な距離に2棟用意し、核家族化した多世帯家族が、それぞれのライフステージに応じて、循環させながら使用していくという家族関係が主流になるだろうことが推察される（図12）。

持続可能な集落づくりをしていくためには、大きさも目的も異なる多様な住宅ストックが整備され、それらをさまざまな状況の世帯が、必要に応じて使い、住み替えていけるような体制を整えることが重要である。

いわば、集落全体として「住宅」に何らかの共用機能を与えていくという発想も今後必要になってくるかもしれない。集落部では、昔から田畑を住民の共用物のように扱ってきた面がある。水源となる山も水路も同様に、住民の共用物のように取り扱われてきた。このような共同体としての考え方を「住宅」にも適用することで、集落を住み継いでいくための住宅の使い方を集落全体で再認識できるのではないかと思う。

図12　新居の延床面積

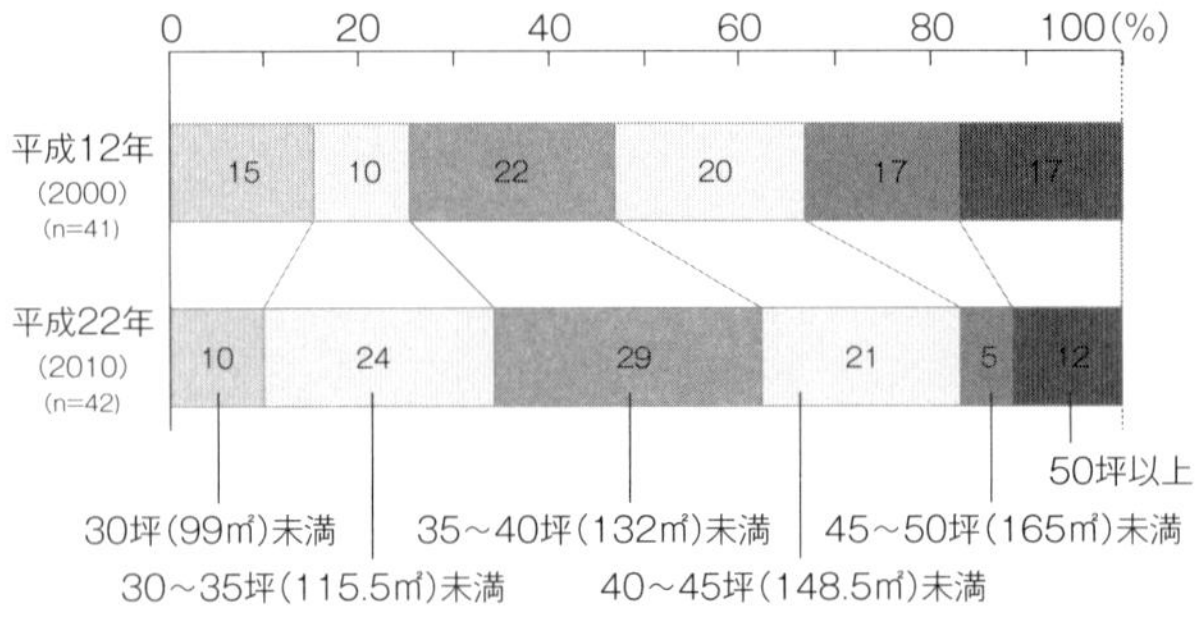

6 住宅供給に向けて

住み継がれる集落の形成にとって必要な住宅供給では、これまでのように、大きな自己用住宅があるだけではなく、小さな住宅、アパートのような集合賃貸、少し大きめな戸建貸家など、住み手にさまざまな選択肢が用意されるような状況をつくりだすことが有効だと考えられる。

住む場所を選ぶのは住み手である。集落居住を選択したいにもかかわらず、経済面や人間関係等の問題から集落居住を敬遠している子育て世帯にとって、集落から出ていかなくてもよい環境や、集落に戻ってきやすい環境を整えることは、持続可能な集落づくりに大きく寄与することに繋がる。多様な住まいが用意される状況を意図的に導き、つくり出していくことが、今後の住宅政策に求められる役割であると考える。

最後に、桜川市内で現在進められている事業の中から、本書序論で述べられている「近居の選択的実現の可能性」を拡げ得る事業を紹介し、本章の結びとしたい。

茨城県建築士会桜川支部では、子育て世帯の集落居住を促進するため、集落部に増えてきた空き家を借り上げてリフォームし、子育て世帯向けに貸し出す事業を進めている。これは、自己用住宅から賃貸住宅へ、住宅の用途を変えて、地域として住機能の共用資産を創出しようという試みである。

現在桜川市には、いくつかの子育て世帯の類型が考えられる。いつかは実家のある集落に戻らなければならないが市街地のアパートで暮らしている「市街地集落組」。本当は親と別居したいが、子どもの学区や経済的問題で仕方なく同居を続けている「仮面同居組」。離婚により実家に戻ってきた「片親組」。さらには、結婚した娘が平日は子どもを連れて実家で暮らすといった「週末婚組」などである。

本事業は、主に「市街地集落組」と「仮面同居組」、「片親組」をターゲットとして、集落内に貸家を提供し、親世帯との近居を進めつつ、親や兄弟などの複数世帯が、「複数の住宅」をそれぞれ上手に使いまわすことで、集落内居住の安定化を図ることを意図している（図13）。また、本事業は平成25年度に、国土交通省の「高齢者・障害者・子育て世帯居住安定化推進事業（先導的事業）」に採択され、試験的に事業を始めている。

事業効果として考えられることは、本事業がビジネスモデルとして評価されれば、これまでは市場からの賃貸住宅供給が進まなかった集落部においても、新たな事業者の参入によって、積極的な賃貸住宅の供給が進むようになり、集落部出身の子育て世帯にとっても居住の選択肢が増えるようになることである。

農村集落のような既存コミュニティでは、今でも「跡取りが同居しないことへの後ろめたさ」のような意識があり、これが集落居住への大きな心理的バリアとなっている。これを解消するには、実際に集落内の賃貸住宅で暮らし、親世帯との近居を実践する子育て世帯を増やすという「実践モデル世帯をつくる」ことが重要で、このような世帯が増えることにより、さまざまな住まい方を受け入れることが可能なものに集落コミュニティの考え方を変えていくこともできるのではないかと思う。

図13　空き家を活用した子育て世帯の集落居住安定化促進

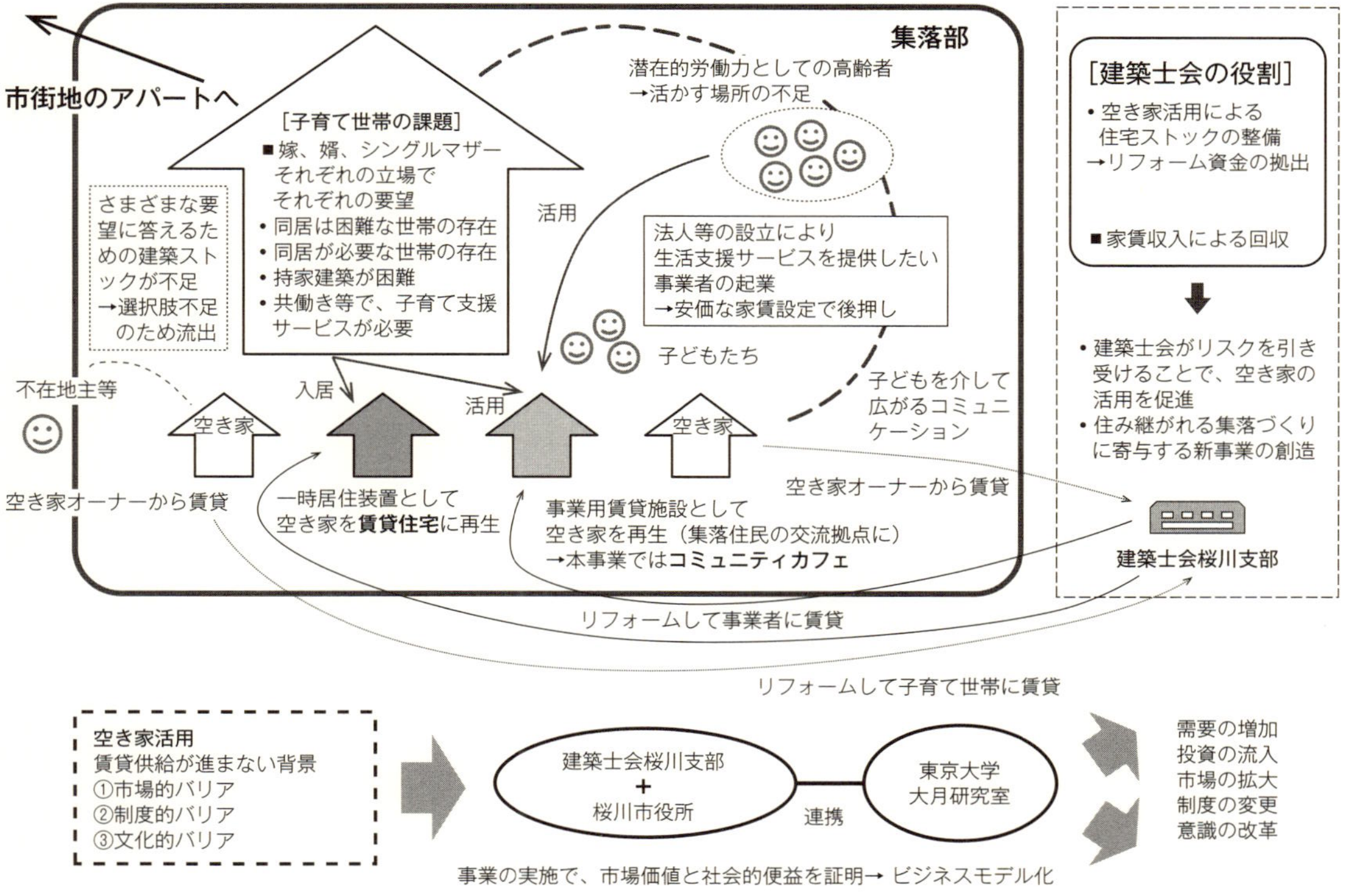

市街地のアパートへ
集落部
[子育て世帯の課題]
■嫁、婿、シングルマザー
それぞれの立場で
それぞれの要望
•同居は困難な世帯の存在
•同居が必要な世帯の存在
•持家建築が困難
•共働き等で、子育て支援
サービスが必要
さまざまな要
望に答えるた
めの建築スト
ックが不足
→選択肢不足
のため流出
潜在的労働力としての高齢者
→活かす場所の不足
活用
法人等の設立により
生活支援サービスを提供したい
事業者の起業
→安価な家賃設定で後押し
子どもたち
子どもを介して
広がるコミュニ
ケーション
不在地主等
空き家
入居
活用
空き家
空き家オーナーから賃貸
一時居住装置として
空き家を**賃貸住宅**に再生
事業用賃貸施設として
空き家を再生（集落住民の交流拠点に）
→本事業では**コミュニティカフェ**
空き家オーナーから賃貸
リフォームして事業者に賃貸
リフォームして子育て世帯に賃貸
[建築士会の役割]
•空き家活用による
住宅ストックの整備
→リフォーム資金の拠出
■家賃収入による回収
•建築士会がリスクを引き
受けることで、空き家の
活用を促進
•住み継がれる集落づくり
に寄与する新事業の創造
建築士会桜川支部
空き家活用
賃貸供給が進まない背景
①市場的バリア
②制度的バリア
③文化的バリア
建築士会桜川支部
+
桜川市役所
連携
東京大学
大月研究室
需要の増加
投資の流入
市場の拡大
制度の変更
意識の改革
事業の実施で、市場価値と社会的便益を証明→ ビジネスモデル化

図14　桜川市が目指す新しいまちづくり体系（市街化調整区域の場合）

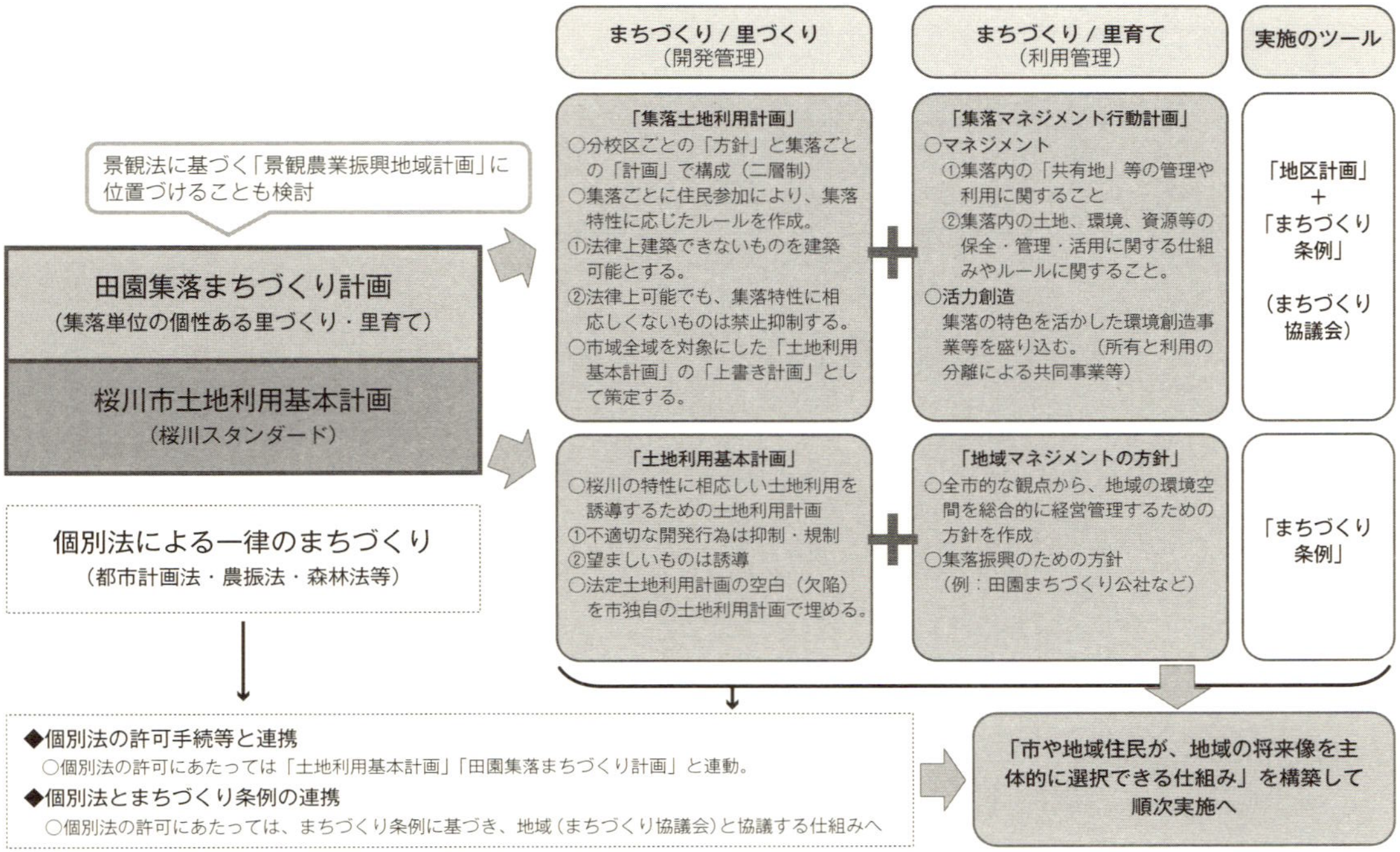

景観法に基づく「景観農業振興地域計画」に位置づけることも検討
田園集落まちづくり計画
（集落単位の個性ある里づくり・里育て）
桜川市土地利用基本計画
（桜川スタンダード）
個別法による一律のまちづくり
（都市計画法・農振法・森林法等）
まちづくり / 里づくり
（開発管理）
まちづくり / 里育て
（利用管理）
実施のツール
「集落土地利用計画」
○分校区ごとの「方針」と集落ごとの「計画」で構成（二層制）
○集落ごとに住民参加により、集落特性に応じたルールを作成。
①法律上建築できないものを建築可能とする。
②法律上可能でも、集落特性に相応しくないものは禁止抑制する。
○市域全域を対象にした「土地利用基本計画」の「上書き計画」として策定する。
「集落マネジメント行動計画」
○マネジメント
①集落内の「共有地」等の管理や利用に関すること
②集落内の土地、環境、資源等の保全・管理・活用に関する仕組みやルールに関すること。
○活力創造
集落の特色を活かした環境創造事業等を盛り込む。（所有と利用の分離による共同事業等）
「地区計画」
＋
「まちづくり条例」
（まちづくり協議会）
「土地利用基本計画」
○桜川の特性に相応しい土地利用を誘導するための土地利用計画
①不適切な開発行為は抑制・規制
②望ましいものは誘導
○法定土地利用計画の空白（欠陥）を市独自の土地利用計画で埋める。
「地域マネジメントの方針」
○全市的な観点から、地域の環境空間を総合的に経営管理するための方針を作成
○集落振興のための方針
（例：田園まちづくり公社など）
「まちづくり条例」
◆個別法の許可手続等と連携
○個別法の許可にあたっては「土地利用基本計画」「田園集落まちづくり計画」と連動。
◆個別法とまちづくり条例の連携
○個別法の許可にあたっては、まちづくり条例に基づき、地域（まちづくり協議会）と協議する仕組みへ
「市や地域住民が、地域の将来像を主体的に選択できる仕組み」を構築して順次実施へ

（出典：「都市計画マスタープラン策定調査報告書」より、作図：東京大学大学院・松本昭）

桜川市都市整備課では、都市計画マスタープラン作成過程において、市民と行政の役割分担を見直し、市民が身近に感じることのできる空間の単位として、集落ごとのエリアマネジメントを導入するための仕組みを検討している（図14）。これは、今後さらに進展が予測される少子高齢化を見据えたなかで、人口が少なくなっても、環境の良い集落を持続することが可能になるような制度を構築することを目指すものである。

現在、モデル集落を設定し、集落住民を交えた制度設計を検討している段階であるが、①土地利用計画を活用した土地利用規制に関する集落自治、②マネジメント行動計画と法人組織の設立等を活用した集落空間の管理や既存資源の活用等に関する集落自治を、制度の柱とすることを想定している（図15）。

この制度が実現されれば、これまでのように、「都市計画法や農振法等による市内一律の土地利用規制を、行政と土地所有者の間で運用する」という体制から、「コミュニティが中心となった土地利用のルールづくりと運用」に体制が転換され、集落ごとに、コミュニティの意思による柔軟な土地活用が可能となることが期待される。

図15　集落自治の実現ツール（田園集落まちづくり計画と創意工夫に満ちた地区計画等の活用）

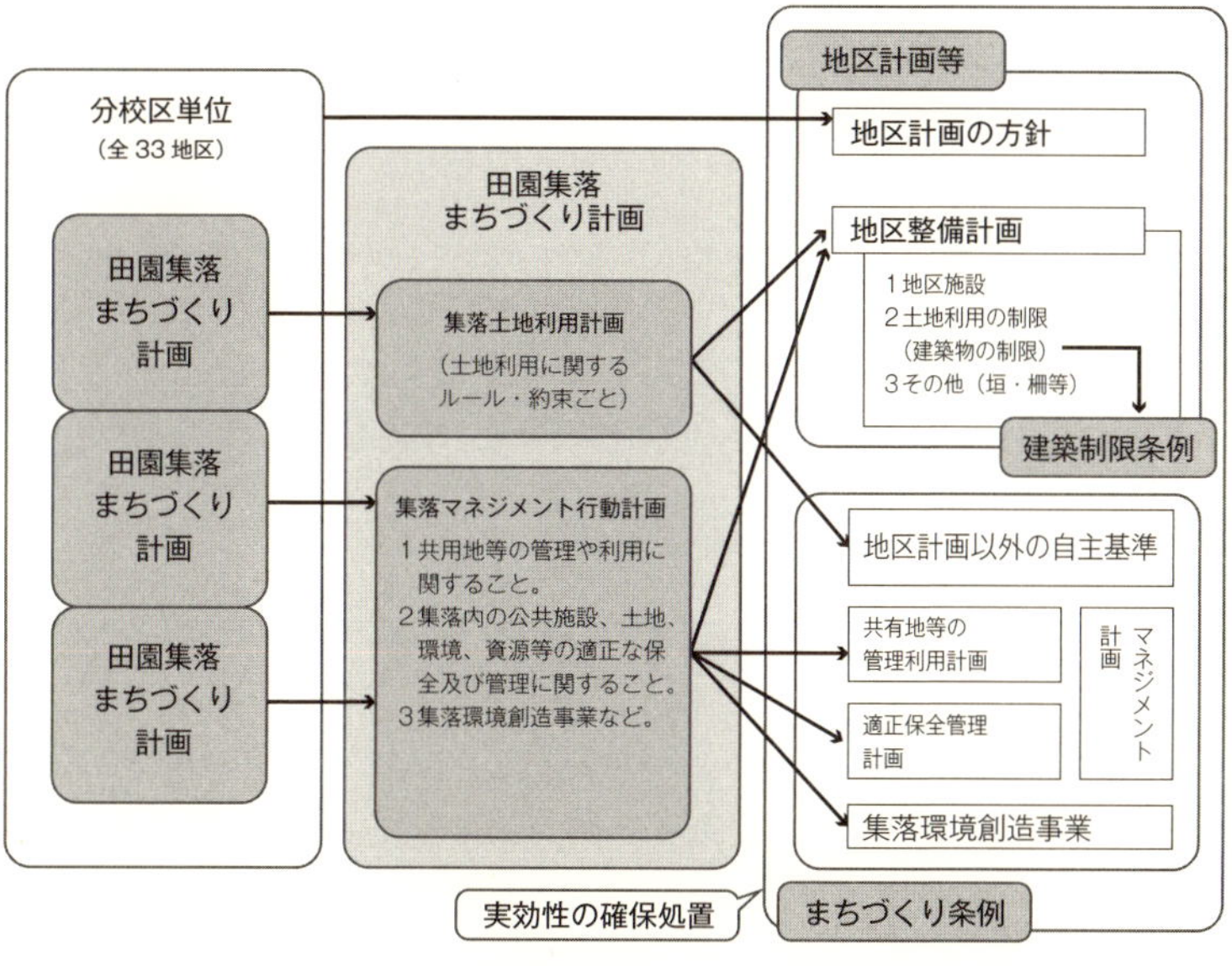

（出典：「都市計画マスタープラン策定調査報告書」より、作図：東京大学大学院・松本昭）

また、硬直化した既存の自治組織だけでは成しえない創造的なまちづくりを進めるためのマネジメント組織をつくることで、行政と集落コミュニティにおける集落空間管理の新たな役割分担を構築するとともに、集落内にある空き地や空き家などの共用資産候補について、積極的な活用が進むことが期待できる。なによりも、このような制度をきっかけとして、集落ごとに「田園集落まちづくり計画」を策定し、その運用主体となることで、集落内のさまざまな問題について、集落コミュニティが共同体としての意識を再認識し、空間管理・活用の共同化が図られるのではないかと考えている。

土地利用規制の集落自治化は、空き家の用途変更を困難にしていた市街化調整区域の立地規制（線引き前宅地にある住宅の増改築以外は賃貸物件への用途変更が困難）を乗り越えるものであると同時に、これまでは個人管理という認識で捉えられ、放っておかれた空き家について、集落全体のために活用するという考え方への変化を進めていくための入口にもなるものである。本制度により期待される集落自治の推進や集落コミュニティの変化は、「近居の選択的実現」という側面から捉えると、大いに歓迎すべきものであるといえよう。

先述した建築士会による子育て世帯の集落居住安定化促進事業についても、「近居の選択的実現」を目指した集落内の賃貸ストック形成にのみ事業目的があるのではなく、空き家をリフォームする仕事を増やすことによる地域建築産業の振興や歴史的な価値のある農家住宅の保存など、さまざまな目的を内包する事業である。そして、桜川市都市整備課による田園集落まちづくり計画制度の構築についても、集落空間の管理や集落環境の維持を主な目的としたものである。

このように、これまでは民間による建築分野の事業と行政による都市計画分野の事業として別々に捉えられることの多かったそれぞれの事業が、「近居の選択的実現」という視点で見ると、互いに密接な関係をもっていることがわかる。近居という現象は、建築・住宅・都市といった政策分野を横断しており、これを把握し、活用することは、民間や行政を問わず、さまざまな事業の企画や立案を進めるうえで、議論する価値のあるものだといえそうだ。

〈参考文献〉

・上和田茂他「準近居の存在からみた老親世帯の自立と支援を止揚するサポート居住の動向」（『日本建築学会計画系論文集』２００３）

・山村宗一郎「集落構成の変遷にみるサスティナブルコミュニティの理想」（『日本建築学会九州支部研究報告』２０１１）

・一般財団法人住総研『すまいろん97号：近居・隣居のススメ―「住宅に住む」から「地域に住む」へ』（２０１１）

・阿部成治「福島市における区域区分後の人口変動に関する研究―非成長時代の土地利用象と実現手法２」（『都市計画』２００７）

・増山篤「都市計画およびその周辺分野における地域区分方法」（『日本都市計画学会都市計画報告集』２００９）

・大月敏雄『集合住宅の時間』（王国社、２００６）

第3章

近居の親子関係と暮らしから見た住宅計画

横江麻実

①「近居」の再定義

「スープの冷めない距離に住みたい」とは馴染みのある言葉であるが、この、いわゆる〈近居〉は、既往論文や調査をひも解くと、調査主体ごとに定義が大きく異なるあいまいな言葉であることがわかる。国土交通省であっても調査によって「10分程度」[注1]とするものや「1時間以内」[注2]とするものがあり、民間の調査に至っては「2時間以内」[注3]とするものまである。ここまで離れてしまうと、折角のスープも冷めてしまいそうだ。

そこで筆者が所属する大和ハウス工業では、一般的な生活者がどの範囲までを〈近居〉と捉えているのかを知るために20代以上の男女3千名にインターネット調査をおこなった。

その結果、一般の生活者は「移動時間10分以内」、ややゆるく解釈すると「移動時

注1
「平成15年住宅需要実態調査」（国土交通省）等。

注2
「NPO活動を含む多業と近居の実態等に関する調査結果」（国土交通省、2006）等。

注3
「インビジブル・ファミリーに関する調査」（マクロミル、2008、2009、2010年）。

図1　一般生活者が考える「近居」の定義

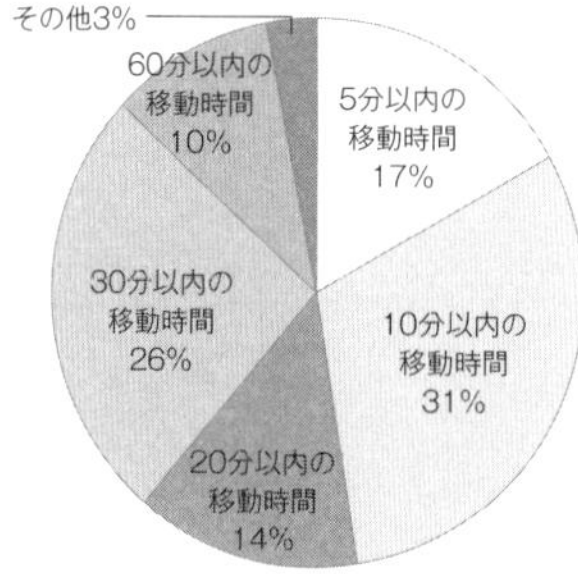

（N＝3000）
（出典：大和ハウス工業調べ、平成21年）

間30分以内」を近居と捉えていることがわかった（図1）。なお「移動時間30分を超える範囲の回答」は1割程度である。筆者の訪問調査結果からも「移動時間10分」と「1時間」ないしは「2時間以内」まで全て〈近居〉という言葉でひとくくりにして論じるのはいささか無理があるように思えてならない。

したがって筆者は「移動時間30分以内」を〈近居〉と定義し、比較のために「移動時間30分を超え90分以内」の所に住む二世帯を〈中距離居住〉として筆を進める。

② 二世帯の距離と親子関係

さて、近年「ゆるやかな世帯間のつながり」を重視する傾向が強まっているといわれているが、親子二世帯間の住まいの距離によって親子関係の密度や暮らしに対するニーズはどのように違うのだろうか。

そこで当社では、現在、同居・隣居・近居・中距離居住をしている親世帯と既婚子世帯計1千34名に対し、それぞれの親子関係と暮らしを比較するためのアンケート調査をおこなった（表1、図2）。本章ではその調査結果の一部と、親世帯と子世帯がお互いに日常的にサポートし合い、交流を楽しめる暮らし方「近《きん》

表1 「同居・隣居・近居・中距離居住における親子関係と暮らし」調査概要

調査方法	インターネット調査
調査地域	全国
調査対象	親世帯が移動時間90分以内の距離に住んでいる既婚子世帯（20～49歳）および既婚子世帯が移動時間90分以内の距離に住んでいる親世帯（50歳以上、配偶者との離死別含む）。
有効回答	計1034名 割付条件＝同居310名、隣居310名、近居310名、中距離104名
調査実施	平成21年12月

図2 この調査で使用した言葉の定義

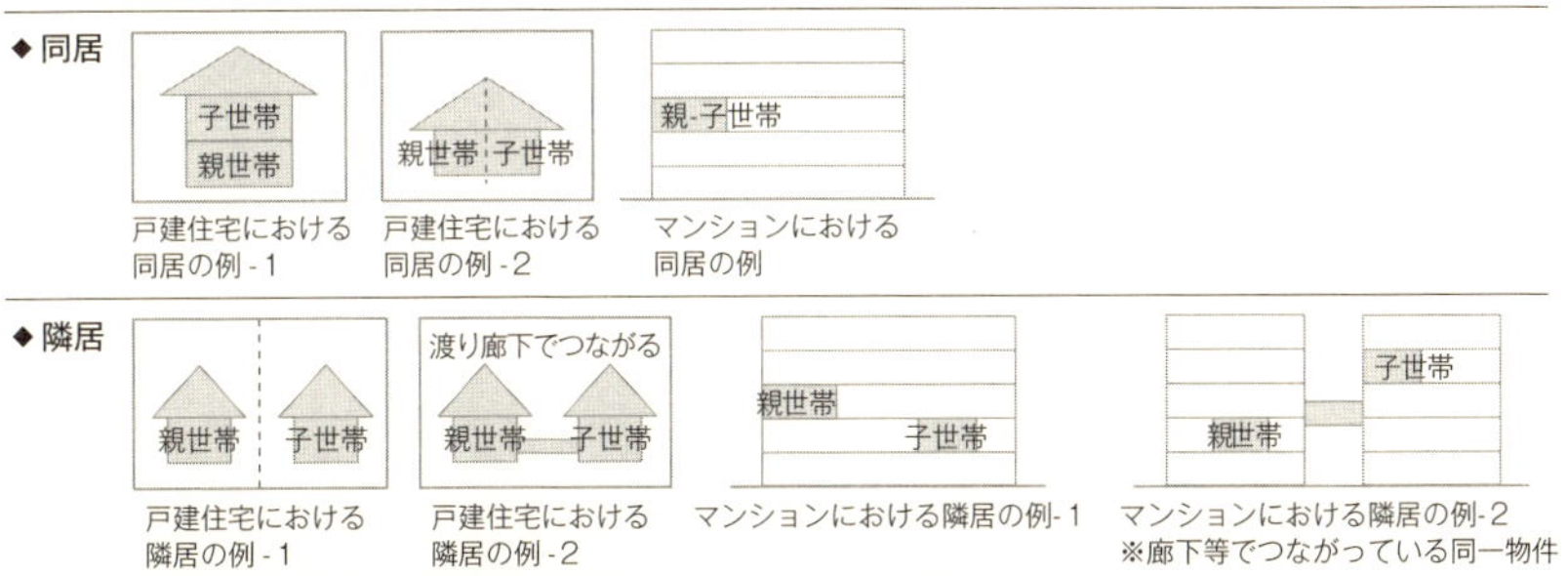

◆ **近居**：移動手段を問わず、隣居を超え30分以内の所に二世帯が住む

◆ **中距離居住**：移動手段を問わず、30分を超え90分以内の所に二世帯が住む

居《きょ》・育孫《いくまご》」生活提案について紹介する。

③ 調査結果

子世帯の性別と出生順位

同居や隣居の場合、子世帯が長男夫婦の割合が高く、近居や中距離居住の場合、子世帯が長女夫婦の割合が高いことがわかった（図3）。

二世帯生活のメリット・デメリット（表2、3）

◆同居のメリットは家事や育児などの生活支援がし合えること。デメリットはプライバシーが保てず、家事・家計負担が大きいこと。

同居は隣居と比較しても、特に家事や育児支援がし合えることは大きなメリットである反面、それ自体が負担になっていることや、プライバシーの面が問題になっていることがわかる。また同居子世帯はメリットとして「家計支援」を挙げる一方で、親世帯はデメリットとして「家計支援の負担が大きい」と回答していることも見逃せない。

◆隣居のメリットは安心感と世帯間コミュニケーション。デメリットはプライバシーが保てず、世帯間での予期せぬ訪問・呼び立てがあること。

図3　二世帯の関係（子世帯の性別と出生順位）

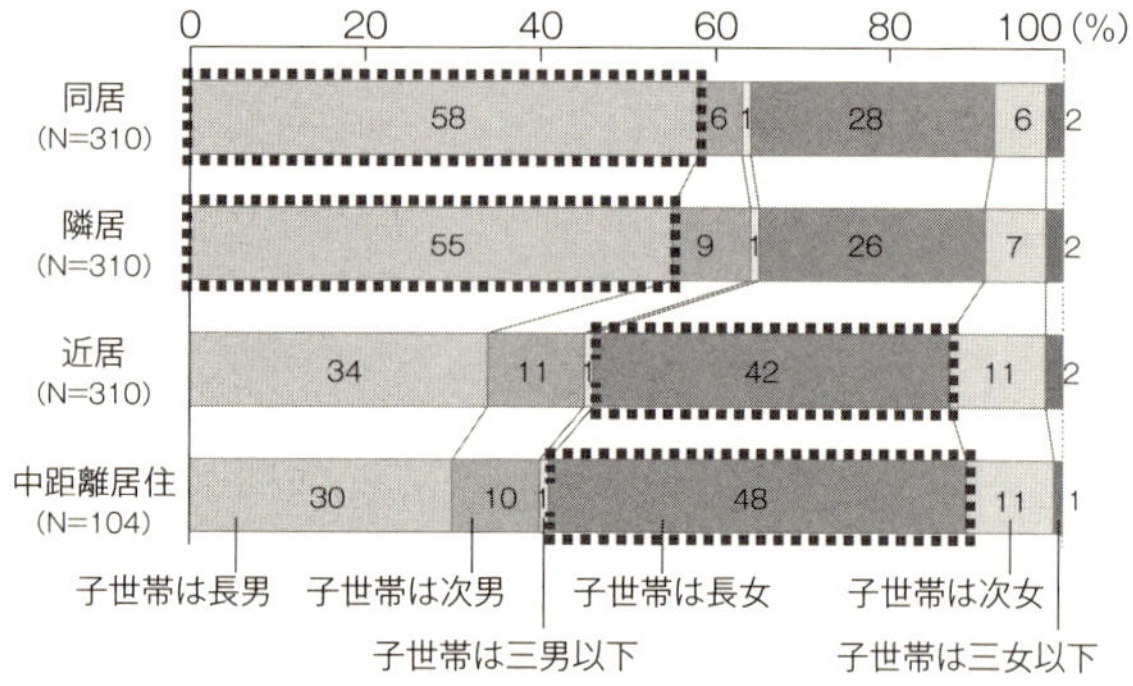

表2　二世帯生活のメリット（距離別・上位５位まで）

同居・親世帯		(%)
1位	家事支援	65
2位	孫の成長を見られる（見せられる）	64
3位	急病時における安心感	63
4位	子育て支援	55
5位	防犯面での安心感	53

同居・子世帯		(%)
1位	急病時における安心感	67
2位	家事支援	59
3位	孫の成長を見られる（見せられる）	57
4位	子育て支援	57
5位	家計（生活費）支援	55

隣居・親世帯		(%)
1位	急病時における安心感	74
2位	世帯間の交流ができる	69
3位	孫の成長を見られる（見せられる）	67
3位	子育て支援	67
5位	家事支援	60

隣居・子世帯		(%)
1位	急病時における安心感	67
2位	孫の成長を見られる（見せられる）	63
3位	子育て支援	59
4位	防犯面での安心感	58
5位	世帯間の交流ができる	52

近居・親世帯		(%)
1位	適度な距離があって気楽	67
2位	孫の成長を見られる（見せられる）	63
3位	急病時における安心感	62
4位	自分たちの生活リズムを守れる	55
5位	世帯間の交流ができる	54

近居・子世帯		(%)
1位	適度な距離があって気楽	68
2位	急病時における安心感	66
3位	孫の成長を見られる（見せられる）	64
4位	自分たちの生活リズムを守れる	61
5位	子育て支援	56

中距離・親世帯		(%)
1位	自分たちの生活リズムを守れる	50
2位	孫の成長を見られる（見せられる）	44
3位	適度な距離があって気楽	42
4位	世帯間の交流ができる	39
5位	子育て支援	33

中距離・子世帯		(%)
1位	自分たちの生活リズムを守れる	64
2位	適度な距離があって気楽	62
3位	孫の成長を見られる（見せられる）	46
4位	急病時における安心感	37
5位	子育て支援	29

表3　二世帯生活のデメリット（距離別・上位５位まで）

同居・親世帯		(%)
1位	プライバシーが保てない	35
1位	プライベートな時間を取りにくい	35
3位	家事支援の負担が大きい	22
4位	家計支援の負担が大きい	19
5位	育児支援の負担が大きい	18

同居・子世帯		(%)
1位	プライバシーが保てない	52
2位	プライベートな時間を取りにくい	47
3位	子どもの教育方針などで意見が異なる	26
4位	家事支援の負担が大きい	22
5位	介護・看護の負担が大きい	19

隣居・親世帯		(%)
1位	プライバシーが保てない	19
1位	育児支援の負担が大きい	19
3位	プライベートな時間を取りにくい	17
3位	親（子）世帯にすぐ呼びつけられる	17
3位	親（子）世帯の訪問が多い	17

隣居・子世帯		(%)
1位	プライバシーが保てない	37
2位	親（子）世帯にすぐ呼びつけられる	27
3位	プライベートな時間を取りにくい	24
4位	親（子）世帯の訪問が多い	21
5位	子どもの教育方針などで意見が異なる	13

近居・親世帯		(%)
1位	子（親）世帯に何かあった時すぐ駆けつけられない	13
2位	プライベートな時間を取りにくい	11
3位	親（子）世帯の訪問が多い	10
4位	親（子）世帯にすぐ呼びつけられる	10
4位	育児支援の負担が大きい	10

近居・子世帯		(%)
1位	親（子）世帯にすぐ呼びつけられる	12
2位	プライバシーが保てない	10
3位	介護・看護の負担が大きい	9
4位	親（子）世帯の訪問が多い	8
4位	子（親）世帯に何かあった時すぐ駆けつけられない	8

中距離・親世帯		(%)
1位	子（親）世帯に何かあった時すぐ駆けつけられない	46
2位	プライバシーが保てない	8
2位	親（子）世帯にすぐ呼びつけられる	8
2位	親（子）世帯の訪問が多い	8
5位	家計支援の負担が大きい	6

中距離・子世帯		(%)
1位	子（親）世帯に何かあった時すぐ駆けつけられない	33
2位	プライバシーが保てない	12
3位	親（子）世帯にすぐ呼びつけられる	10
4位	親（子）世帯の訪問が多い	8
5位	プライベートな時間を取りにくい	6

注：表は小数点以下を四捨五入したため、僅差で順位が異なるものがある。

隣居は、急病時や防犯面での安心感や孫の成長が見られることがメリットだが、反面、世帯間の予期せぬ訪問や呼び立ての頻度に対する不満回答率の高さが特徴的で、この点が同居と大きく異なる。

◆近居のメリットは気楽さとイザというときの安心感。デメリットは少ない。

近居は、二世帯間の適度な距離感からうまれる気楽さと、イザというときの安心感がメリットとなっている。

◆中距離居住のメリットは自分たちの生活リズムが守れて気楽であること。デメリットは有事の際にすぐ駆けつけられないこと。

中距離居住では「何かあったときにすぐ駆けつけられない」ことをデメリットとする回答率が近居に比べてきわめて高くなる。

今回の調査から「イザという時に支え合いたい」と考えている親子二世帯に対して、移動時間30分以内の距離を提案することの妥当性が確認できた。

子世帯の住宅取得資金援助額

隣居の49%において、親世帯が子世帯の住宅建築（取得）資金を何らかの形で援助している。さらに親世帯が子世帯の住宅資金を全額援助している割合も、隣居が高いことがわかった（図4）。

図4　子世帯への住宅取得資金援助額

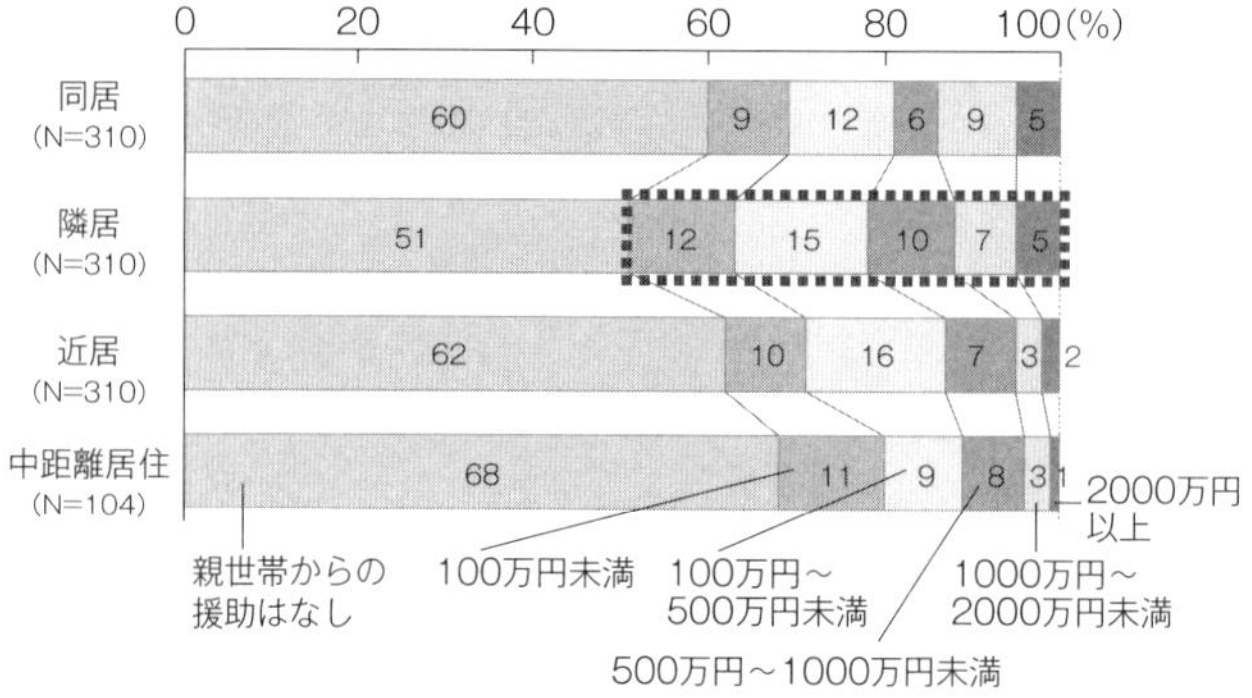

同居よりも一見、気楽なイメージの隣居であるが、訪問調査でも、親世帯が全額資金援助しているようなケースでは、親世帯にとっては「離れ」のような感覚をもたれるためか、「世帯間の予期せぬ時間帯の訪問や、頻繁な呼び出しが苦痛だ」という声が聞かれた。隣居スタート前には、同居同様に、お互いの生活リズムについての話し合いやルール決めがポイントになりそうだ。

親世帯側に置いたままの物

次に、親世帯側に置いたままになっている子世帯の所有物についてみてみよう。同居の場合は、食品・食器・調理器具といった「食関連」の物が親世帯の居住空間に置いたままになっている。

一方、隣居→近居→中距離居住と、二世帯の距離が遠くなるにつれ「本・アルバム」「洋服・アクセサリー」など、世帯分離の際、子世帯が持っていくのが煩わしい物が親世帯の家に置いたままになっていることがわかった。

さらに中距離居住では「学習机」や「楽器」などが上位に浮上する。使用頻度が低い、大型で新居には置けない等を口実に、置いたままにされている様子が浮かび上がった（図5）。

二世帯生活の満足度と負担感

同居・隣居・近居の親世帯は生活満足度にさほど大きな差は見られない。一方、子世帯は二世帯の距離が離れるにつれ負担感が減り、満足感が高まる。そして親子両

図5　親世帯の家に置いたままの、子世帯の所有物

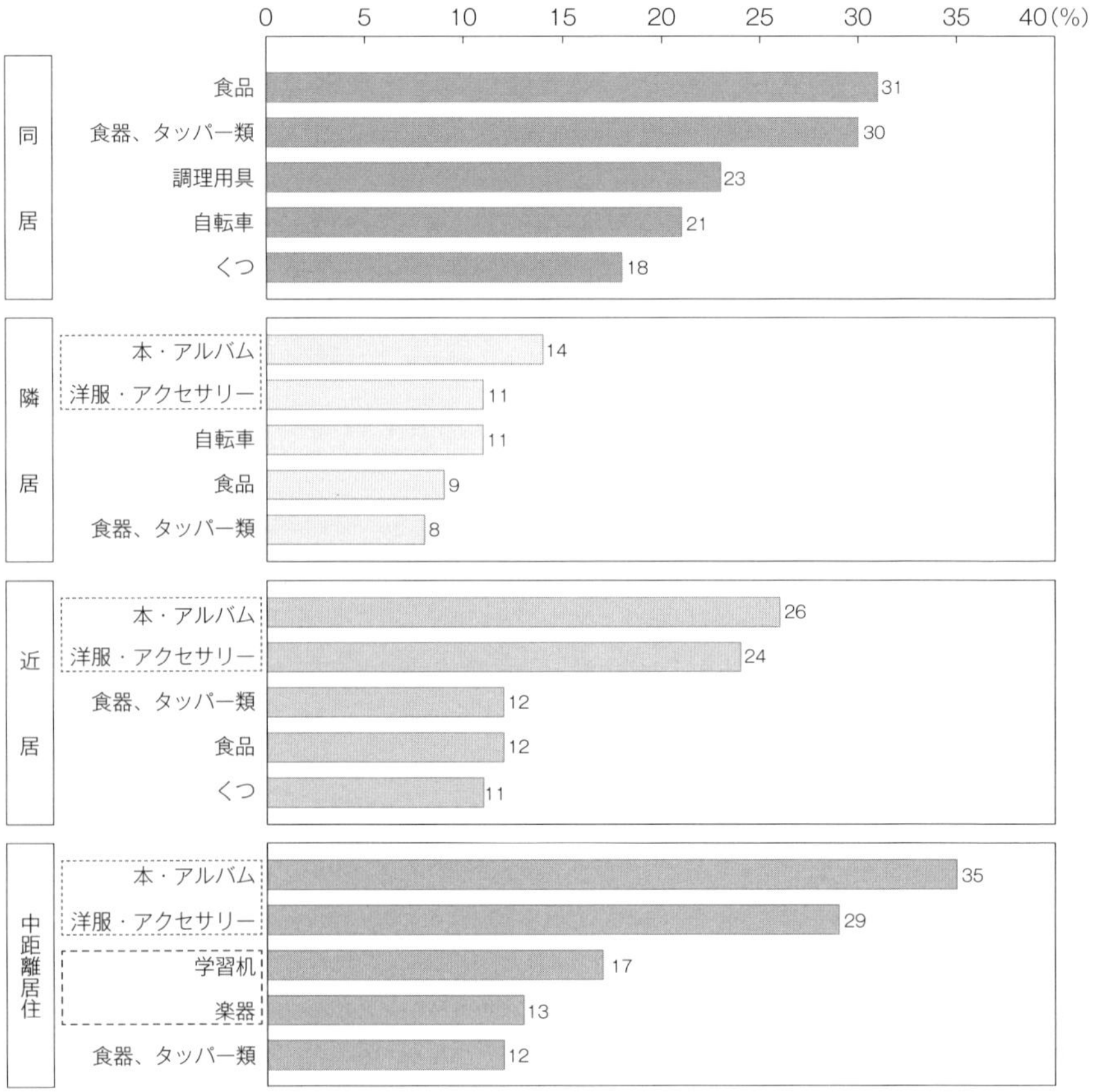

図6　二世帯生活の満足度×負担感

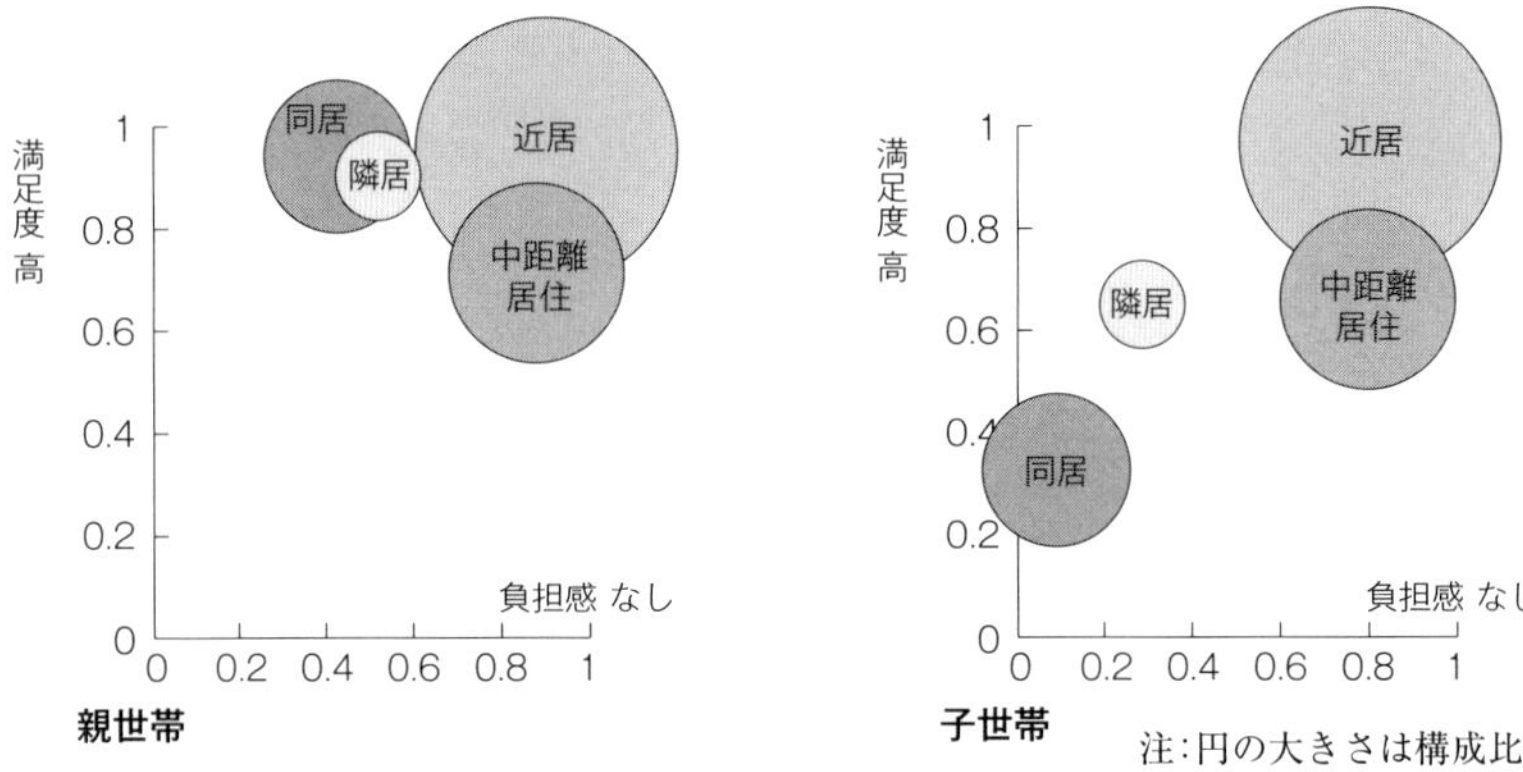

注：円の大きさは構成比を示す。

世帯とも近居においてもっとも満足度が高く負担感が少ない、という分析結果が得られた（図6）。

しかし、親子両世帯ともに二世帯の距離が30分を超える「中距離居住」になると、負担感は近居とほぼ同じでありながら、生活満足度が低下する傾向が読み取れる。

哲学者ショーペンハウエルの寓話「ヤマアラシのジレンマ」をご存知だろうか。冬の寒い日、２匹のヤマアラシが温め合おうと互いに近づくと針が刺さり、離れようとすると今度は寒い。そのうちに互いが傷つかず、かつ温め合える最適距離を見出すという話だ。

今回の調査ではこの寓話が示唆するように、親子両世帯にとっての最適距離は移動時間30分以内の「近居」であることがわかった。

④「近居・育孫」生活提案

提案の動機

個人的な話で恐縮だが、筆者は実家から数百キロ離れた地で仕事を持ちながら子育てを経験した。さらに専業主婦の友人達の話をきくにつれ、公的支援だけでは育児は立ち行かず、インフォーマルな支援を必要としていることに気づかされたものである。

こうした自身の生活者としての実感に加え、そして熟年世代に向けてこれからの住まいのあり方を提案したい、という思いからうまれたのが、次にご紹介する「近居・育孫」生活提案である。

提案のポイント

「近居・育孫」生活提案は基本的には親世帯のプランニング提案となっており、平面計画は「安心みまもりプランニング」がベースである。「安心みまもりプランニング」とは、ダイニングキッチンから住まいの要所要所に目が届き、心地よいつながり感をもたらす「安心みまもり目線」と、「回遊動線〈ＬＯＯＰ〉」からなる（図7）。

「安心みまもり目線」とは、親世帯夫婦がキッチンとリビングでそれぞれ過ごしている時は互いに気配を感じ合え、孫が遊びに来た時は、ダイニングキッチンから水回り、玄関まで目線が行き届く平面計画を指す。さらに回遊動線〈ＬＯＯＰ〉を設けることで、小さな孫たちの遊び場としての動線を確保している。

実は和室〜水回り、ガレージを回遊する〈ＬＯＯ

図7　安心みまもり目線と回遊動線（LOOP）

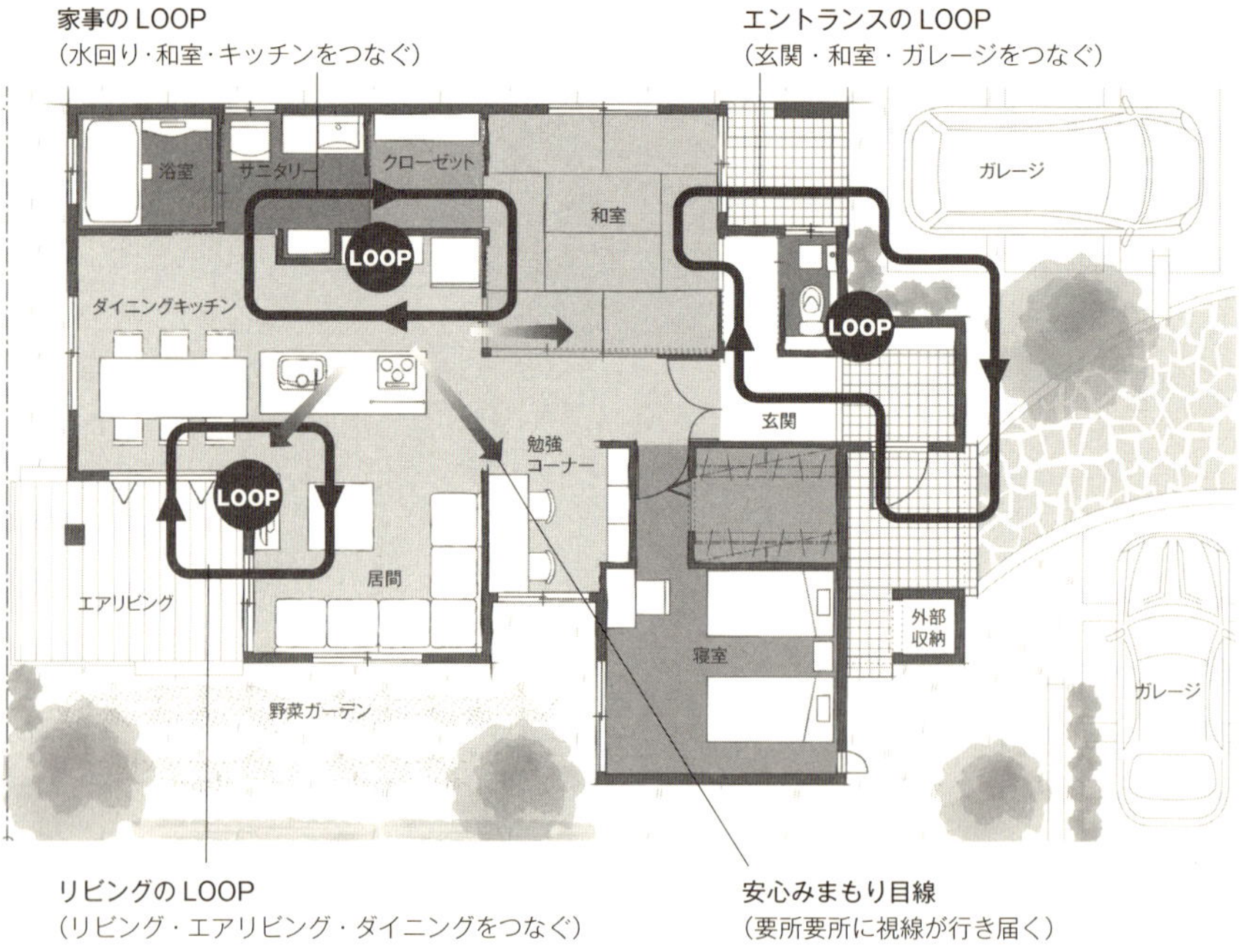

P〉は、育孫のみならず、家事や将来的な介護サービス受け入れを意図した動線計画でもある。しかしここでは介護という言葉は一切使っていない。というのも近居訪問調査の結果から、心身共に健康な団塊世代にとって「将来的な介護にも対応できる住まい」という考え方がご自身の実感として伴わない方が大多数であることがわかったからである。

そこで「娘さんが安心して出産前後を過ごせる」「お孫さんを安心して預かれる」という言葉に置き換えることで、提案をスムーズに受け容れていただけるように配慮した。

子世代の継続就業や育児支援、さらに親世代への将来的な介護支援まで視野に入れた生活提案「近居・育孫」。住み慣れたエリアで親族支援や地域支援を意識した住宅を計画しようという考え方は、さまざまな世代に共感していただき、当社の戸建住宅やマンションなど、多くの物件で採用して頂いた。

これからも定点的な調査を実施し、時代と共に変化する親子二世帯の居住スタイルを住宅メーカーの立場で提案し続けたいと考えている。

第4章

近居時代の都市型集居 ——2.5世帯住宅

松本吉彦

本稿はいわゆる近居ではなく、一つの家に多世帯が集まって住み、そのメリットを追求する「集居」という居住形態の紹介である。「2.5世帯住宅」とは、二世帯住宅の親世帯、子世帯に加え、単身の姉妹を0.5世帯として加えた住まいとして平成24年に筆者が所属する旭化成ホームズが発売した商品の名称である。ここではまず二世帯住宅や近居が生まれた経緯を振り返り、同居と近居の違いを整理したうえで「2.5世帯住宅」に至る社会背景や提案内容を紹介したい。そこにはそれぞれの時代における家族のあり方が投影されている。

①二世帯住宅の誕生と発展

当社が二世帯住宅の研究を開始したのは昭和48年、商品化したのは昭和50年で、「二世帯」という名称はこのときの商品名が一般化して定着したものである。

当時は大家族同居から核家族への移行期にあたる。国勢調査における世帯人員別

図1　世帯人員別世帯数の変化（昭和30年～平成22年）

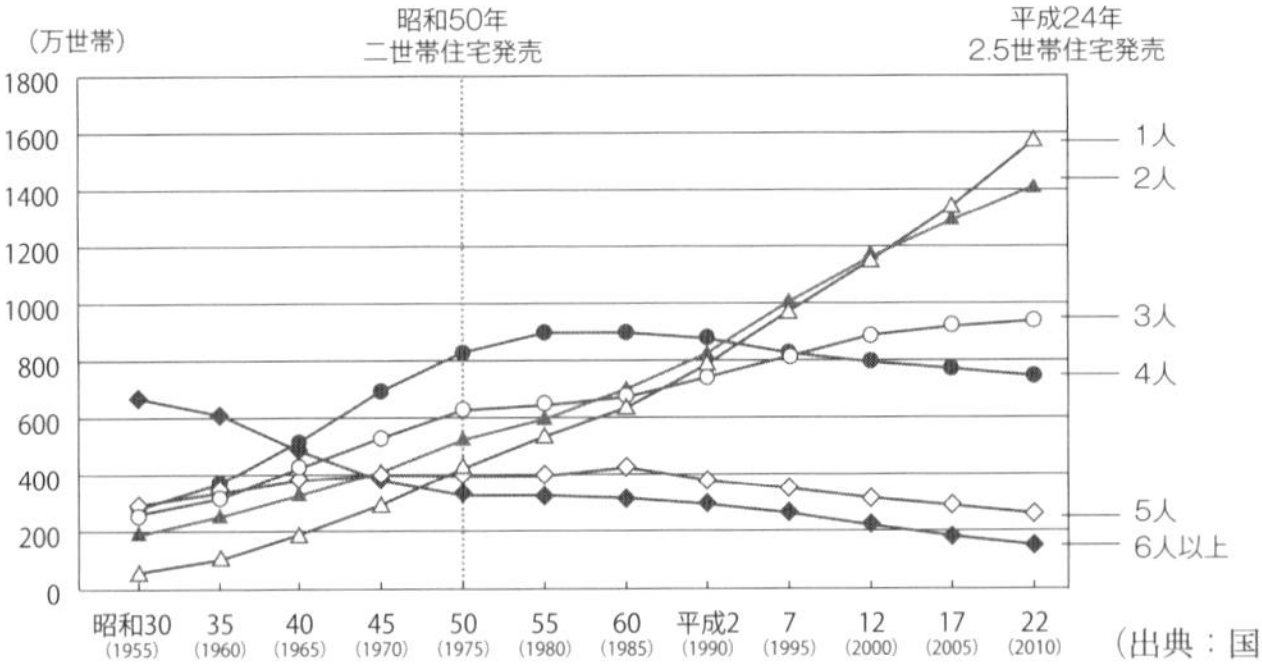

（出典：国勢調査より作成）

世帯数をみると昭和35年以降４人世帯の増加が著しく、昭和40年には６人以上の世帯数を上回り昭和55年まで増加を続ける（図1）。つまり、この時期から６人の大家族での「べったり同居」が親世帯２人と子世帯４人の独立した二世帯に分かれていった。サラリーマン社会の拡大とともに収入源も親子で異なるようになり、都市部を中心に親子の別世帯化が進んでいくことになる。

この結果１９７０年代にはニュータウン開発等による都市の拡大と土地価格高騰のなかで、長距離の通勤が必要な郊外居住が一般化した。一方で都心に近く便利な親世帯の土地を利用して、親子二世帯が独立して住みたいというニーズも生まれた。そのとき親世帯の家の庭先に子世帯が別棟を建てる、という方法ではなく、親世帯も含めて1棟で建て替える、という形態が二世帯住宅である。

最初の二世帯住宅のモデルは、上下に2戸を重ね、２階の子世帯へは外階段でアクセスし親世帯と内部での行き来はできない「外階段型」のタイプであった（図2）。この構成は一つの土地に分かれて住みたい、という当時の社会的ニーズを反映したものである。従来の「べったり同居」と全く違う、分離することの価値、いわば二戸建のマンションのような現代的な住まい方であることの表現が求められた結果といえる。

しかし、その後二世帯住宅のニーズは同一棟内に住んでいることのメリットを追求する方向へと向かう。家事・育児の協力を考えれば、屋外を回らずに室内で行き来できた方が便利である。さらに、親世帯が加齢し介護期になった場合は、子世帯から頻繁に様子を見に行く必要が生じる。そのため、昭和54年には2階住戸の玄関

図２　最初の二世帯住宅（昭和50年）

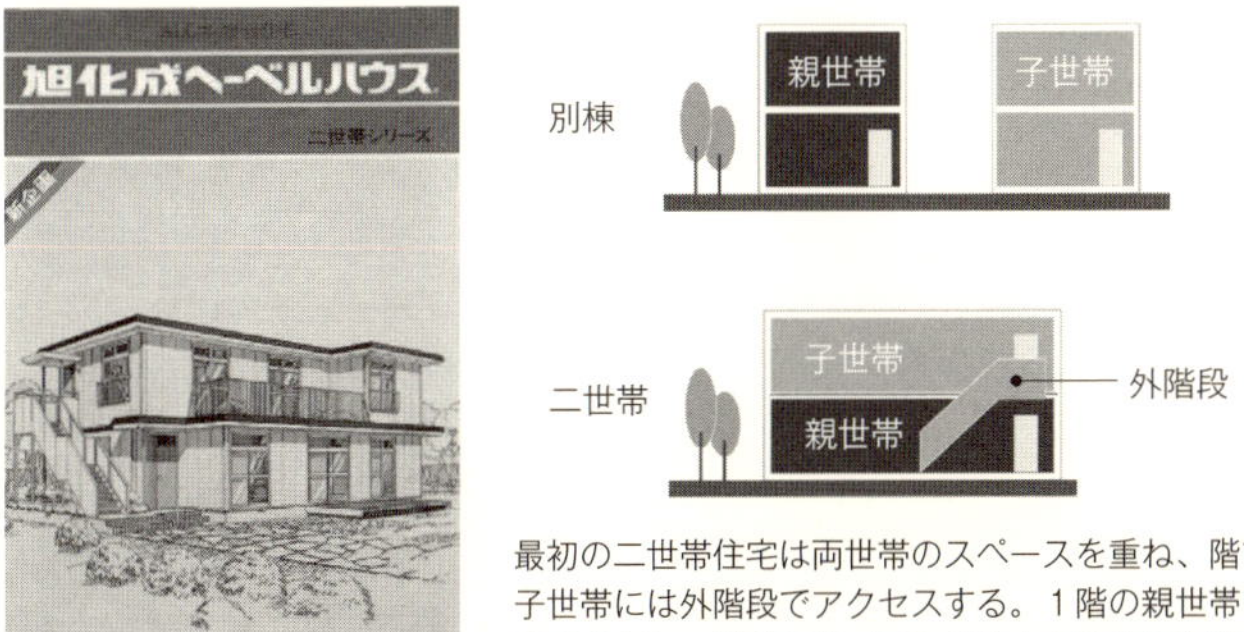

最初の二世帯住宅は両世帯のスペースを重ね、階で分けた構成で子世帯には外階段でアクセスする。１階の親世帯とは内部で行き来できない。別棟に比べコンパクトな敷地でも建てられる。

も1階として内部階段で上がる「内階段型」や玄関を共用する「共用型」など、二世帯が内部で行き来できる構成の提案が拡充され、やがてこれらが主流を占めるようになっていく（図3）。注1

土地がさらに高騰したバブル期、現実的な通勤距離で子世帯が家を買うには高すぎ、親の土地での同居が唯一の選択肢となるケースがあった。この時期には二世帯住宅はより一般化し広く建設された。

しかしバブルが崩壊した後、90年代後半に土地価格が下落し、さらに2000年代に入ると、70年代以降に郊外に住宅を取得した世代が親世帯の世代となって、親世帯の近くで広い宅地や遊休地が分割されて造成されたため、子世帯が求めやすい土地が多く供給されるようになった。このため近居が増加し、二世帯住宅は減少した。

やがて2000年代後半になると、再び同居の見直し傾向が見られるようになる。国土交通省の平成20年の住生活総合調査では、同居＋隣居が現状27％に対して、子世帯の希望では同居＋隣居が47％と現状の1.7倍ある。親世帯の同居・隣居希望は37％と子世帯より低いが、平成15年の28％から9ポイント増加しており、近居から同居希望へのシフトが見てとれる（図4）。

図3　2世帯住宅の構成

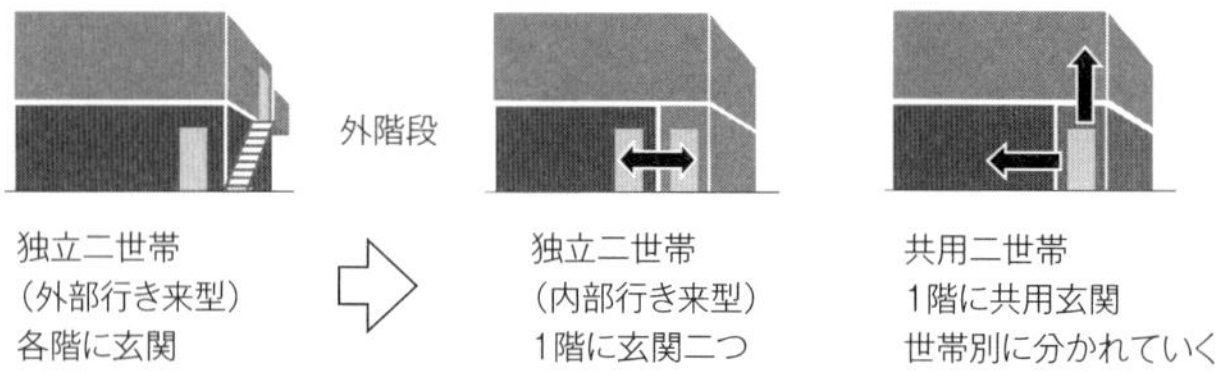

図4　親世帯・子世帯の住まい方の現状と高齢期の意向

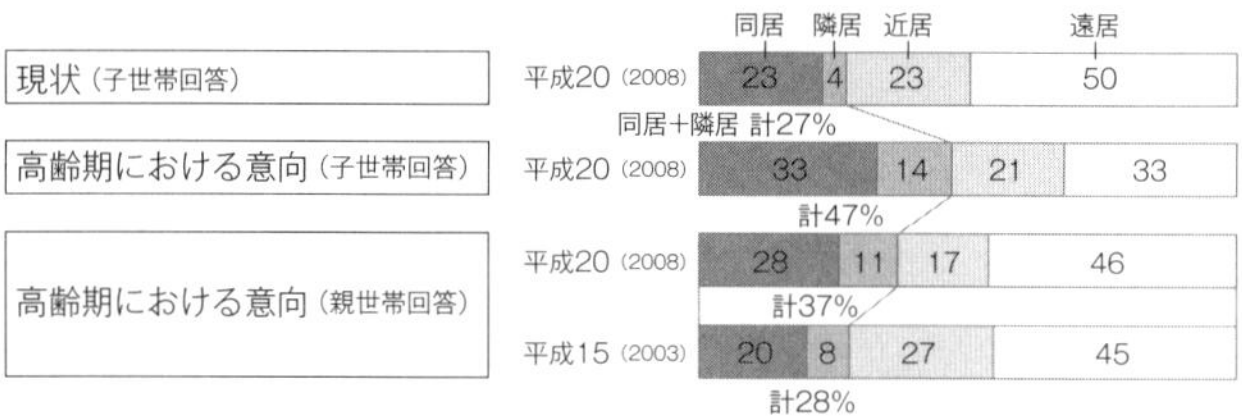

現状と高齢期における意向（世帯主の子が回答）（出典：国土交通省　平成20年住生活総合調査から。「親はいない」「わからない」「不明」を除いて作成）

高齢期における意向（親世帯回答）（出典：国土交通省　平成20年住生活総合調査、平成15年住宅需要実態調査から、「子はいない」「わからない」「不明」を除いて作成）

同居（二世帯住宅を含む）、隣居（同一敷地＋住棟内別住戸）
近居（歩5分＋車等15分未満）、遠居（1時間未満＋こだわりなし）として筆者がまとめたもの

注1　高橋公子・郷美弥子・篠原聡子「複数世代住宅における平面型の分類」（『日本建築学会大会学術講演梗概集』1982）。分離した生活に対して外階段型のプランが17％程度なのに対し内階段型は5割以上を占めている。

②近居と同居の違い

筆者は近居と同居を比較して、その行き来の頻度や協力内容などを調査したことがある。[注2] 行き来の頻度と建物分離度、居住距離とは関係が強く、子世帯が親世帯を訪れる頻度は近居の場合、毎日行くケースが約2割、週1回以上が6割なのに対し、同居では生活空間が分離していても毎日が約8割と多い。逆に親世帯が子世帯を訪ねる頻度は息子夫婦同居の場合、毎日行くのは半分に満たず、娘夫婦同居の場合の7割弱と大きな差があった。これは、息子の嫁のプライバシーに対して親世帯が配慮していることの表れだと感じられる。このように、同居の場合は物理的距離が近い分、お互いの独立性を保つための配慮が暮らしの中で行われている。

協力内容の違いを見ると、育児協力については、近居—同居間で大きな差はなく、どちらも緊密な関係がある。近居であれば子どもを預けたり、学校からの帰宅先とするのに支障はないのであろう。一方で差が見られたのは、留守番などの家に関わる家事の部分である。食事を一緒にしている場合には家事全般に協力が広がり、介護のシーンでは頻繁な見守りが必要になるケースもある。同居でさえ内部で行き来ができない場合は玄関経由で靴を履きカギを掛けての行き来となり不便という声をよく聞くので、近居の場合にはさらに負担が増すことは想像に難くない。育児協力だけなら近居でも不利ではないが、介護を視野に入れる場合は、同居が有利と言えよう。

注2
『二世帯同居における「孫共育」調査報告書』（旭化成ホームズ㈱ホームページにて公開。http://www.kurashinnovation.jp）

近居は二世帯住宅の分離度をより高めたものという位置づけができる。同居は親子間の協力をしやすく、子世帯の住宅建設に際して土地購入の負担がないのがメリットである。両者に共通しているのは親子間の協力関係に対する期待である。二世帯住宅は近居隣居に近い距離感を同居でも実現し、強固な親子ネットワークも構築したい、という相反する要求のバランスで成り立っている。そのためにさまざまなバリエーションによって、最もニーズに近い家を提供すれば二世帯住宅を選択する層も増えると期待される。

③二世帯住宅のバリエーション

当社では二世帯住宅を「キッチンが世帯別にある」住宅と定義している。そして、二世帯住宅においてどの程度親子両世帯の玄関や浴室等の空間が分離しているのかを「建物分離度」と呼び、大きく三つに分類している（図5）。「独立二世帯」は、親世帯子世帯が独立した生活空間を持ち、キッチン、浴室、玄関が各住戸に備えられ、室内に共用を前提とした空間がないものである。一つ屋根の下ながらも、「隣居」の生活スタイルが可能で、互いに出会うことなく生活できる。1週間顔を合わせないことがある、という居住者も実際にいる。「共用二世帯」とは、基本的な生活空間である食事の場を分離しキッチンを分けながらも、玄関や浴室などを共用するタイプである。共用した分、建物床面積を小さくでき、コンパクトな敷地に適する。「共有」ではなく、

図5　二世帯住宅のタイプ　夕食別々ならLDKが独立、一緒なら共有となる

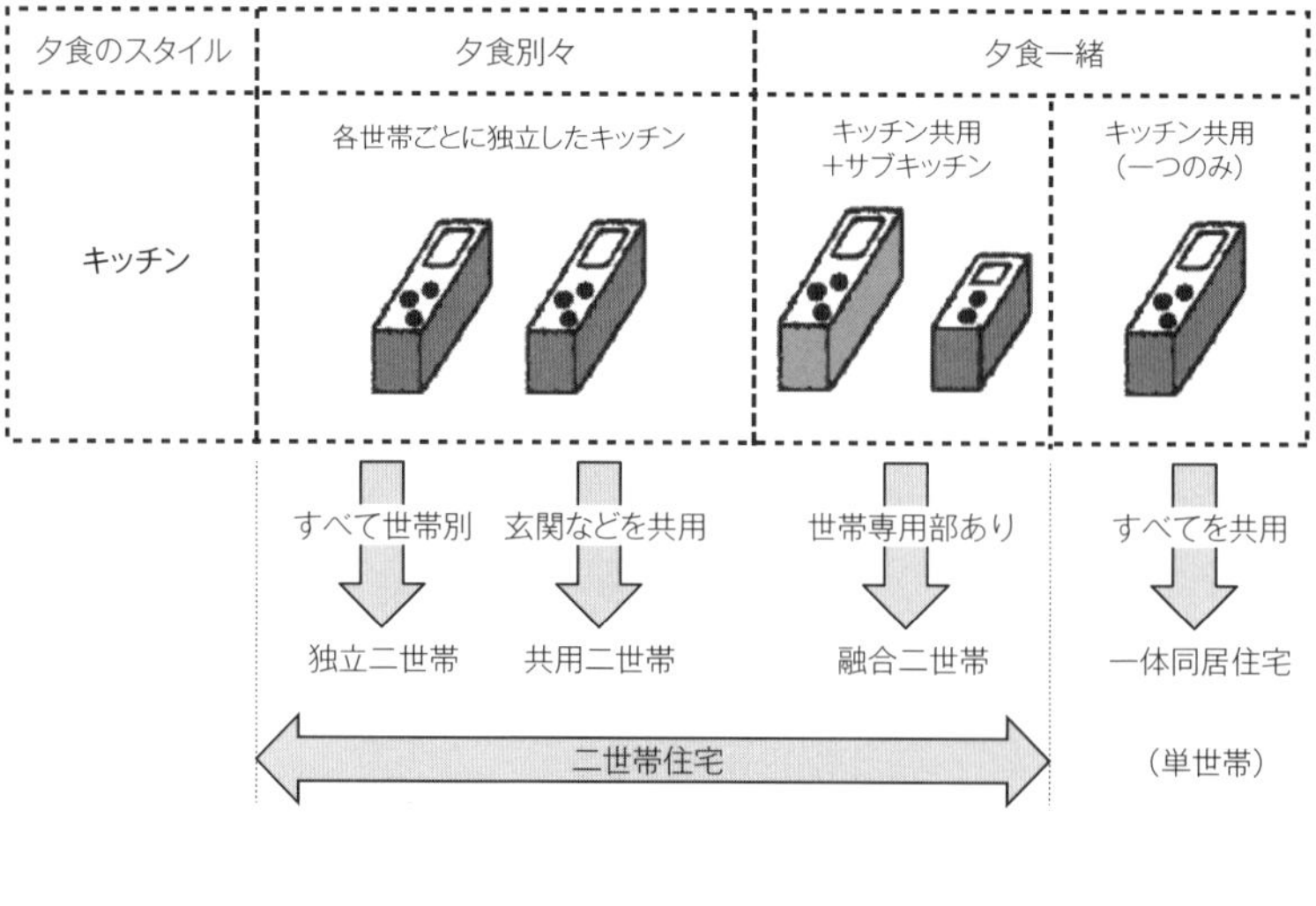

「共用」の語を用いるのは、掃除などの管理はどちらかの世帯が行っており、他の世帯がその空間を使わせてもらうという感覚が実態に近いためである。

「融合二世帯」は食事空間が共用である点が前二者との最大の違いである。共用のＬＤＫにあるキッチンを主とすれば、二つ目のキッチンはどちらかの世帯専用に使えるサブキッチンとして造られる。各世帯の朝食用に使われることもあれば、祖母のお茶出しや服薬用、あるいは子世帯用に酒が飲めて肴が用意できるように設けたりする。キッチンが共用で一つしかないものは二世帯住宅の定義から外れ、「一体同居住宅」と呼んでいる。世帯別に空間がゾーニングされ、２階は子世帯専用のフロアとするなど、かつての大家族同居の住宅と同じではなく、二世帯住宅のノウハウを使って出会いを減らす工夫がされているものが多い。

　このように二世帯住宅が多様なバリエーションを持つ背景には、同居スタイルが多様化したことがある。プライバシーや生活リズムの確保のためには当然ながら独立二世帯が理想だ。世帯別に空間があれば自由に使えるが、一つしかない空間では共用せざるを得ず、使うときに時間をずらす等の配慮も必要になる。しかし、これをストレスと感じる人も居れば、当たり前と感じている人も居る。空間を共用とした居住者にそうした理由を尋ねても「分ける必要がなかった」「もったいないので作らなかった」という答えが返ってきて、それで満足していることがわかる。つまり、何を分離しなければならないか、は人によって異なる。

　長期的な傾向として、単身の親世帯が増えていることに加え、子世帯の共働きで家族が不在の時間も増えている。単身の親世帯では食事を一緒にするケースが多いし、留守で居ない人を家に居る誰かが助ける、という協力関係には生活空間が一体の方がよい。娘夫婦同居の増加も家事空間の一体化を後押ししている。そのため生活空間をある程度一緒にしたいというニーズが生まれてきている。

また、最近では生活空間を分けながらも、孫は両世帯を自由に行き来していたり、親世帯のダイニングで週末家族全員が集まる、といった同居スタイルもある。この場合、独立した空間を確保した上で、相手の世帯も含めて集まる空間も持つ、という複雑な要求をコンパクトに実現しなければならない。実際の住宅設計では、敷地、または予算に対して建てられるボリュームが決まることが多く、その範囲内で空間を世帯別に二つに分けるか、共用で広くするかというせめぎ合いが常にある。従って、居住者のニーズを見極めて、同居と近居のいいとこ取りとなるように、両世帯の距離感と交流空間を適確に提案することが二世帯住宅の設計では重要だ。さらに家族内に単身者がいて、家族変化の可能性が大きい場合には柔軟性の高いタイプを選択することも求められる。

4 親世帯の多様化

従来の二世帯住宅は、親世帯は両親2人、子世帯は夫妻＋孫2人の4人、といった家族構成を標準的なものと考えてきた。しかし近年は親世

図6　60代の世帯主の世帯類型別世帯数

親世帯世代の世帯類型（国勢調査より集計）では、親と単身の子のほうが、夫婦のみ世帯より多くなった

世帯類型と家族構成、人数の関係。多様な親世帯が存在していることがわかる

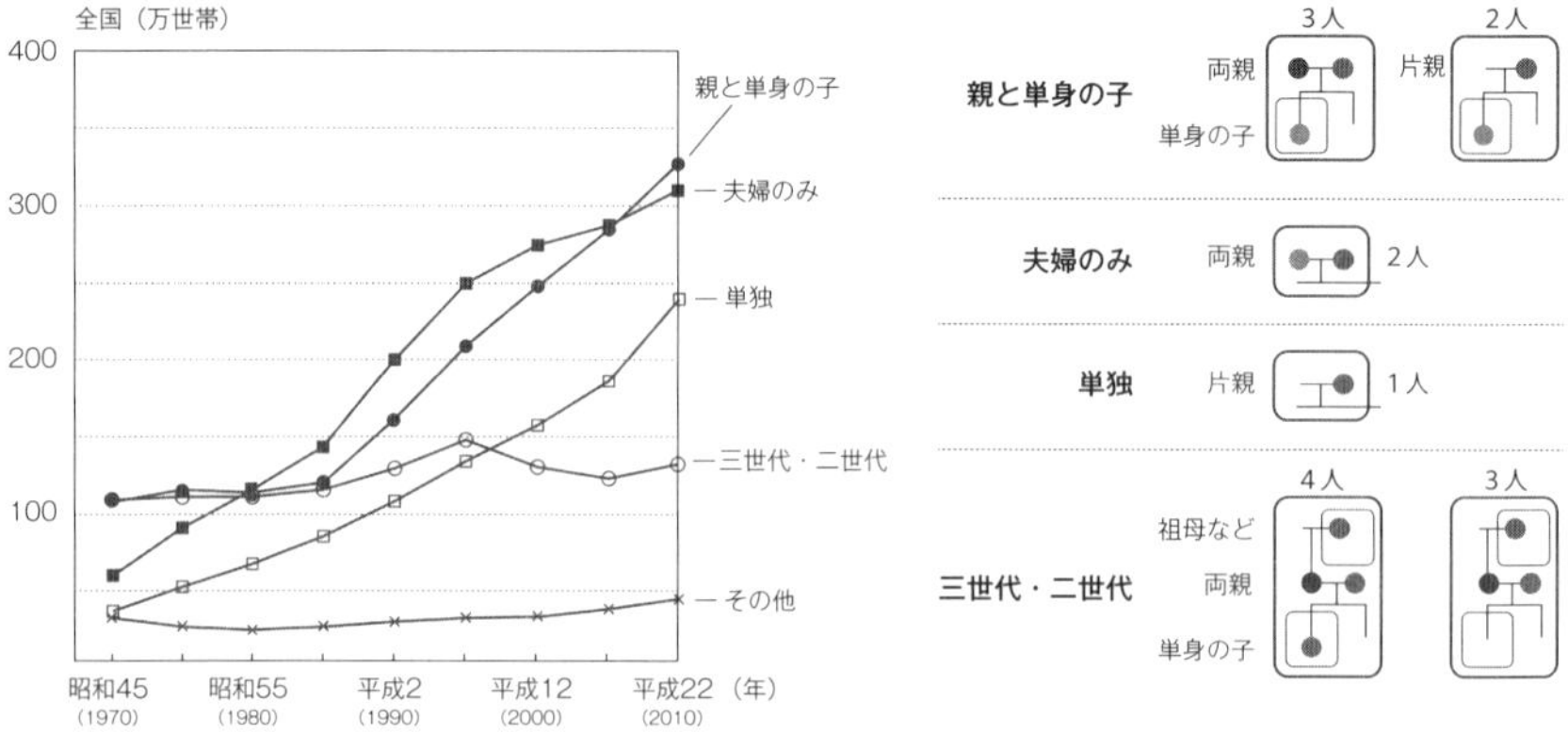

帯が片親、特に母親のみのケースが多く見られる。長寿化により80〜90代の祖母が居て4世代の同居となるケースも増えた。また晩婚化と離婚増が重なり、親世帯には単身の子がいることも多い。親世帯の中心的年齢である60代の世帯主について、国勢調査ベースで家族類型の変化を追ってみると、「親と単身の子」が平成22年には「夫婦のみ」を上回っている。親世帯は1人から4人まで、多様なバリエーションを持っていることになる（図6）。

30代後半の女性の未婚率は昭和45年の6％から、平成22年には23％まで上昇し、アラフォーの4人に1人は未婚、という状況である（図7）。これに離婚、死別による単身者が加わる。離婚件数は結婚件数との比で3割以上あり（図8）、女性の場合は実家に戻るケースが多い。

当社の二世帯住宅を調べてみると、その2割弱が単身の子を含めて同居することを想定していた。これは国勢調査結果の比率から考えるとむしろ低い。このような将来に同居か独立かが定まらない単身者がいる状態は、家の建て時ではないとされているのではないか。しかしこの未婚者は近々結婚するかもしれないが、ずっと家に留まるかもしれない。つまり独立を待っていては建て替えの時期を逸するかもしれない。家族のライフコースが不確定な状況でも、家づくりができる、という提案が今求められている。

図7　35～39歳未婚率

30代後半の女性の未婚率はこの40年で約4倍に。これに離婚・死別者が加わり単身者となる

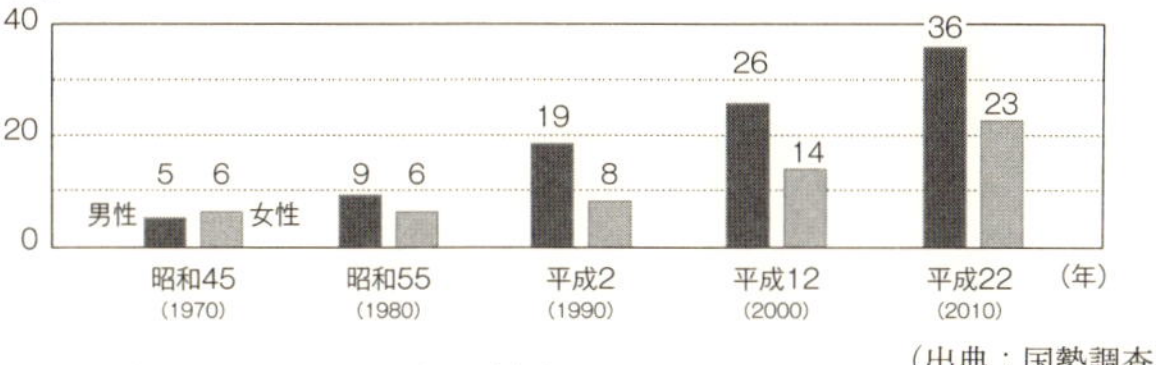

（出典：国勢調査）

図8　離婚件数と婚姻件数の比率

100組婚姻し、36組が離婚するのが2010年の状況

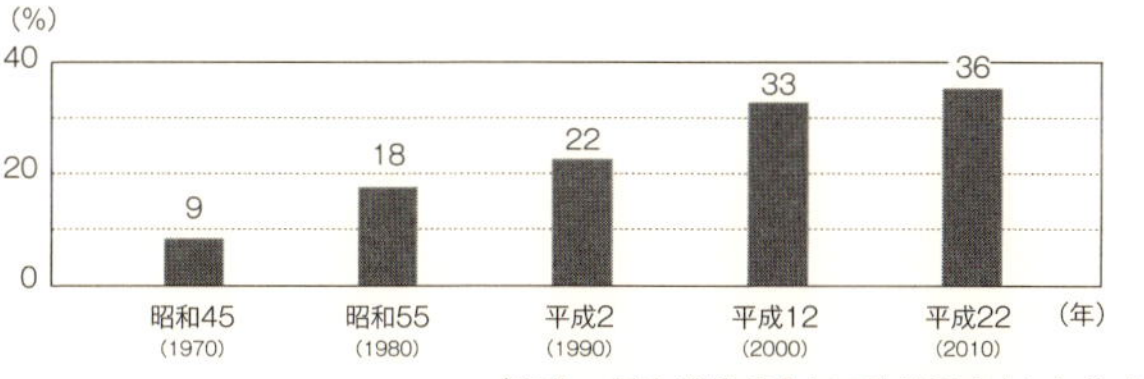

（出典：厚生労働省「人口動態調査」より作成）

⑤ 2.5世帯同居の実態調査

両親または片親の世帯と子世帯が居住する従来型の二世帯同居と、そこに単身の子が加わる2.5世帯同居に分けてアンケート調査を行い、回答者のプランを分析して結果を比較した。注3 2.5世帯のプランの特徴として、独立二世帯住宅の比率が約7割(両親＋単身子＋子世帯の場合)と高いことがまず挙げられる。家族構成は息子夫婦同居の比率が高く(図9)、単身者は女性であることが多い(図10)。この単身女性のフルタイム就業率は84%である(図11)。訪問調査でお会いしたのは、大手企業勤務が多く、キャリア女性のイメージが強い方々であった。

家づくりのきっかけでは、「何かあった時に助け合える」「家族集まって楽しく暮らしたい」「同居した方が経済的」といった理由が二世帯同居と比べ目立って多い。定期的に集まって食事する家族が多く、集居のメリットを活かして楽しむ傾向が強いと言える。また親世帯母、子世帯妻共に就業率は二世帯同居より高く、女性が働きやすい状況が生まれている。特に親世帯の母の就業率が高いのが特徴的である(図11)。

単身者は生活費を入れたり、建設費の一部を負担するなど資金面でも家づくりに参加している。訪問調査ではよく「家賃」という言葉を聞いた。家賃分として生活費を入れ、それが住宅ローンの返済補助に回っているケースも見られた。親世帯の資金提供も多く、女性が共働きしているため世帯収入が高く、家族の資金を集めた

注3 『都市型親族集住2.5世帯同居の実態調査報告書』(旭化成ホームズ㈱ホームページにて公開。http://www.kurashinnovation.jp)

図9　息子夫婦同居・娘夫婦同居の比率

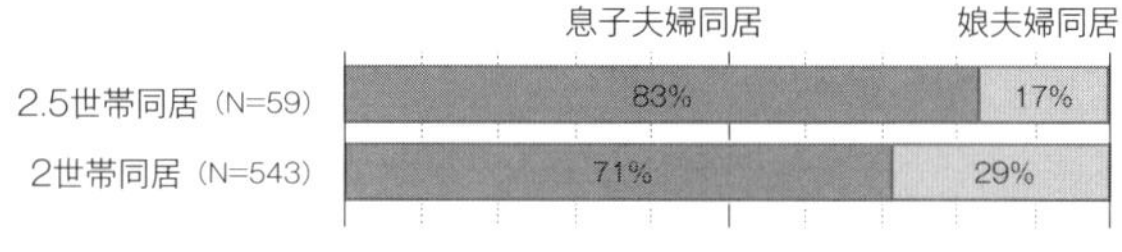

(出典：旭化成ホームズ調べ)

図10　同居単身子の性別

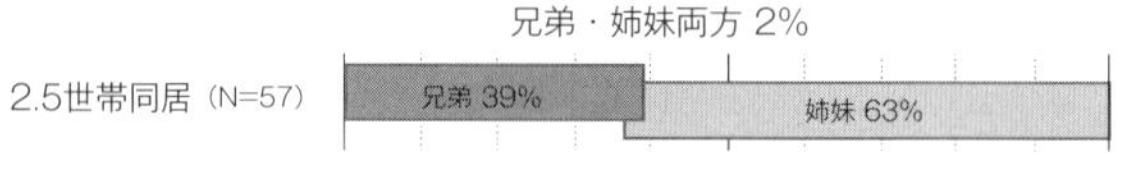

(出典：旭化成ホームズ調べ)

家づくりとなっている。

上記の結果から＋0.5世帯のターゲット像として親世帯と同居中の40歳前後の単身の姉で、弟が既婚で子がいると設定し、この状況の方に絞ってＷｅｂで意識調査を行った。弟から親世帯の家を建て替えて同居する提案があった場合、検討する（拒否しない）かを訊ねると、中立を含め同居検討可は約６割、同居拒否が約４割である。同居検討可と回答した姉の特徴として、弟家族との仲の良さが挙げられる。「弟の子が好き」「弟の妻と仲が良い」等の項目が同居拒否者に比べて多い。逆に結婚、出産、親を自分主体で介護する等の意向については同居検討者の方が低い。

2.5世帯住宅の反響ではよく「姑に加え小姑までいてはお嫁さんが大変」「単身の姉が居づらくなる」等の意見が聞かれるが、これらは古い大家族同居のイメージに影響されたものであろう。実態は、子世帯が親世帯から独立した生活空間を持っているならば、子世帯の同居満足度は通常の二世帯より高い。また、同居の単身者が建替えても親世帯と同居を続けられることに満足している。親世帯の同居が続けばやがて自分が介護する立場になるが、兄弟世帯が同居することで負担が減り、結婚して独立することも可能な状況が生まれる訳で、ライフコースの自由度が増すメリットが大きい。

⑥ 2.5世帯住宅の提案

このような調査結果から、親世帯、子世帯に加え、単身の姉または妹が＋0.5世帯

図11　親世帯母と単身女性の就業率

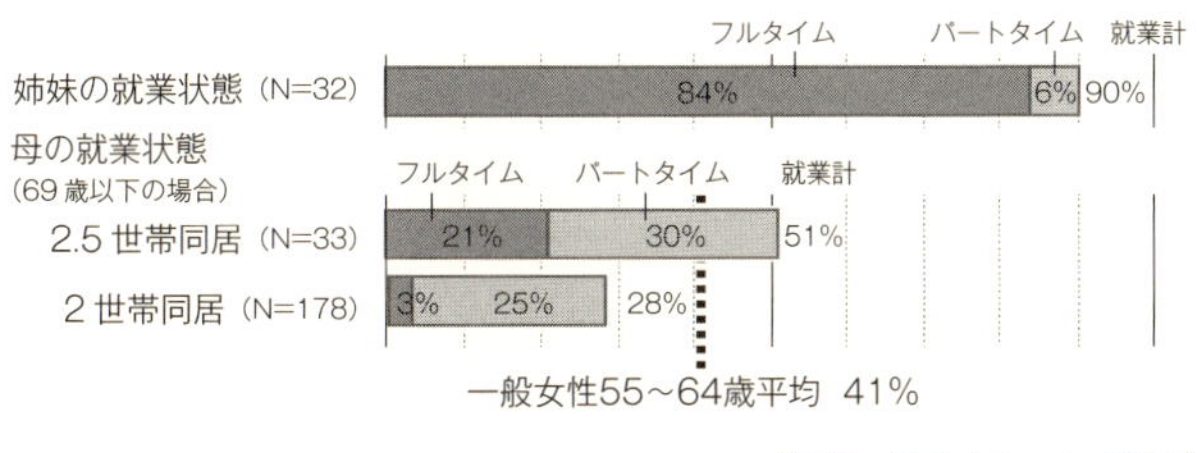

（出典：旭化成ホームズ調べ）

として同居する家族をターゲットに「2.5世帯住宅」を提案した（図12）。これ以降「姉」で代表させて記すが、妹の場合も提案内容は同じである。

まず、通常の二世帯と比べて人数が多い分、家族それぞれの自分空間は充実させる必要がある。そのうえで親世帯を中心にした交流が行われやすいような空間を用意する。自分空間を確保するため、親世帯と子世帯は独立した生活空間を持つ「独立二世帯」を基本とし、さらに単身姉のための「充実マイルーム」を設けた構成となっている。

「充実マイルーム」は、ウォークインクロゼット、洗面化粧台を備え、ベッドコーナーがパーソナルリビングのコーナーから隠せるようになっている（図13）。「0.5世帯」として、食事、入浴の機能は親世帯に依存しつつ、寝室、居間、収納、洗面の機能をコンパクトに持たせている。

一方、交流空間として、親世帯のダイニングを同居家族が集える「ビッグテーブル」とすることを提案した（図14）。親世帯を両親＋単身姉の３人とするなら、４人用のテーブルで充分とも思える。

図12　2.5世帯住宅の想定家族構成

単身の姉を0.5世帯として、親世帯から半分自立した状況を想定している。孫は全員で育てる「孫共育」スタイルと考えている

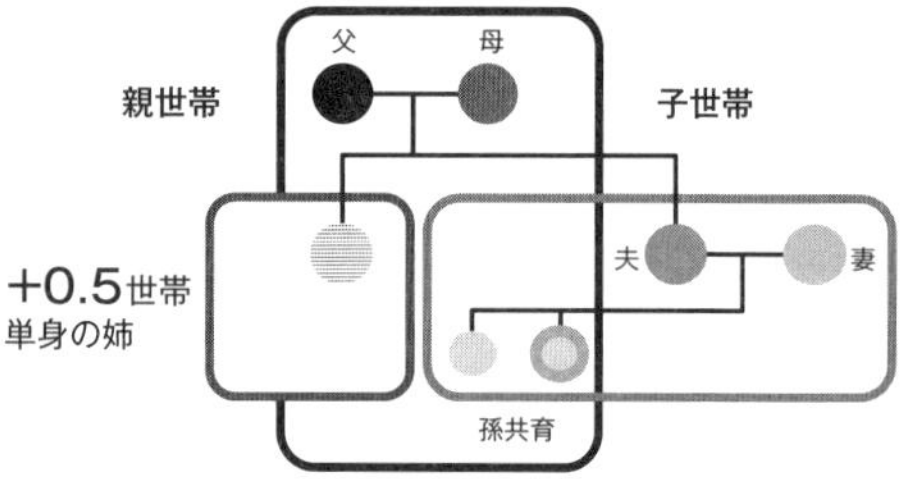

図13　充実マイルーム

洗面化粧台＋WIC（ウォークインクローゼット）＋ベッドコーナー

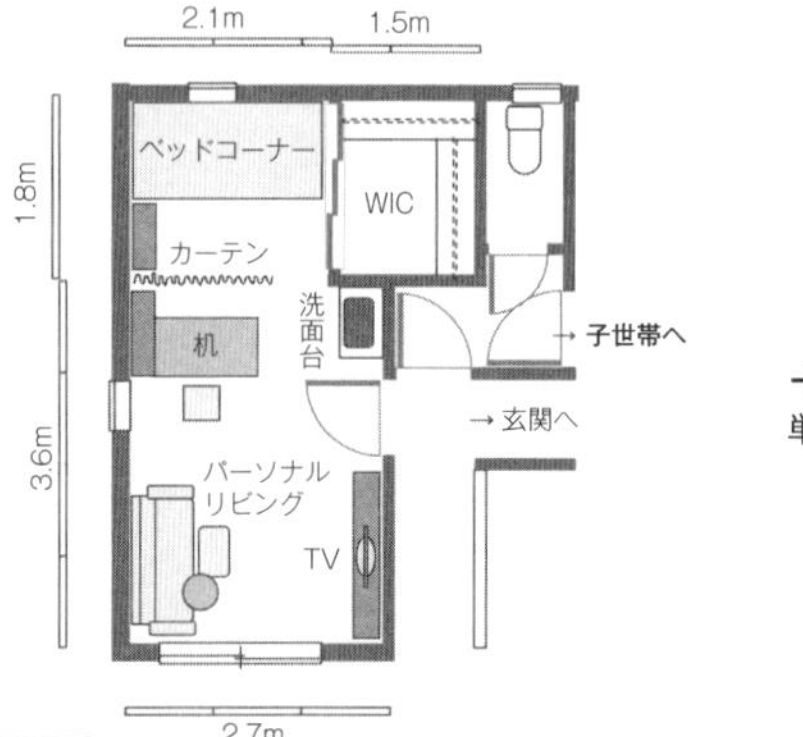

平面図

イメージ図

しかし、2.5世帯では同居家族が頻繁に集まって食事する機会があり、7人が集まることを設計条件として設定しておく必要がある。食事の場は集居の場としてはリビングよりも優先度は高い。

さらに、知的な交流の場として「シェアライブラリー」を設けた（図15）。家族それぞれが購入した本や雑誌、CDなどを置き、お互いの目に触れることで話題が増え、コミュニケーションが促進される。孫が自然と親世帯や父の趣味に興味を持つというエピソードもよく聞く。訪問調査ではゲームの貸し借りをしている孫と妹（孫の叔母）もいた。

以上のような空間を組み込んだプランの例を示す（図16、17）。1階は主に親世帯のゾーンであり、子世帯の玄関が独立している。3階は子世帯専用のゾーンであり、中間の2階に姉の「充実マイルーム」と将来孫の個室となる部分が取られている。孫の部屋を親世帯と子世帯の中間に置くのは「孫共育ゾーニング」と呼んでいる手法で、共働き子世帯の場合でも親世帯の目が孫に届きやすく、親が孫の部屋に行く際に子世帯のLDKを通らないので子世帯のプライバシーが高まるというメリットがある。2階全体がどちらの世帯からでもアクセスしやすい「どっちもゾーン」となっており、家族の変化に合わせて世帯間で部屋を融通し合えるようになっている。姉が独立して「充実マイルーム」が空いた場合は親世帯の個室としてもよいし、子世帯の個室としても使える。

図14　ビッグテーブル：
同居家族の集まる食事空間

図15　シェアライブラリー：知の共有

図17　「2.5世帯住宅」平面図

図16　「2.5世帯住宅」外観と層構成

2階は親世帯、子世帯それぞれの個室のゾーンで、どっちの世帯も使える

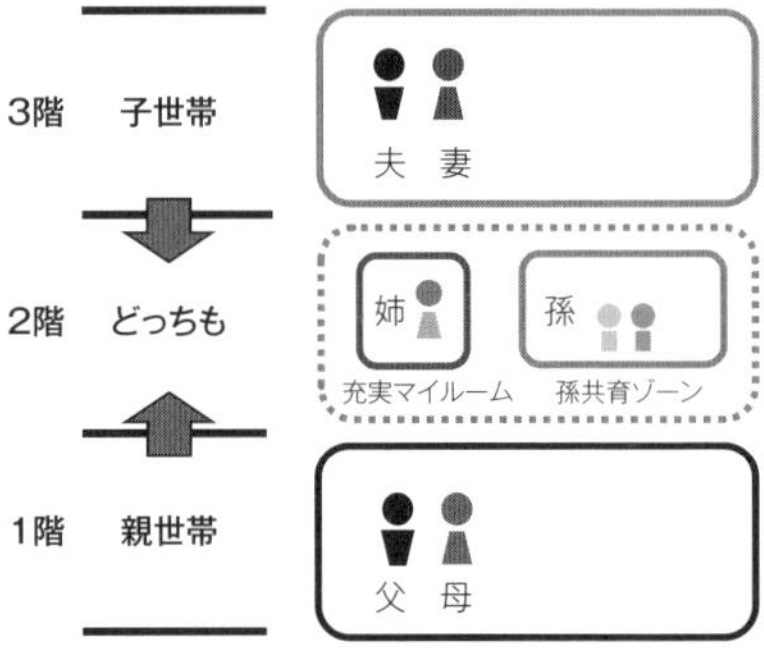

⑦ 多世代集居によるメリットの享受

最後に現代の多世代集居のメリットは何なのかを改めて考えてみたい。１９６０年代より都市に人口が移動し、サラリーマン社会を前提とした核家族化が起き、子世帯は親世帯からの独立を果たした。この流れのなかで誕生した70年代の二世帯住宅は、親子両世帯、特に嫁姑がストレスなく同居すること、つまりネガティヴ面の最小化がテーマであった。その核家族が高齢化し、夫婦のみや単身といった少人数家族がネットワークを形成しているのが現在の都市社会である。結婚して子育て期に入った家族が住宅を取得する際もこのネットワークを重視しつつ、独立した生活を営みながら近居、隣居、二世帯同居など親とのさまざまな居住距離を選択する。そのなかで二世帯同居という、一つ屋根の下に世帯別の空間を持つという距離感を選択する居住者は、集まって住むメリットを享受したいというニーズを多くの場合持つ。このような同居スタイルを当社では「集居」と名付けている。「集居」のテーマは集まることによるメリットの追求であり、ポジティヴの最大化である。

2.5世帯住宅が生まれた背景にはこの集居化の流れがある。一つの家に集まって住むことがストレスだと感じていたら、単身者を含めたこのような住まい方は選択されない。集居のメリットを追求するからこそ、多様な家族の組み合わせとそれを活かす住宅の提案が存在し得るのではないかと考えている。

具体的なメリットとしてはまず、子世帯の育児支援が挙げられる。特に共働きの場合は昼間子世帯夫婦が不在となり、親世帯のサポートが重要となる。この場合でも全面的に親世帯に頼るわけではなく、保育園を利用している子世帯が多い。しかしそのお迎えは親世帯がしたり、孫の夕食を親世帯で世話したりしている。子世帯がフルタイムの共働きの場合小学校から子世帯の玄関ではなく親世帯に帰ってくる孫は約7割おり、親世帯の玄関には子どもの靴が、リビングにはおもちゃ類があるのをよく見かける。親世帯が孫育てに関わることで、敬語の使い方や高齢者への理解が進み、良い面が多いと子世帯から評価されている。また、親世帯にとっても孫と話をしたり、外出するなどで新しい流行に触れる機会が増え、良い刺激となるという意見が多い。単身姉の存在は特に女の子にとってはあこがれであり、化粧品や雑誌、お店の話などの先進的な話題に触れる機会となる。

　また、親世帯の加齢時におけるみまもりと介護の協力も見逃せない。子世帯は親世帯と会う機会が多く、特に親世帯に日常的に出入りしていた孫は体調のちょっとした変化にも気付きやすい。親が倒れた際に成長した大学生の孫が第一発見者となり、大事に到らなかったケースもあった。言語障害などの後遺症が残った場合、幼い孫がリハビリの励みとなった話もお聞きした。子世帯から食事や洗濯など必要な部分のみをサポートすることが可能で、親世帯は能力の及ぶ範囲で最大限自立した生活が送れることもメリットである。子世帯は介護の担い手ではなく、介護サービスのマネージメントの役割が大きい。通所介護と訪問介護を的確に組み合わせることで、高齢者のみの単独世帯や老老介護状態の世帯と比べ、地域施設と密接に関わり、より有効な介護サービス体制を構築できる。

よりマクロな視点では、住宅地の世代交代への寄与が挙げられる。開発から30年近くが経ち、60~70代が住民のほとんどを占める住宅地は多いが、30代人口を大幅に受け入れるほどの空き家は生じず、遊ぶ子どものいない公園や、小学校の統廃合が起きているケースをよく見かける。このような住宅地ではやがて急激に空き家が増える時期を迎えるが、子育て環境を一度失うと、30代にとって魅力的な環境とは言い難くなる。多世代同居によって子世代、孫世代の人口が増えれば、子育てのインフラが維持され、空き家が生じたら売買によって更新されやすい環境が整う。当然ながら30~40代人口の増加は自治体の税収上のメリットも大きいと思われる。

最後に、地球環境への貢献という視点でも、多世代集居の貢献は大きい。既存住宅地のインフラを活かす意味でも、一区画あたりの居住者数がある程度維持された方が良く、単身高齢者や夫婦のみの世帯が増加すると同時に、二世帯で6~7人が住む区画を混在させないと4人家族が中心であったころの人口密度にはならない。新規に造成してインフラを作ることを考えれば、既存住宅地を建替えることは地球環境の観点で負荷が小さい。さらに、二世帯住宅のエネルギー消費は同人数の単世帯×2に比べて、2割以上減ることがわかっている。[注4] 生活面での融合、たとえば食事を一緒にする機会が増えればエネルギー削減はさらに大きくなる。

以上、近居からの発展という視点で、二世帯住宅、そして単身者を含めた2.5世帯住宅のような多様な集居形態への取り組みと、そのメリットの多様な側面について述べた。家族ネットワークを反映した住まい方の実態が少しでも伝えられれば幸いである。

注4
下川美代子・渡辺直哉・青笹健・秋元孝之・松浦健太・橋本健吾「暮らしの場を重ねる二世帯同居とエネルギー消費 その2 年間エネルギー消費量に影響を与える要因」（『日本建築学会大会学術講演梗概集』2013）

第5章

近居と住宅政策の課題

平山洋介

親子近居の増大は、住宅政策のあり方に対して何を示唆するのか。この点の検討が、本章に与えられた課題である。近居とは、親子が分離し、それぞれ独立した世帯を形成する一方、時間・空間的に近接して住む、というパターンの居住形態を指す。

戦後日本の政府は、住宅政策を運営するうえで、核家族世帯を「標準世帯」とみなし、その住宅確保を助けるために、マス・ハウジングのシステムを組み立てた。そこでは、住宅と世帯の一対一の対応関係が政策形成の前提となった。しかし、親子近居の増大が含意するのは、複数世帯のネットワークから成り立つ「家族」の住まい方をどのように評価し、住宅政策にどのように反映するのか、という論点である。本章では、親子近居の状況を概観し、それに関連する政策課題について、若干の考察を示す。

〈1〉都市の成熟

親子近居が増え、親子関係の〝可視性〟が高まったのは、向都離村の人口移動が減少し、都市が成熟の段階に入ったからである。首都圏のファースト・ベビーブーマーとセカンド・ベビーブーマーを比較すると、両世代はまったく異なる移動履歴をもち、家族形成の異なるパターンを有している。[注1、2] ファースト・ブーマーは、昭和22～24年生まれ、セカンド・ブーマーは昭和46～49年生まれの大規模なコーホート（cohort）である。

高度成長期の首都圏では、多数のファースト・ブーマーが地方から流れ込んだ。就学・就労・人間関係などに関連するライフチャンスを豊富にもつ東京は、地方の若者にとって、「出ていく先」の場所であった。出身地を離れ、東京に到着したファースト・ブーマーの多くは、夫婦中心の「近代家族」を形成し、家族制度の「近代化」を象徴するグループとなった。人口の広域移動は、親子関係を地理的に切り離し、その可視性を弱める効果を生んだ。ファースト・ブーマーはしだいに郊外に移住し、そこに独立した住まいを建て、あるいは分譲住宅を購入した。彼らは大規模な住宅需要を発生させ、その圧力はマス・ハウジングのシステム形成を促した。

前世紀の末ごろから、首都圏は成熟し始めた。そこに流入する人口は減った。東京に住むセカンド・ブーマーの大半は、東京出身である。人口移動に関する国立社会保障・人口問題研究所の平成13年の調査によると、首都圏在住者のうち首都圏出

注1　平山洋介『東京の果てに』（ＮＴＴ出版、２００６）

注2　中澤高志「団塊ジュニア世代の東京居住」（『家計経済研究』87号、家計経済研究所、２０１０）

身者が占める割合は7割近くに及ぶ。この数値は、若いグループでいっそう高い。同調査によれば、首都圏出身者の9割は首都圏に住んでいる。[注3] 東京出身の人たちは、東京よりライフチャンスの多い場所が国内に存在するとは想像しない。このため、彼らは「出ていく先」をもっていない。

前世紀後半の「成長の時代」のなかで、ファースト・ブーマーは「移動する人生」を経験した。向都離村の人たちを受け入れ、「近代家族」の容器となった東京は、「モダン」であった。成熟に達した東京では、東京出身のセカンド・ブーマーが「移動しない人生」を送っている。その意味では、「ポストモダン」の東京は「プレモダン」の側面をもつ。そして、「出ていく先」をもたない若い世代では、親子近居の必然の増大が認められ、親子関係の可視性が回復する。

国勢調査を使って、首都圏のファースト／セカンド・ブーマーの人口推移をみる（**図1**）。ここでは、昭和21～25年生まれ、昭和46～50年生まれのコーホートをそれぞれファースト／セカンド・ブーマーとみなす。ファースト・ブーマーは、10～14歳時では181万人であったのに対し、20～24歳時では1.7倍に増え、310万人となった。この人口増をもたらしたのは、地方から東京に移った大量の人びとである。セカンド・ブーマーは、地方出身者を少

図1　首都圏のファースト／セカンド・ベビーブーマーの人口推移

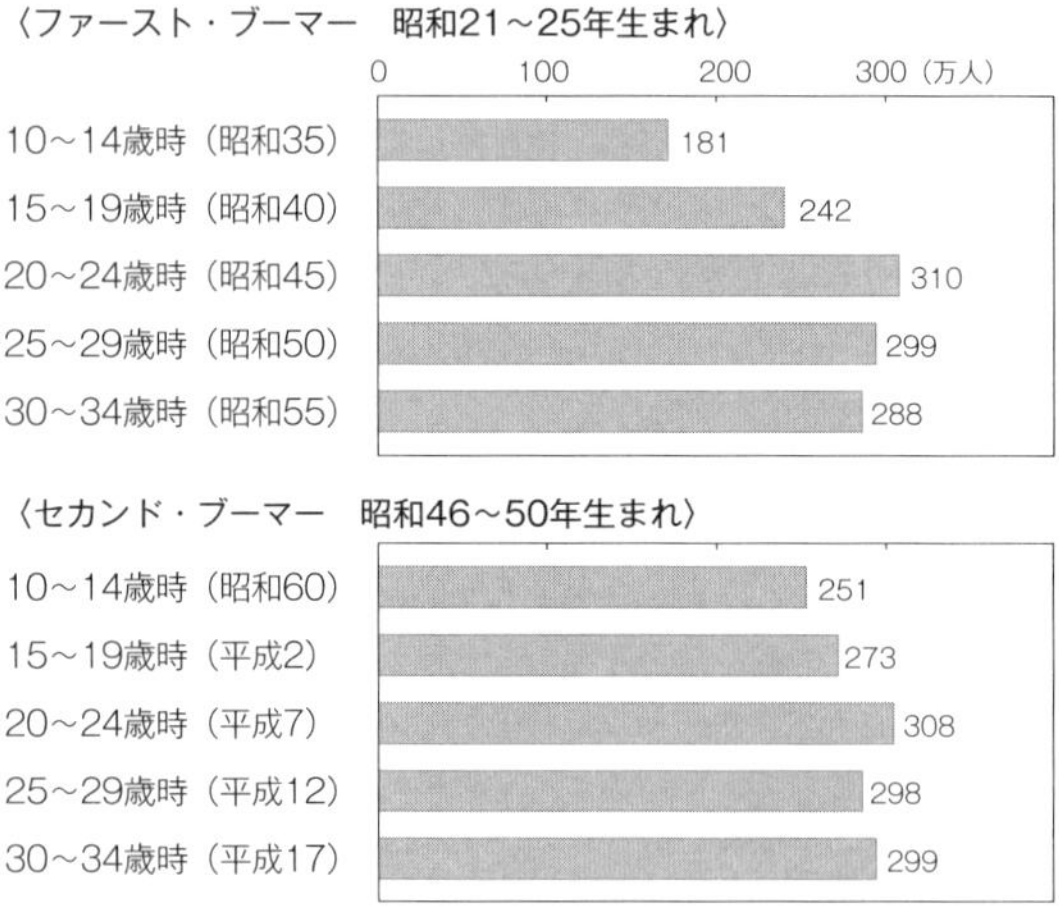

注　1）埼玉県・千葉県・東京都・神奈川県について集計。
　　2）（　）内は調査年。
（出典：『国勢調査報告』より作成）

注3　国立社会保障・人口問題研究所『第5回人口移動調査（平成13年社会保障・人口問題基本調査）』（2005）

しか含まないことから、10～14歳時の251万人から20～24歳時の308万人へと1.2倍にしか増えなかった。

東京70㎞圏内の距離帯別人口の推移を示したデータは、都心部に流入したファースト・ブーマーが加齢につれて郊外に移ったことを示唆する（図2）。このグループのなかで30～70㎞圏人口が占める割合は、20～24歳時では30％であったのに対し、30～34歳時では42％に上昇した。セカンド・ブーマーでは、ティーンエイジャーの時点から30～70㎞圏人口の比率が高い。これは、郊外生まれの人たちが多いことを表している。加齢にともなう距離帯別人口構成の変化は小さい。この点は、セカンド・ブーマーの移動が少ないことを意味する。ファースト・ブーマーは郊外に向かって動き、そこに新しい住宅地を形成した。郊外で生まれたセカンド・ブーマーは、少ない移動を特徴とし、育った場所との関係を保っている。

②親子の援助関係

都市の成熟にともない、親子近居が増え、世代間の援助関係が生成する。子世帯が若い時期では、その育児・家事に関して親が重要な役割を果たすことがある。と

図2　東京70㎞圏内距離帯別ファースト／セカンド・ベビーブーマーの人口推移

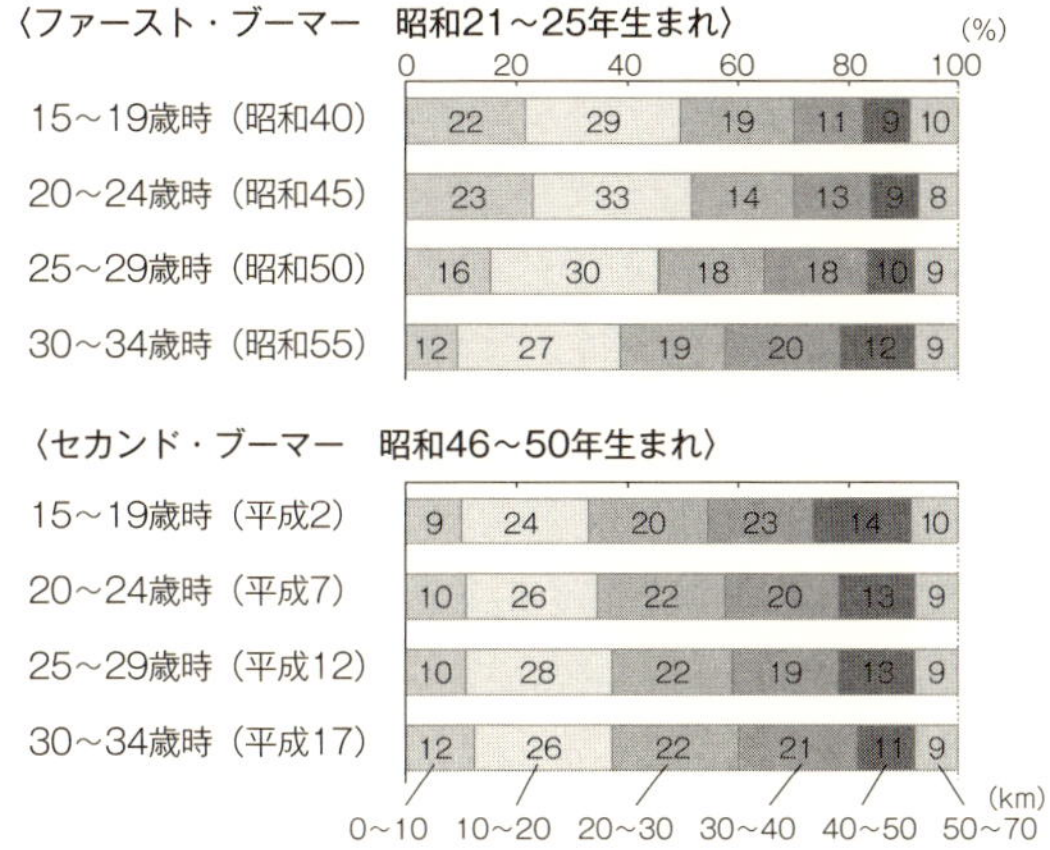

注　1）各調査時点における市区町村をその面積の過半が含まれる距離帯に分類し、市区町村単位の人口を集計。
2）距離帯は東京都庁を中心とする。
3）(　　)内は調査年。
（出典：『国勢調査報告』『国勢調査　資料シリーズ』『国勢調査　摘要シリーズ』『国勢調査　編集・解説シリーズ』より作成）

くに共働きの夫婦にとって、親の援助を期待できるのであれば、それは仕事・家庭の両立を維持するための重要な資源である。加齢にしたがい、子世帯が高齢の親を助ける場面が増える。足腰の弱った親にとって、子どもの家事援助と見守りは大きな助けになる。高齢の親が介護を必要とするケースが増大した。在宅介護を支える居住形態として、親子近居は有力な選択肢になる。

国土交通省が平成20年に実施した住生活総合調査の結果は、親子の住まい方として、近居が一つのパターンになっていることを表している。高齢世帯（家計を主に支える者が65歳以上）のうち、子との現在の住まい方が「同居」（二世帯住宅を含む）、「近居」（同一敷地・住棟から片道15分未満まで）、「片道1時間未満」（15分以上）の世帯は、それぞれ26％、20％、18％であった。高齢期における子との住まい方の意向では、「こだわりはない」が26％ともっとも高い比率を示す一方、「同居希望」が17％、「近居希望」が19％を占めた。また、親との現在の住まい方をみると、「親はいない」（40％）がもっとも多くなっているが、「同居」「近居」「片道1時間未満」の割合がそれぞれ13％、16％、11％を示した。高齢の親との住まい方の意向に関しては、「同居希望」「近居希望」が18％、19％であった。

筆者は、首都圏の持家に住み、子どもをもつ30～39歳の既婚女性を対象とし、平成21年11月にアンケート調査を実施した。[注4] 調査対象の既婚女性は、正規被用者、非正規被用者、家事専業者の三つのグループに分けられる。子どもを育てる世帯の多くは、広い住宅と良好な環境を得ようとし、賃貸市場では適切な住宅の確保が難しいことから、持家を取得する。女性就業、育児・家事、持家取得の関係を調べるこ

注4　平山洋介『都市の条件―住まい、人生、社会持続』（NTT出版、2011）

図3　妻の働き方と親との時間距離

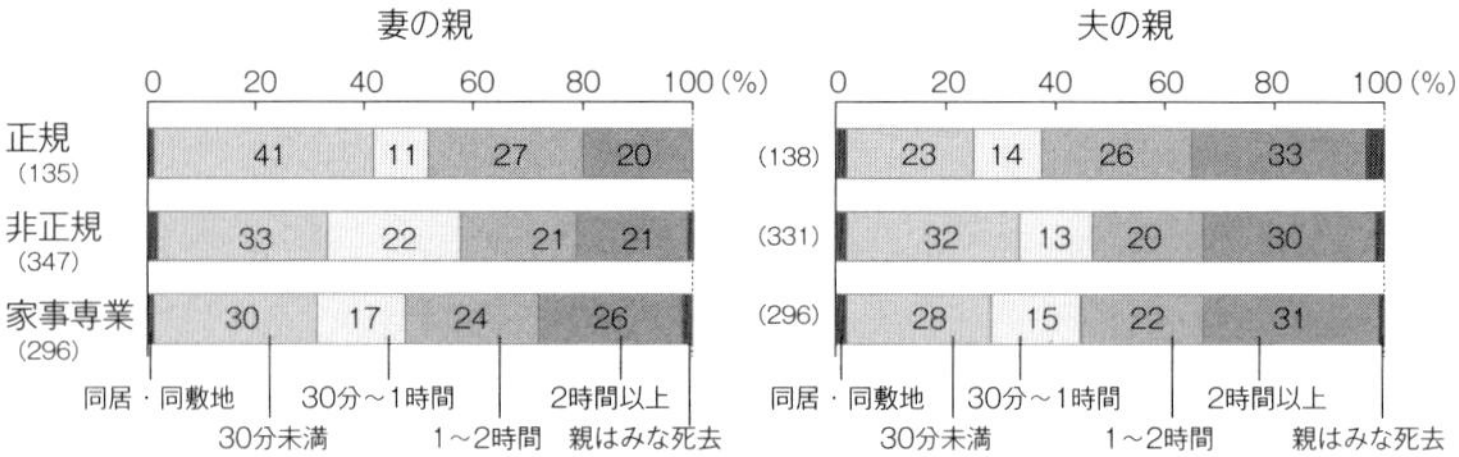

注　1）時間距離は、親の家までの片道の所要時間。2）( )内は回答者数。
3）不明を除く
（出典：平山　注4）

とが、アンケートの狙いであった。

この調査の結果によれば、妻が正規就業のグループでは、親の家との距離を重視して居住立地を選ぶ世帯がとくに多い（図3）。妻の親との距離が「同居・同敷地」「30分未満」の世帯は、非正規グループでの35％、家事専業グループでの31％に比べて、正規グループでは42％と高い比率を示す。これに対し、夫の親との距離が「同居・同敷地」「30分未満」の世帯は、正規グループ（25％）より非正規グループ（34％）、家事専業グループ（30％）で多い。妻が正規雇用の仕事をもつ世帯は、夫の親より妻の親との距離を重視する、という傾向が認められる。

親から実際に得ている育児・家事援助の頻度は、妻の就業状況と明確に相関する（図4）。妻が正規就業のグループでは、非正規と家事専業のグループに比べ、親の援助をより頻繁に受ける世帯が多く、「ほぼ毎日」が29％、これに「週2〜3回程度」と「週1回程度」を合わせた比率が52％に及ぶ。ここでの親は、妻の親である場合が多いと推察される。

戦後日本の家族システムは直系制から夫婦制に移行したと言われる。この点は、ほとんど「常識」となっていた。夫婦関係を中心とする「近代家族」の増大は、家族制度の「近代化」の証拠としてしばしば採り上げられた。しかし、家族の実態に関する近年の実証研究には、「常識」に挑戦する仕事がみられ、たとえば、加藤彰彦は、直系制が根強く持続しているという見方を出している。注5、6

家族制度の変容それ自体をどのように捉えるのかは、本章の範囲を超える問題である。しかし、日本の家族システムのなかで、親子関係は重要な役割をもち続けて

図4　妻の働き方と育児・家事に対する親の援助の頻度

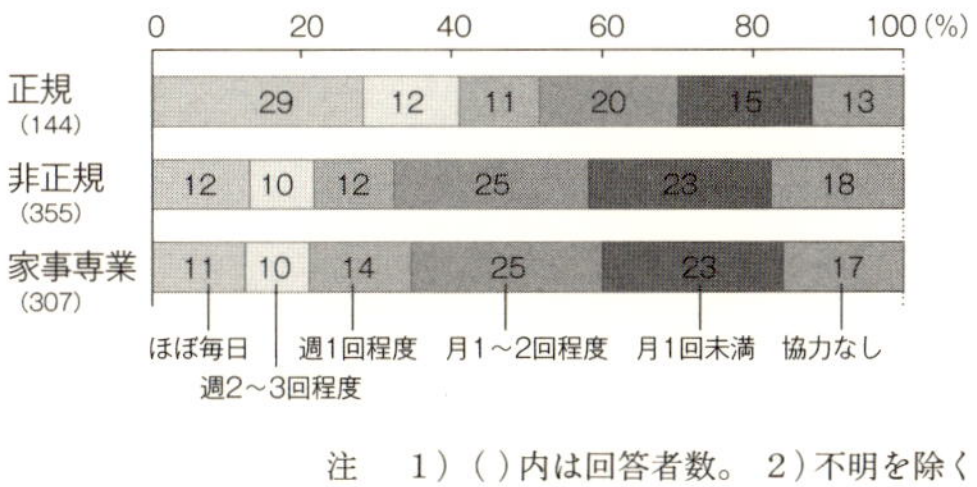

注　1）( )内は回答者数。 2）不明を除く
（出典：平山　注4）

注5　加藤彰彦「戦後日本家族の軌跡」『家族の変容とジェンダー』（日本評論社、2006）

注6　加藤彰彦「直系家族の現在」（『社会学雑誌』26、2009）

いる。親子近居の増大は、新たな居住形態のもとでの親子関係の持続を示唆する。加藤の実証研究によれば、子世代の結婚時点での同居が減ったとはいえ、結婚後年数が経ってからの同居率はほとんど下がっていない。[注6] 近居が同居にいたるまでの過渡的な居住形態になっている場合があると考えられる。前世紀後半では、大規模な人口移動のために、親子関係の可視性が低下し、夫婦関係に当てられた強い照明のもとで、家族制度の「近代化」が〝実態以上〟に顕在していた可能性がある。人口移動が減少し、都市が成熟するにしたがい、親子関係が再び見えるようになった。

◇3 住宅政策の課題

では、親子近居の増大は、住宅政策の課題に関して、何を含意するのか。前世紀後半のマス・ハウジングのための政策は、世帯単位のシステムとして成り立ち、「標準世帯」向け住宅の大量建設を推し進めた。これに対し、都市が成熟の段階に入った現代では、複数世帯による家族ネットワークの形成という文脈に沿った政策展開が必要になる。

求められるのは、多様な住宅ストックを用意し、その柔軟な利用を促進することによって、家族ネットワークを支える方向性である。大きな一戸建住宅ばかりが建ち並ぶ住宅地、あるいは小さな賃貸住宅のみが集中する地域では、親子近居の維持は難しい。持家と借家、大住宅と小住宅などを有機的に複合させれば、若い世帯が必要に応じて住み替えながら、親の家との距離をある程度の幅のなかで維持することが可能になる。親世代が高齢化し、大きな住宅の維持・管理に困難を感じているケースがある。この場合は、親が小さな住宅に移り、大きな住宅を子世代が使用する、というパターンの選択がありえる。

親子近居をダイレクトに促進する手法がある。公的賃貸住宅の供給では、近居目的の入居を優先させる施策がみられた。しかし、近居促進のための直接的な施策の規模と効果は小さい。より重要なのは、住宅ストックの多様性が親子近居の自然な生成を誘導する、というメカニズムの構築である。

この一方、社会政策全般のあり方の検討では、家族ネットワークをもたない人たちの存在に注意する必要がある。成熟した都市では、親子関係の可視性が高まる。これに関連して、家族資源に依存した政策のプレゼンスが増す。住宅政策の分野では、持家取得に関する生前贈与の税制優遇、二世代住宅ローンの供給などの施策が拡大した。地域福祉の領域では、親子の同居・近居にもとづく在宅介護の進展に期待が集まっている。人口の高齢化は、在宅福祉の重要性をさらに高める。日本の社会政策は、家族システムに依存する伝統をもつ。この傾向は、昭和50年代前半の「日本型福祉社会」論に典型的に現れていた。都市の成熟が親子関係を顕在化させるにしたがい、社会政策と家族資源の関係がいっそう深まると考えられる。

ここで重要なのは、家族ネットワークをもたない人たちの可視性が低下している点である。都市が成熟したとはいえ、そこには地方出身者が含まれ、家族関係から切り離された人たちが存在する。東京では、東京出身者と地方出身者の生活条件の差が大きい。経済停滞が続くなかで、労働市場の流動性が高まった。そこでは、不安定就労の多くの若者が親元にとどまり、生活を防衛しようとしている実態がある。[注7] しかし、親の家に住むという選択肢をもたない若者は、不利な状況にある。先述のように、高齢世帯の約2/3は子どもと「片道1時間未満」の場所に住んでいる。言い換えれば、残りの約1/3は孤立している可能性がある。都市の成熟につれて、一方では、家族ネットワークの発達という文脈の重要さが増し、他方では、家族資源の乏しい人たちに対する政策配慮が必要になる。

注7
平山洋介『都市の条件―住まい、人生、社会持続』（ＮＴＴ出版、２０１１）

2部

自治体の取り組み

近居の政策化にむけて

大月敏雄

第1部で見てきたように、近居は思いのほか世の中に浸透しており、近居をうまく誘導することによって、少子高齢社会の地域の課題のいくつかは解決できそうな気がしてきた。

最近では、分譲マンションの開発においても、近居が開発・販促コンセプトとしてとり上げられているようである。本書執筆中に私の研究室の学生が、1枚のチラシを持ってきてくれた。そのチラシには大きく「近居のススメ」と書いてあった。新規販売マンションの販促文句として近居を謳っているのである。そこには、すでに見てきたような近居の利点である、子世帯のメリット（子育てを手伝ってもらえるなど）、親世帯のメリット（孫の顔がすぐに見られるなど）、そしていざという時に安心という、両者にとってのメリットが要領よく表現されていた。

なぜ分譲マンション販売促進の場面において「近居」が活用されるのか。そのチラシの中では、「資金援助」を親世帯に相談することが勧められている。平成25年中に住宅取得資金の贈与を親世帯から受けた場合、基礎控除と合わせて810万円まで贈与税がかからないという制度の活用策として、「近居」がススメられているのである。このマンションを購入する子世帯が、このチラシを持って親世帯に資金計画を相談する際に、ついでに近居のメリットを説く。あるいは、親世帯がより頻繁に孫の顔を見るために、このチラシを持って子世帯が近居することを勧める。こんな場面を見込んでこのチラシが制作されたのだろう。

こんなふうに、最近まで自然な現象として誰からも誘導されることなく生じていた近居という生態に着目したビジネスが、自然に生じつつあると言うことができるだろう。これらのビジネスは、それぞれの世帯の個別のメリットの追求として生じているのであるが、近居は、一定の範囲の地域に老若男女が住み着く、そして、それが多ければ必然的に地域のいびつな人口構成が是正できる、という地域運営にとって実に重要なメリットをもたらすこともできるという点に着目する自治体も出てきた。

平成18年6月、戦後の住宅不足解消を目的として制定され、住宅不足が解消したのちは住宅産業育成を主眼としていた住宅建設計画法に代わって、住生活基本法が成立した。基本法なので、すぐさま何かを国が具体的に実現するための法律ではないが、国の住宅政策のベースが、建設から住生活そのものに転換したことを示す出来事であった。そして、同年9月、住生活基本計画（全国版）が示され、その中で「近居」が政策目標の一つのキーワードとなった。少子高齢社会を乗り越えるために、多様な世代が地域に住むことが重要視された結果であった。この基本計画を受け、地方自治体で独自に近居を施策の手段としてとり上げるところが、近年出現してきた。それは県レベルの施策であったり、市町村レベルの施策であったりするが、直接住宅供給ではない、いわば「居住誘導施策」としての意欲的な住宅政策が、確実にその歩を進めつつある。

第2部では、そうした自治体の先駆的な試行錯誤を紹介する。

第6章

〈神奈川県〉多世代近居のまちづくり

神奈川県県土整備局建築住宅部住宅計画課

1 神奈川県の高齢化の状況

神奈川県の高齢化率（65歳以上人口の全体に占める割合）は、平成22年時点で、20％（小数点以下四捨五入、以下同様）であったが、国立社会保障・人口問題研究所の推計[注1]では、平成52年には、35％（増加率は、全国で第2位）に増加するとされている。

特に、75歳以上の高齢者については、平成22年の9％に対し、平成52年には、19％（増加率は、全国で第2位）と、急激に増加することが予測されている。

一方、生産年齢人口の割合は、平成22年で67％であったが、平成52年には55％まで減少することになる。

したがって、本県においては、これまで経験したことのない超高齢社会を急速に迎えることになり、今後、高齢者の暮らしをどう支えるか、医療・福祉の問題だけでなく、住まいの問題、コミュニティのあり方など、さまざまな問題が山積してい

注1　「日本の地域別将来推計人口（平成25年3月推計）」（国立社会保障・人口問題研究所）

る状況である。

②多世代近居のまちづくりを推進するにいたった背景

このような急速な高齢化にあわせて少子化も進み、人口減少時代に入るなかで、住宅政策のあり方も、これまでのように公的住宅の整備や民間住宅の誘導などが中心であった「住宅政策」から、福祉施策や地域づくりなども含めた総合的な「居住まちづくり政策」として展開することが必要になってきた。

たとえば、高度経済成長期に開発された大規模な住宅団地や、郊外部の利便性が低い住宅地においては、子どもが成長して親元を離れる世帯分離によって、子育て世代の流出による少子化が進んでいる。同時に、居住者の世代構成が一様で高齢化も一斉に進行していることなどから、地域コミュニティの活力低下が顕著になりつつある。

このような状況に対応するため、平成24年3月に改定した「神奈川県住生活基本計画」に、「居住コミュニティの創出・再生に向けた住まい・まちづくり」を住宅政策の基本方向と定め、その具体策として、「多世代近居のまちづくりの推進」を重点施策として位置づけた（**図1**）。

これは、地域住民が主体となり、公的機関や居住支援団体等と連携しながら、地域の実情に応じた取り組みを行うことによって、子どもから高齢者までの多世代がともに暮らし、交流し、互いに支えあうまちづくりを目指すものである。

図1　多世代近居のまちづくり概念図

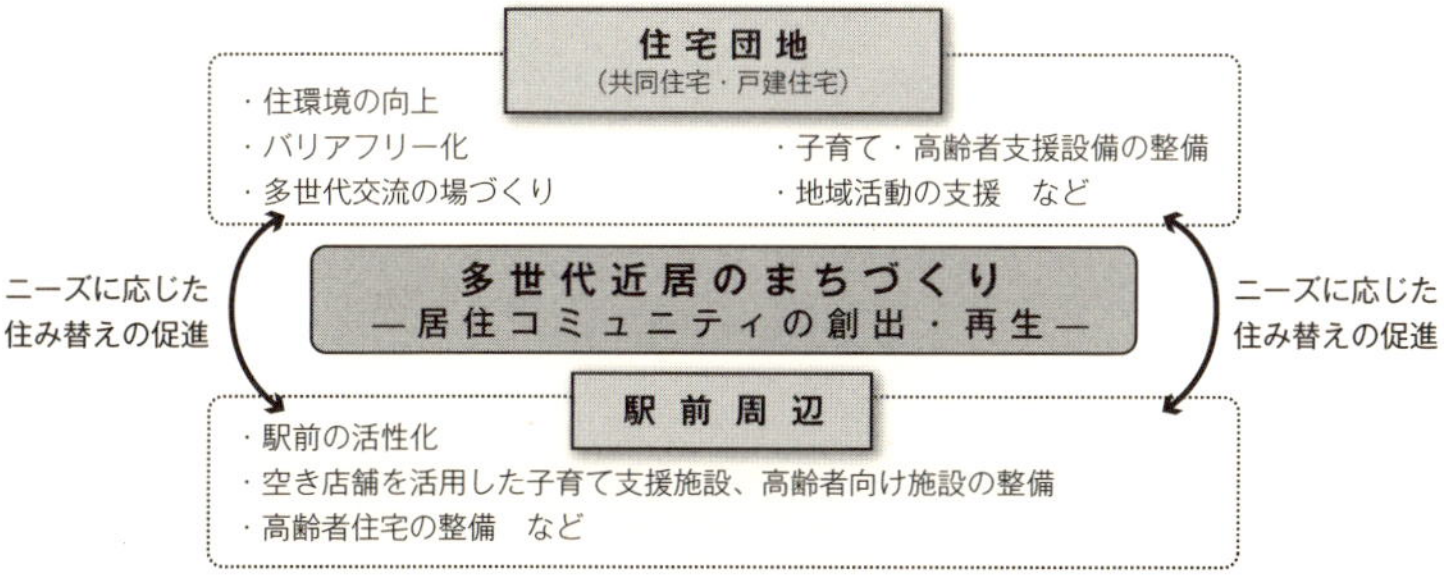

◇3 事業の概要とモデル地区における取り組み

事業の概要

「多世代近居のまちづくり」は、少子高齢化や空き家の発生によって活力が低下している住宅地と、その最寄り駅周辺を一体的に捉えて、子育て支援やミスマッチ住宅の住み替え支援などにより、若年世帯を増やすとともに、空き家や空き店舗を活用した多世代の交流拠点を整備することなどにより、居住コミュニティの創出・再生を図ろうとするものである。

そこで、県は、多世代近居のまちづくりを地域住民が主体となって推進できるよう、平成24～25年度に、県内の四つの住宅地を選定し、モデル事業を展開して、その成果等をマニュアルとしてまとめ、市町村へ普及啓発を行うこととしている（表1・図2）。

具体的には、高度経済成長期に開発された住宅地や、人口減少傾向が見られる住宅地などの類型等により選定した四つのモデル地区において、①多世代近居のまちづくりの展開の作成、②多世代近居のまちづくり担い手講座、③多世代近居の住まいの相談会の三つの事業を実施している。

多世代近居のまちづくりの展開の作成

表1　モデル地区の類型

高度経済成長期に開発された住宅地	古くからの住宅地	人口減少傾向が見られる住宅地
①横浜市洋光台地区（共同住宅・UR等） ②鎌倉市今泉台地区（戸建・民間開発地）	③小田原市駅前地区	④山北町山北地区

多世代近居のまちづくりを実現するためには、住宅施策のみならず福祉施策、地域施策、産業振興施策などさまざまな分野の施策との連携が必要になるため、まちづくりの展開を次の手順で作成している。

- ア　基礎データやヒアリングによる現状の把握

どのような取り組みが必要であるかを明らかにするため、国勢調査や住宅・土地統計調査、住情報データなどその地区の基礎データを把握・分析する。

また、基礎データで把握しきれない住民のニーズなどについては、関係機関等へヒアリングを行い、地区のまちづくりにとっての強みと克服すべき課題をまとめる。

- イ　既存の施策、取り組みの収集・整理

さらに、すでに行政や地域で行われている多世代近居のまちづくりに資する施策や取り組みを収集し、整理する。

- ウ　取り組みの提案

アの現状の把握で明らかになった強みをさらに生かし、課題を克服するべく、イの既存の取り組みを組み合わせたり、新しい取り組みを提案することにより、多世代近居のまちづくりを推進していくに当たっての目指すべき将来像や取り組み内容など、まちづくりの全体像を作成する。

多世代近居のまちづくり担い手講座

地域において主体となって活動する担い手を育成し、地域の人材のネットワーク

図２　多世代近居のまちづくりの展開（洋光台地区）

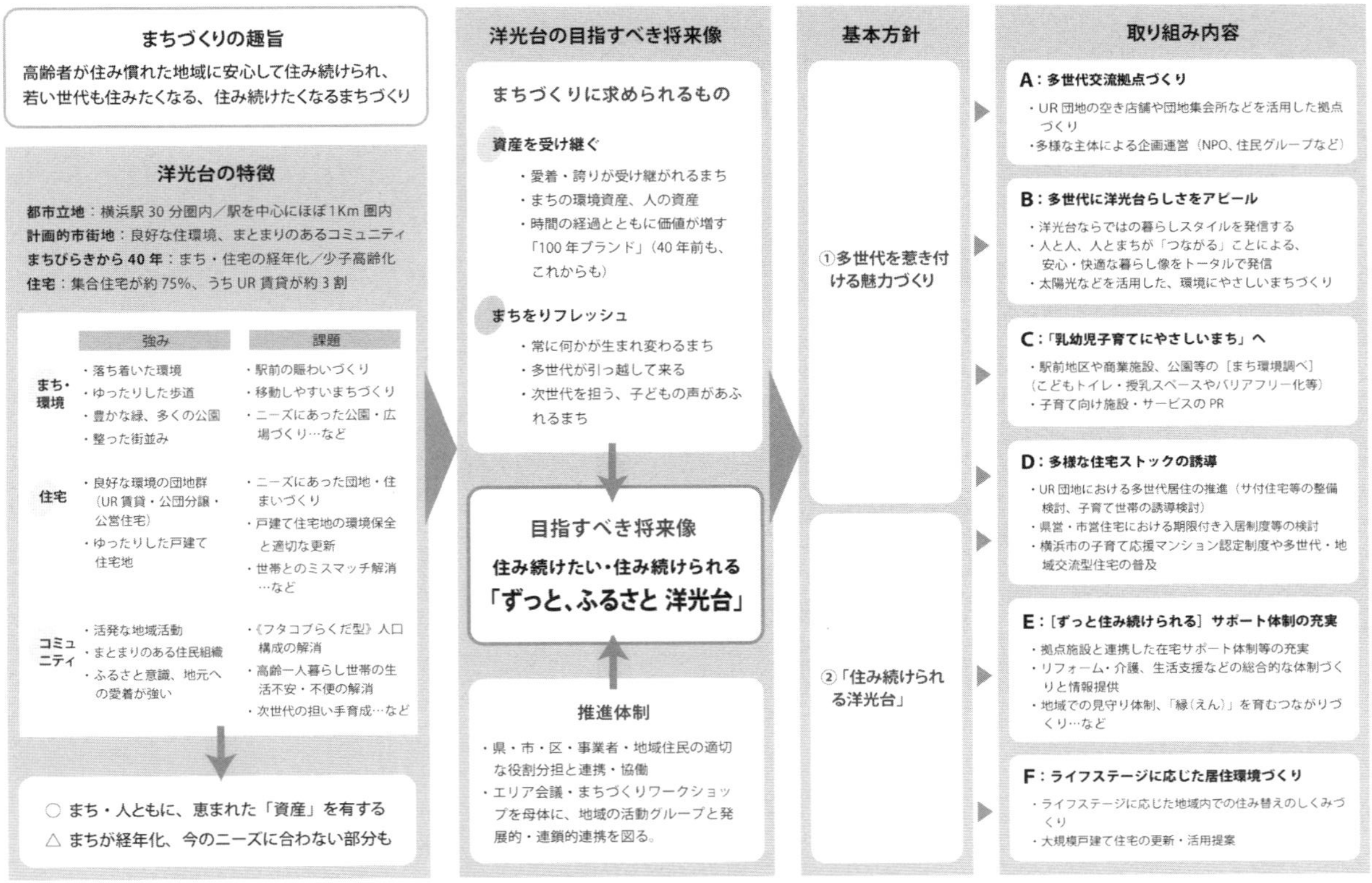
まちづくりの趣旨
高齢者が住み慣れた地域に安心して住み続けられ、
若い世代も住みたくなる、住み続けたくなるまちづくり
洋光台の特徴
都市立地：横浜駅 30 分圏内／駅を中心にほぼ 1Km 圏内
計画的市街地：良好な住環境、まとまりのあるコミュニティ
まちびらきから 40 年：まち・住宅の経年化／少子高齢化
住宅：集合住宅が約 75%、うち UR 賃貸が約 3 割
強み
課題
まち・環境
・落ち着いた環境
・ゆったりした歩道
・豊かな緑、多くの公園
・整った街並み
・駅前の賑わいづくり
・移動しやすいまちづくり
・ニーズにあった公園・広場づくり…など
住宅
・良好な環境の団地群（UR 賃貸・公団分譲・公営住宅）
・ゆったりした戸建て住宅地
・ニーズにあった団地・住まいづくり
・戸建て住宅地の環境保全と適切な更新
・世帯とのミスマッチ解消…など
コミュニティ
・活発な地域活動
・まとまりのある住民組織
・ふるさと意識、地元への愛着が強い
・《フタコブらくだ型》人口構成の解消
・高齢一人暮らし世帯の生活不安・不便の解消
・次世代の担い手育成…など
○ まち・人ともに、恵まれた「資産」を有する
△ まちが経年化、今のニーズに合わない部分も
洋光台の目指すべき将来像
まちづくりに求められるもの
資産を受け継ぐ
・愛着・誇りが受け継がれるまち
・まちの環境資産、人の資産
・時間の経過とともに価値が増す「100 年ブランド」（40 年前も、これからも）
まちをリフレッシュ
・常に何かが生まれ変わるまち
・多世代が引っ越して来る
・次世代を担う、子どもの声があふれるまち
目指すべき将来像
住み続けたい・住み続けられる
「ずっと、ふるさと 洋光台」
推進体制
・県・市・区・事業者・地域住民の適切な役割分担と連携・協働
・エリア会議・まちづくりワークショップを母体に、地域の活動グループと発展的・連鎖的連携を図る。
基本方針
①多世代を惹き付ける魅力づくり
②「住み続けられる洋光台」
取り組み内容
A：多世代交流拠点づくり
・UR 団地の空き店舗や団地集会所などを活用した拠点づくり
・多様な主体による企画運営（NPO、住民グループなど）
B：多世代に洋光台らしさをアピール
・洋光台ならではの暮らしスタイルを発信する
・人と人、人とまちが「つながる」ことによる、安心・快適な暮らし像をトータルで発信
・太陽光などを活用した、環境にやさしいまちづくり
C：「乳幼児子育てにやさしいまち」へ
・駅前地区や商業施設、公園等の［まち環境調べ］（こどもトイレ・授乳スペースやバリアフリー化等）
・子育て向け施設・サービスの PR
D：多様な住宅ストックの誘導
・UR 団地における多世代居住の推進（サ付住宅等の整備検討、子育て世帯の誘導検討）
・県営・市営住宅における期限付き入居制度等の検討
・横浜市の子育て応援マンション認定制度や多世代・地域交流型住宅の普及
E：［ずっと住み続けられる］サポート体制の充実
・拠点施設と連携した在宅サポート体制等の充実
・リフォーム・介護、生活支援などの総合的な体制づくりと情報提供
・地域での見守り体制、「縁（えん）」を育むつながりづくり…など
F：ライフステージに応じた居住環境づくり
・ライフステージに応じた地域内での住み替えのしくみづくり
・大規模戸建て住宅の更新・活用提案

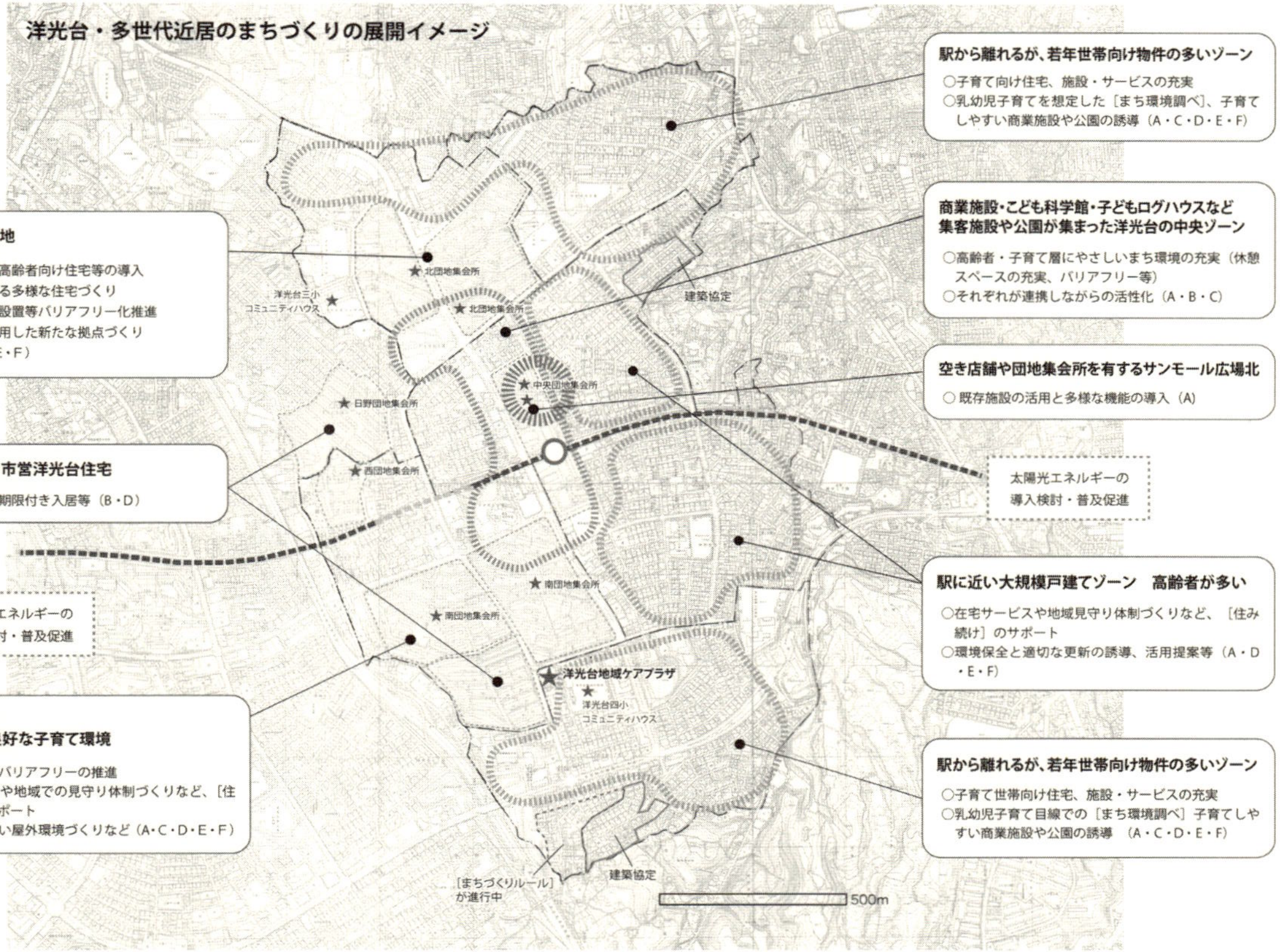

洋光台・多世代近居のまちづくりの展開イメージ
UR洋光台北団地
○サービス付き高齢者向け住宅等の導入
○住棟改修による多様な住宅づくり
○エレベーター設置等バリアフリー化推進
○集会所等を利用した新たな拠点づくり
（A・B・C・D・E・F）
県営日野住宅・市営洋光台住宅
○子育て世帯の期限付き入居等（B・D）
太陽光エネルギーの
導入検討・普及促進
洋光台南団地
遊び場が多く良好な子育て環境
○リフォームやバリアフリーの推進
○在宅サービスや地域での見守り体制づくりなど、［住み続け］のサポート
○子育てしやすい屋外環境づくりなど（A・C・D・E・F）
駅から離れるが、若年世帯向け物件の多いゾーン
○子育て向け住宅、施設・サービスの充実
○乳幼児子育てを想定した［まち環境調べ］、子育てしやすい商業施設や公園の誘導（A・C・D・E・F）
商業施設・こども科学館・子どもログハウスなど
集客施設や公園が集まった洋光台の中央ゾーン
○高齢者・子育て層にやさしいまち環境の充実（休憩スペースの充実、バリアフリー等）
○それぞれが連携しながらの活性化（A・B・C）
空き店舗や団地集会所を有するサンモール広場北
○ 既存施設の活用と多様な機能の導入（A）
太陽光エネルギーの
導入検討・普及促進
駅に近い大規模戸建てゾーン　高齢者が多い
○在宅サービスや地域見守り体制づくりなど、［住み続け］のサポート
○環境保全と適切な更新の誘導、活用提案等（A・D・E・F）
駅から離れるが、若年世帯向け物件の多いゾーン
○子育て世帯向け住宅、施設・サービスの充実
○乳幼児子育て目線での［まち環境調べ］子育てしやすい商業施設や公園の誘導　（A・C・D・E・F）
北団地集会所
洋光台三小
コミュニティハウス
北団地集会所
建築協定
中央団地集会所
日野団地集会所
西団地集会所
南団地集会所
南団地集会所
洋光台地域ケアプラザ
洋光台四小
コミュニティハウス
［まちづくりルール］
が進行中
建築協定
500m

づくりに役立てることを目指した事業である。

平成24年度は、交流サロンなどの地域の交流拠点づくりに関心や意欲をもつ住民の方々に、実際のスペースを活用した交流拠点の「試行・体験」の機会を提供する話し合いと実践による講座を実施した（写真1、2）。

多世代近居の住まいの相談会

居住者が住まいや住み替えに関する知識を深め、必要な助言を得ることで、さまざまな世代の適切な住み替えや、高齢者が安心して住み続けられることについての意識や関心を高め、多世代近居のまちづくりを促進させることを目的とした事業である。

平成24年度は、不動産と福祉の専門家を相談員とした相談会を実施し、個々の状況に即した助言を行うとともに、地区内の住まいに関するニーズや課題把握を行った。

相談会の開催に当たっては、住まいに関する講演とあわせた開催や地元自治会等の協力を得て、自治会が主催するイベント会場に相談ブースを設けて開催した（写真3、4）。

④ 課題・今後の展望

これまでモデル地区での事業を展開するなかで、多世代近居のまちづくりを推進

写真１　話し合いの様子

写真２　３日間試行した地域交流スペース

していくに当たり、次の2点の課題が浮き彫りになってきた。

市町村における庁内連携体制の構築

前述のとおり多世代近居のまちづくりを実現するためには、住宅施策のみならず、高齢者の生活支援や子育て支援などの福祉政策部門、自治会等地域のコミュニティ組織に関連する地域政策部門、産業振興、都市政策など横断的な組織の連携が必要になる。

このため、これらの政策の所管部局が一同に会し、課題やそれぞれがすでに行っている取り組みを情報共有し、有機的につながれる体制の構築と庁内において取りまとめを行う主体的な担当部局が必要である。

地域の人材や活動をつなぐコーディネーターの必要性

地域には多世代近居のまちづくりに関連する活動を担うさまざまな人材が存在し、実際にさまざまな活動を行っている。これらの人材や活動が連携しあい、それぞれの活動母体どうしがネットワークによりつながり、活動目的の共有化による連携した取り組みとして充実させることが大事である。そこで、それぞれの活動のキーパーソンどうしの十分な意思疎通を図り、人材や活動を調整・仲介するコーディネーター的な存在が必要不可欠である。

今後は、四つのモデル地区での成果等を踏まえ、地域主体による居住コミュニティの維持・再生に向けた、多世代近居のまちづくりを推進するためのノウハウや具

写真３　相談会とあわせて行われた講演会

写真４　地域の祭りにあわせて相談ブースを設置

体的な事例等をハンドブックとして取りまとめ、市町村に普及啓発を図っていくこととしている。

またあわせて、まちづくりの担い手養成やコーディネーターの派遣など広域的な支援については、県が引き続き実施することで必要な地域において、多世代近居のまちづくりが実現できるよう取り組んでいく予定である。

第7章

〈神戸市〉近居・同居支援の取り組み

神戸市都市計画総局住宅部住宅政策課

近年、少子高齢化による人口動態の変化や核家族化など世帯構成の変化、雇用の不安定化や女性の社会進出による共働き家庭の増加等によって、家庭における子育てや介護のあり方が大きく変化しており、離れて暮らす三世代（親世帯・子育て世帯）が近居もしくは同居し、相互に助け合いながら高齢期や子育て期を安心して過ごすといった住まい方を支援する必要性が高まってきている。

住生活基本法に基づき、平成18年9月に閣議決定された「住生活基本計画（全国計画）」においても、多様な居住ニーズが適切に実現される住宅市場の環境整備のための基本的施策として、三世代同居・近居への支援が位置づけられており、地方公共団体における取り組みも活発になってきているところである。

本章ではその一例として、神戸市の住宅政策における近居・同居支援の位置づけや具体的な取り組みについて紹介させていただく。

1 神戸市高齢者居住安定確保計画の策定

神戸市では従来より、市営住宅において親世帯と子世帯が近くで暮らせるよう、廊下やバルコニーを通じて行き来できる仕様にした2戸の住宅を1組で募集する「ペア住宅」（計40戸：現在募集停止）や同一住宅内の2戸の住宅を1組で募集する「多世代近居住宅」（平成24年〜）といった特定目的住宅を提供したり、介護のための近居を目的に市営住宅の入居者が別の市営住宅へ応募することを認める（平成11年〜）など、世代間の交流が続くような取り組みを行ってきている。

また、急速に高齢化が進行するなかで高齢期に適した住まいの確保が大きな課題となっていることから、住宅施策と福祉施策がさらに連携を強めながら高齢者の居住の安定確保に総合的に取り組むため、高齢者住まい法に基づいて平成24年3月に「神戸市高齢者居住安定確保計画（２０１２〜２０１７）」を策定している。この計画では本市の総合基本計画の部門別計画である「神戸市住生活基本計画」および「神戸市高齢者保健福祉計画」の実施計画と位置づけており、「安心して住まうための支援・仕組みづくり」「住まいの情報提供・相談体制の充実」「安全で良質な住まい・住環境の確保」の三つの目標を掲げ、総合的・効果的に施策に取り組んでいくこととしている。

この計画策定にあたり、住生活総合調査など統計調査の結果を基に高齢者の住まいに関するニーズを整理したところ、同居・近居に関しては市内の高齢者世帯の34

図1　高齢期における子との住まい方意向

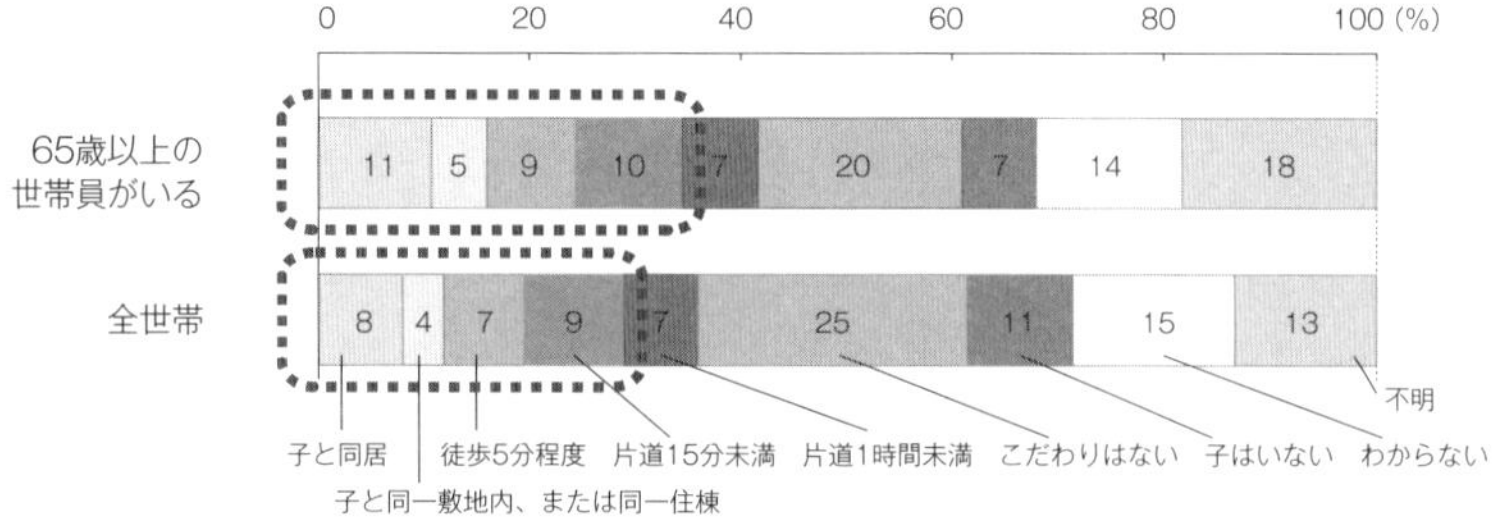

%が高齢期における子との住まい方について「子と同居」「子と同一敷地・住棟の別の住宅」「徒歩5分程度の場所」「片道15分未満の場所」が望ましいと回答しており、全市の29%に比べて高くなっていた（図1）。高齢期は退職などによる生活の状況の変化や身体機能の低下などから将来への不安感が徐々に大きくなるため、子との近居・同居を望む傾向にあると考えられる。

また、現在の住まいへの居住継続についても、高齢者世帯の68%が「住み続けたい」「できれば住み続けたい」と回答し、全市の59%を大きく上回っていた（図2）。住環境の変化は大きな負担であり、多くの高齢者が住み慣れた地域で在宅での生活を続けることを希望していることがわかる。

本市ではこれらのニーズに応えていくため、高齢者が住み慣れた地域で住み続けることを支援する取り組みの一つとして「親と子の近居支援」を本計画に明記し、市営住宅における近居・同居の取り組みの充実とともに民間住宅における近居支援を検討、具体的な取り組みを進めていくこととした。

②市民アンケート調査の実施

近居・同居の支援に向けた検討を行うにあたっては、子育て世帯の近居・同居の状況やニーズについても把握する必要があることから、神戸市内9区で3歳児検診を受ける約1千世帯を対象にアンケート調査を平成24年6月に実施、約60%（有効回答数596通）の回答があった。

図2　現在の住まいへの居住継続意向

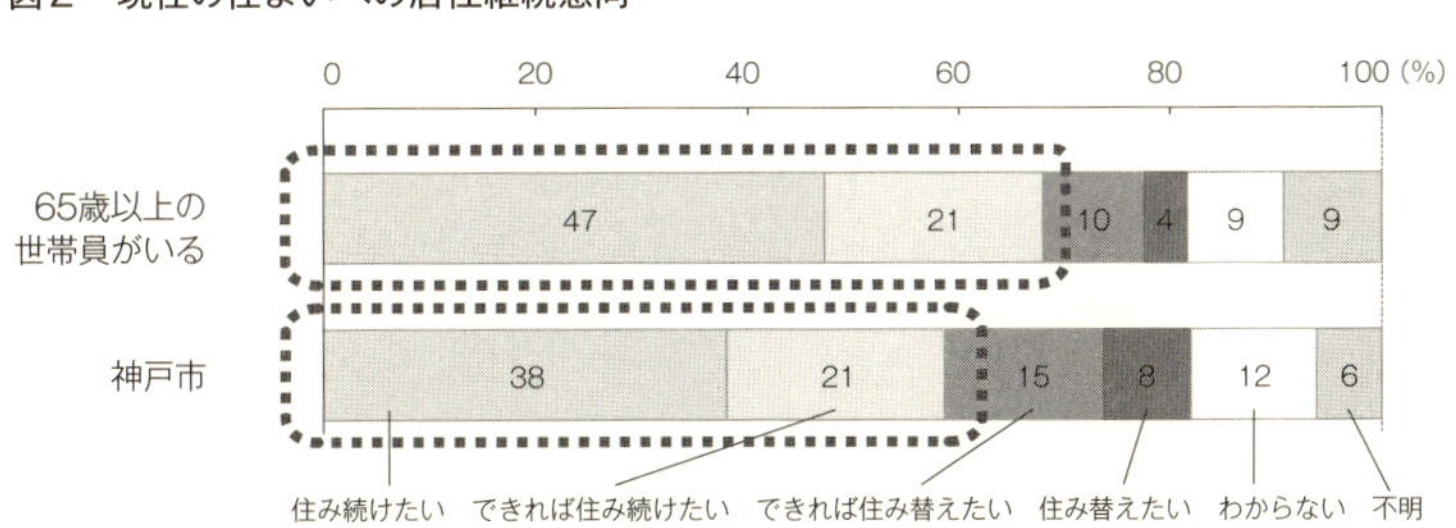

回答ではすでに約5割が親世帯と近居・同居を行っており、その満足度は実に約9割に達していた。「フルタイムで働ける」「親の健康状態がわかる」「子どもたちがおじいちゃん・おばあちゃん思いの優しい子に育っている」「いつでもふれあいや協力ができる」などさまざまなメリットも挙げられていた。

また、近居・同居の開始時期は長子の小学校入学前が約9割、近居の距離については15分未満の距離というのが約8割であった。

今後、近居・同居をしたいと回答した約12％について理由を聞いてみると（図3）、1番の理由としてもっとも多く挙げられたのが「緊急のときなど、すぐかけつけられるから」で、その次に「子育てを手伝ってもらうため」が多くなっていた。2番目の理由に挙げられたのは「近くにいると安心感があるから」「子育てを手伝ってもらうため」が多く挙げられていた。高齢期に入った親を心配しながら、子育てにも追われる子育て世代にとって、両面でのメリットがあると捉えられていることがあらためてわかった。

さらに、近居・同居する場合に問題になることについて聞いてみる（図4）と、もっとも「問題になる」と回答した割合が高かったのが「広さ・間取りなど条件にあった住宅探しに関すること」で36％、「問題になる」「どちらかといえば問題になる」を合わせて回答した割合がもっとも高かったのが「引越し代などの移転に伴う費用」で56％となっており、仕事や学校の関係よりも住宅探しや引越し代などの移転に伴う費用が課題になっていることがわかった。

図3　近居・同居をしたい理由

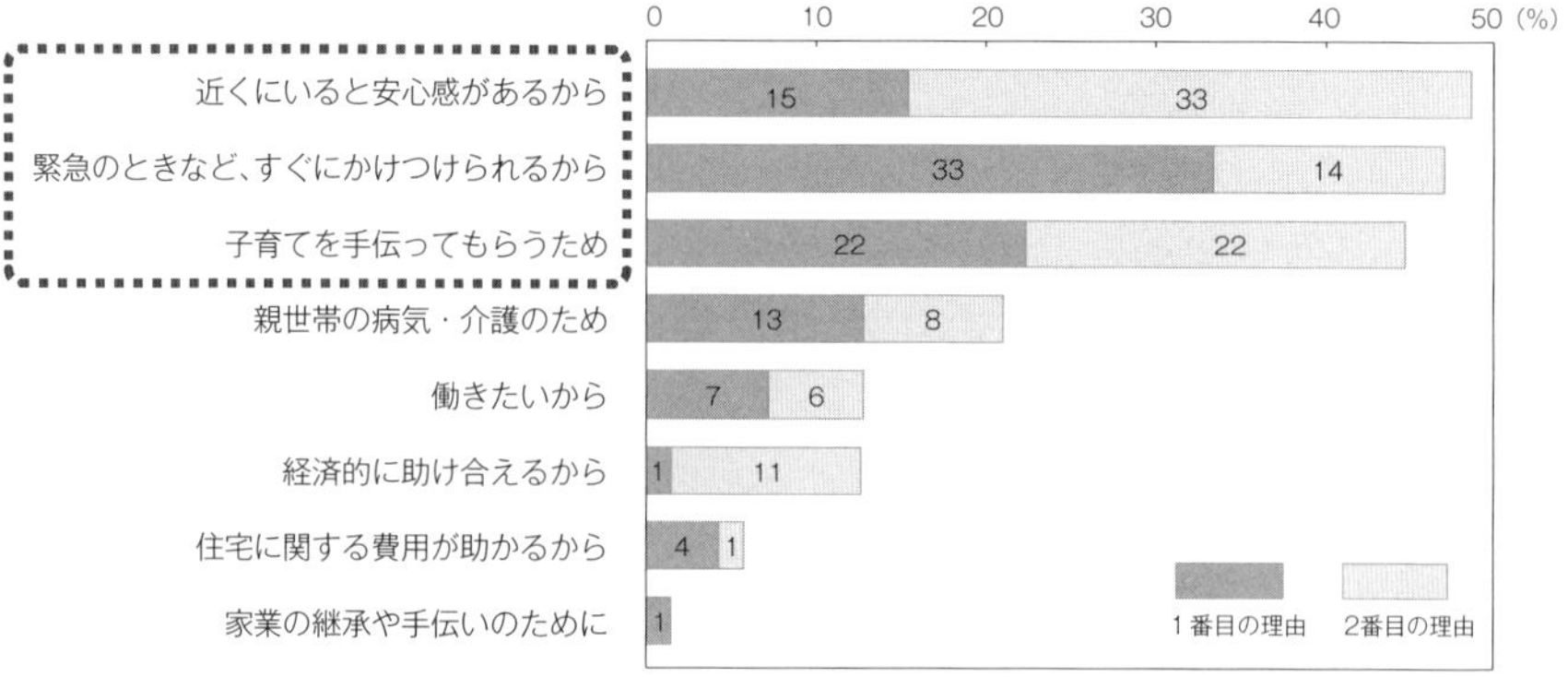

③親・子世帯の近居・同居住み替え助成モデル事業

これらの調査結果等を踏まえて検討を重ねた結果、平成25年4月22日から「親・子世帯の近居・同居住み替え助成モデル事業」として、離れて暮らす子世帯と親世帯が近居・同居する際の引越しに伴う費用の助成制度をスタートさせることとなった。ただし期限付きのモデル事業であり、利用者アンケート等により施策効果を検証したうえで継続するか判断することとしている。助成内容は移転した世帯が支払った引越し代の1/2を補助するというもので、助成対象となる引越し代の上限を20万円（補助額の上限10万円）に設定。上限額利用を想定して30件（9月に45件へ拡大）の募集広報を行った。

対象は、子育て支援という観点から、小学校入学前の子どもがいる子世帯（妊娠中の場合も含む）と神戸市に1年以上居住している親世帯が、同居もしくは近居をする場合としている。この「近居」については明確な定義はなく、他の自治体の近居支援施策においてもいろいろな設定が見られるが、本市では2節で紹介したアンケート結果において多くが15分未満の範囲で近居しているという実態等を踏まえ「同一小学校区内もしくは直線距離で1.2km以内」と規定している。

移転世帯の年収については、総務省が実施する家計調査（平成23年）に

図4　近居・同居する場合に問題になること

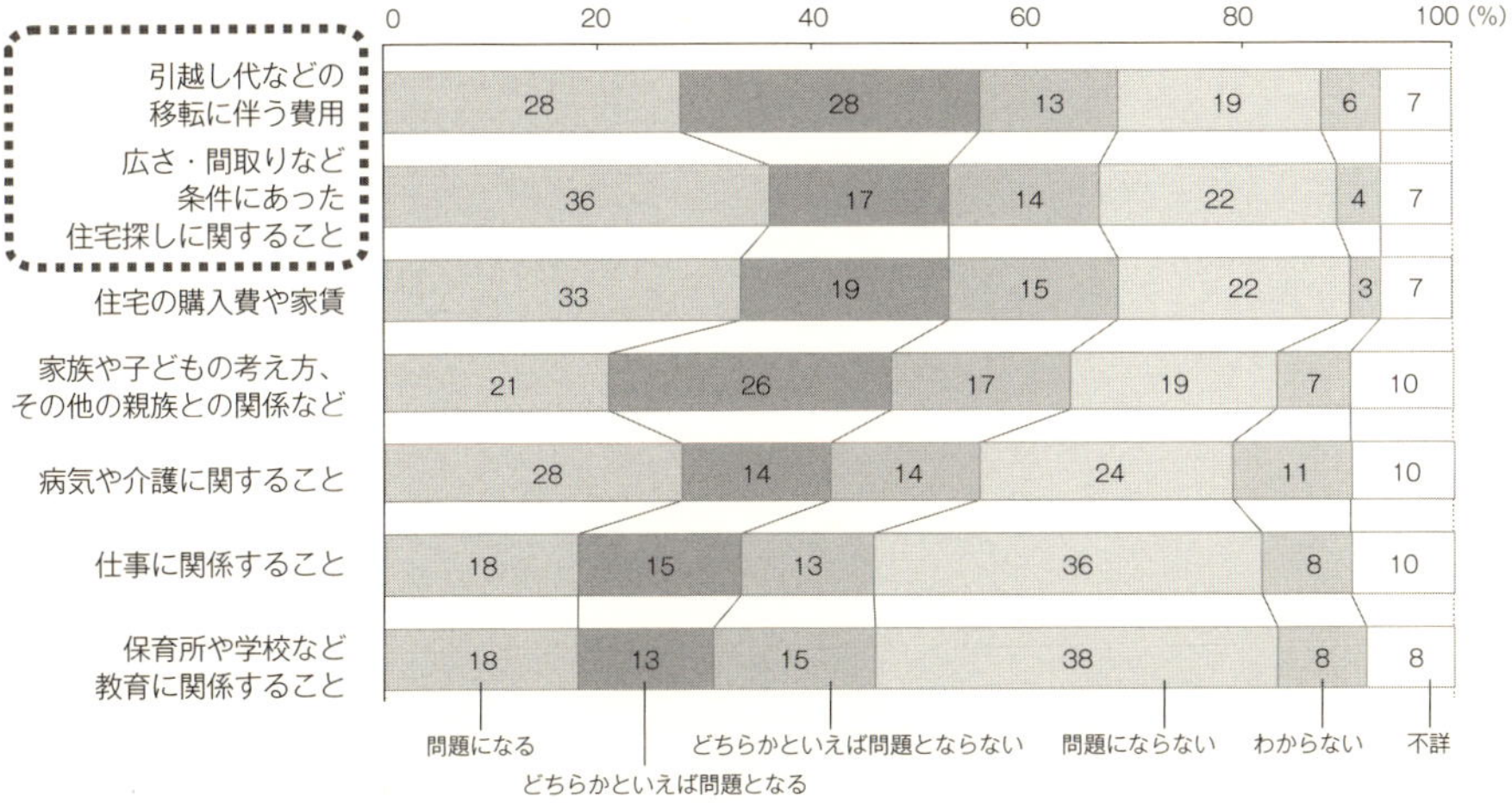

よる年間収入の状況を参考に、全世帯のうち年間収入の低い方から約６割の世帯を対象とするという趣旨で「世帯員全員の年間収入の合計額700万円未満」と設定している。

さらに転居先の住宅についても要件を設けている。一つは建築基準法に規定する新耐震基準に適合していること。昭和56年以前に着工されたものについては、耐震性が確保されていることを証明する書類等が必要となる。もう一つは住宅の面積が最低居住面積水準以上であること。いずれも安全・安心かつ健康で文化的な住生活を営む基礎として、必要不可欠な要件と考えている。

申請手続きについては、同居・近居を後押しするという施策目的から、引越し前に申請をいただき、市が助成実施を決定する。そして引越し後に完了報告と実際にかかった引越し代の領収書等を提出いただき、市が最終的な助成金額の決定、申請者からの請求書の提出を受けて、助成金を支払うという流れになっている。

なお、できるだけ多くのケースで利用いただきたいことから、親世帯・子世帯の両方が引越しする場合でも、いずれか一方の世帯で申請していただくこととしている。

④ 申請状況と効果検証

申請の状況

平成25年４月22日の受付開始から平成26年１月30日の受付終了までに54件（子世

帯49件・親世帯5件）の申請が出され、おおむね順調に利用されていると考えている。

申請状況としては、近居が42件（78％）・同居が12件（22％）、うち妻の親との近居・同居が35件（65％）となっており、ほどよい距離を保てる近居、子育ての中心となる妻が頼みやすい妻の親との近居・同居が好まれている傾向にあることがわかる。また、移転後の住宅は親世帯または子世帯の持ち家が43件（80％：戸建27件、マンション16件）・賃貸11件（20％）で、持ち家のうち20件（47％）は新たに中古住宅を購入しており、まだ件数としては多くないが中古住宅流通にもつながっている。

助成対象費用となる引越し代については、ばらつきがみられるものの平均で10万8千853円、助成額としては約半分の5万3千613円となっている。市の想定を下回る額となっているが、その要因としては4～9月は引越し代が繁忙期（2～3月など）に比べて相対的に低いことや、荷物も多くなく、できるだけ節約をしようという子世帯からの申請が多かったからではないかと見ている。

効果検証

事業効果を検証するため、申請者等に対してアンケートをお願いしたところ、平成26年1月末日までに計48件、66名からの回答をいただいた。

移転を考えた理由（複数回答）については、「同居・近居したかったから」が70％、「購入・賃貸可能な住宅が見つかった」「家族に合った広さや間取りの住宅に移りたかった」がいずれも38％、「教育環境の良いところに住みたかった」が30％であった。

図5　本事業が近居・同居の後押しになったか

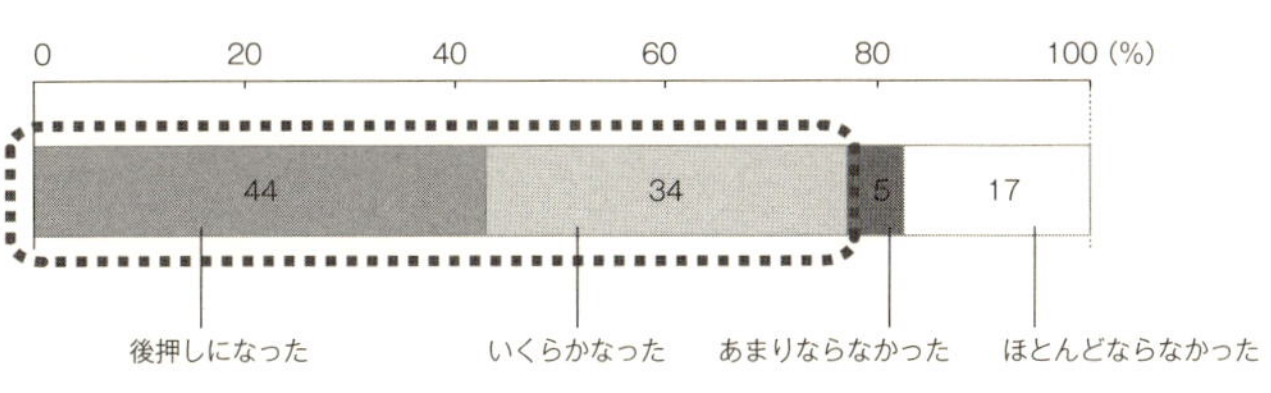

近居・同居をした理由については、「近くにいる安心感」が55%、「緊急のときにかけつけられる」が52%、「子育てのため」が39%であった。また移転後の関わり方については、ほとんどの方が毎日もしくは月数回は会いたい意向であった。さらに、本事業が近居・同居の後押しになったかについては、「後押しになった」「いくらか後押しになった」であわせて約80%の回答があった（図5）。

これらの結果から、事前に想定していた効果のうち、特に子世帯で「親世帯からの子育て支援の受けやすさ」や「子育てと仕事の両立支援」、親世帯で「近くにいる安心感」「緊急時のサポートの受けやすさ」の実現という効果は一定程度現れてきていると考えている。

現在、アンケートでの意見等を踏まえて、今後の支援のあり方について検討を進めているところである。引き続き高齢者居住安定確保計画等に基づき、親と子の近居支援の取り組みを進めていきたいと考えている。

参考：神戸市親・子世帯の近居・同居住み替え助成モデル事業の概要（平成25年度）

助成内容	移転した世帯が支払った引越し代の１／２ （上限10万円）
受付期間	平成25年4月22日～平成26年1月30日 ※予算額に達したため受付終了
件数･予算	約45件　予算額 312万円
対象世帯	子世帯：小学校入学前の子ども（妊娠中を含む）がいる世帯 親世帯：神戸市内に１年以上居住している世帯
主な要件	•同居もしくは近居（同一小学校区内もしくは直線距離でおおむね1.2㎞以内） ※すでに近居している場合は対象外 •世帯の年間収入の合計が700万円未満 •移転先の住宅が、新耐震基準を満たしており、最低居住面積水準以上であること

第8章

〈四日市市〉子育て世帯の郊外モデル団地への住み替え支援

四日市市都市整備部都市計画課政策グループ

四日市市は、名古屋大都市圏の西南に位置し、海から山に広がる多彩な地形、市域面積206㎢、人口31・3万人を有する三重県を代表する産業都市である。古くから東海道が京都と伊勢に分岐する交通の要衝にある宿場町として栄え、高度成長期には、臨海部へ大規模な石油化学コンビナートが立地し発展してきた（写真1）。近年では内陸部への半導体工場の立地なども進み、わが国有数の生産拠点となっている。

その一方で、鈴鹿山脈から伊勢湾に至る広い市域の半分以上が市街化調整区域であり、里山や広大な田畑なども多く残されており、豊かな自然環境も有する都市が四日市市のもう一つの姿である（写真2）。

これまでの都市形成の過程で、古くからある臨海部の既成住宅地や郊外部の農村集落に加え、高度成長期の就業人口の増加などに対応するため、郊外の丘陵部に多くの住宅団地が造成され、近年は中心市街地などのまちなかに多くのマンションが建設されるなど、産業都市としての発展とともに、多様な住宅地が形成されている。

写真1　四日市港ポートビルから望む臨海工業地域

写真2　茶畑（伊勢茶の産地）から望む鈴鹿山脈

◇1 取り組みの経緯

高度成長期における郊外住宅団地の造成

高度成長期の臨海部への石油化学コンビナートの立地により、多くの労働者を受け入れる居住地が必要であったことから、昭和30年代から四日市市の郊外の丘陵部において住宅団地の造成が始まった。

また、石油化学コンビナートの立地により、産業都市としての発展、経済的な発展をもたらす一方で、『四日市ぜんそく』という公害問題を引き起こした。

昭和40年には深刻な公害問題に対応するために『四日市都市公害対策マスタープラン』（**図1**）が策定される。公害の発生源である臨海部から市民の居住地を郊外部へ隔離するものであり、昭和40年代の郊外住宅団地の造成に拍車がかかることとなった。

その後、官民の努力により公害問題は解決に向かうこととなるが、その過程のなかで、郊外への人口移動が政策的に行われ、この結果、郊外部に多くの住宅団地が造成されることとなった（**図2**）。

図1　四日市都市公害対策マスタープラン

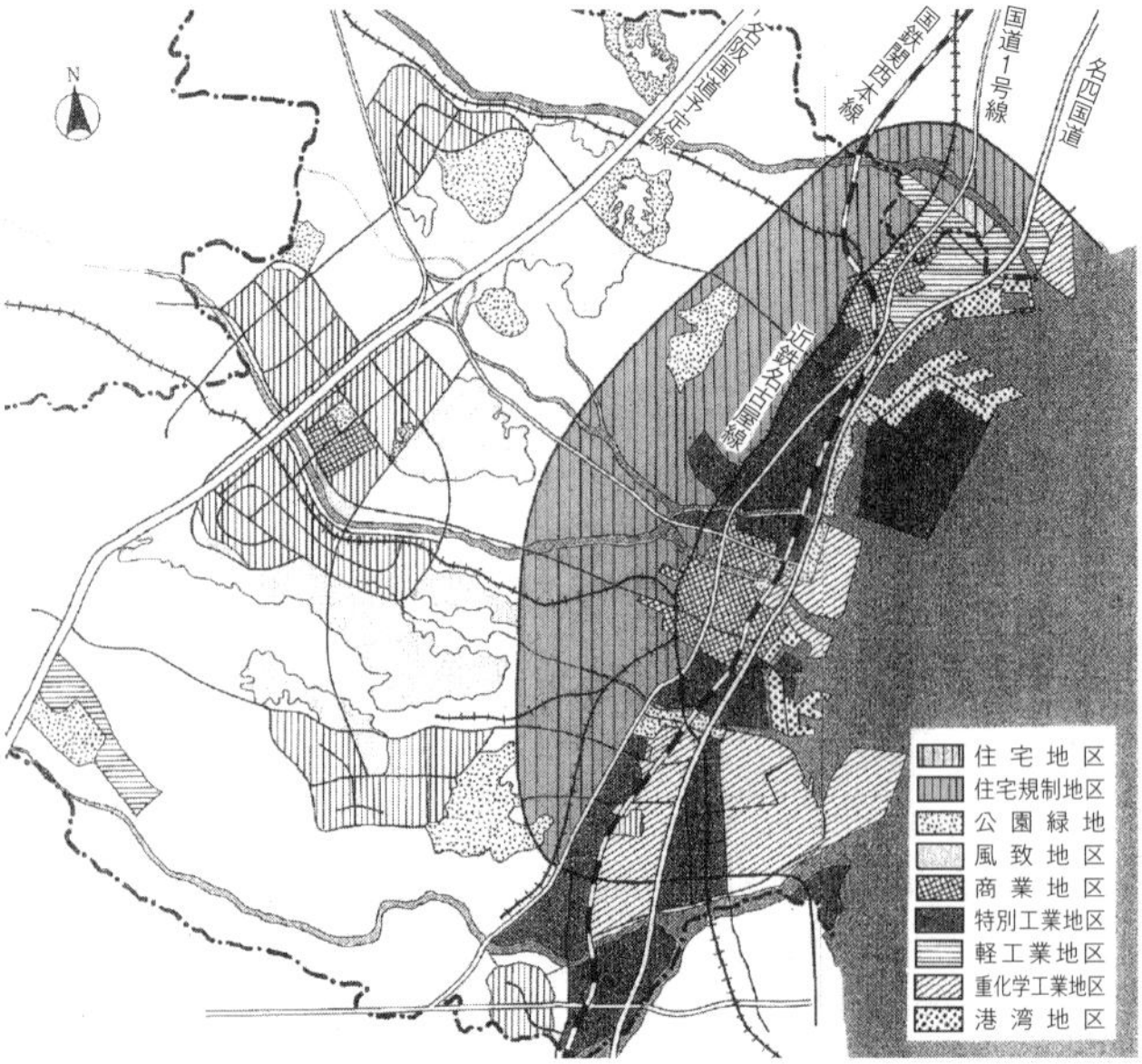

少子高齢社会の到来と郊外住宅団地

全国的にも人口減少、少子高齢化が進行しているが、本市においても、人口は近年横ばい傾向であるが、平成27年をピークに減少局面に入ると推計されている。

　また、人口構成の変化も、平成17年時点で18％であった65歳以上人口の割合は、平成47年には29％と、総人口の約3割を占めるようになるものと見込まれている。その一方で、生産活動の主な担い手となる、15歳～64歳の生産年齢人口の割合は、67％（平成17年）から60％（平成47年）まで低下すると見込まれている。このほか、本市の将来を担う15歳未満の年少人口の割合も、15％（平成17年）から11％（平成47年）まで低下するものと見込まれている。

　こうしたなか、昭和30年代～昭和40年代の高度成長期に造成された郊外住宅団地においては、同世代が一斉に入居していることから住民の世代に偏りがあり、子ども世代の独立とともに、すでに著しい高齢化が進んでいる（図3）。

　特に、造成から30年以上が経過した郊外住宅団地では、平成12年から平成22年の間に、世帯数の増加がほぼみられないなかで、高齢者のみの世帯数が2倍に増える（表1）とともに、子育て世帯数が75％に減少（表2）し、他の地域に比べ、急速な少子高齢化が進んでいる。

　こうした状況から、今後一層の少子高齢化社会の進行とともに、（市場化さ

図2　10ha以上の主な住宅団地（①～㉕が団地、図3のNo.に対応）

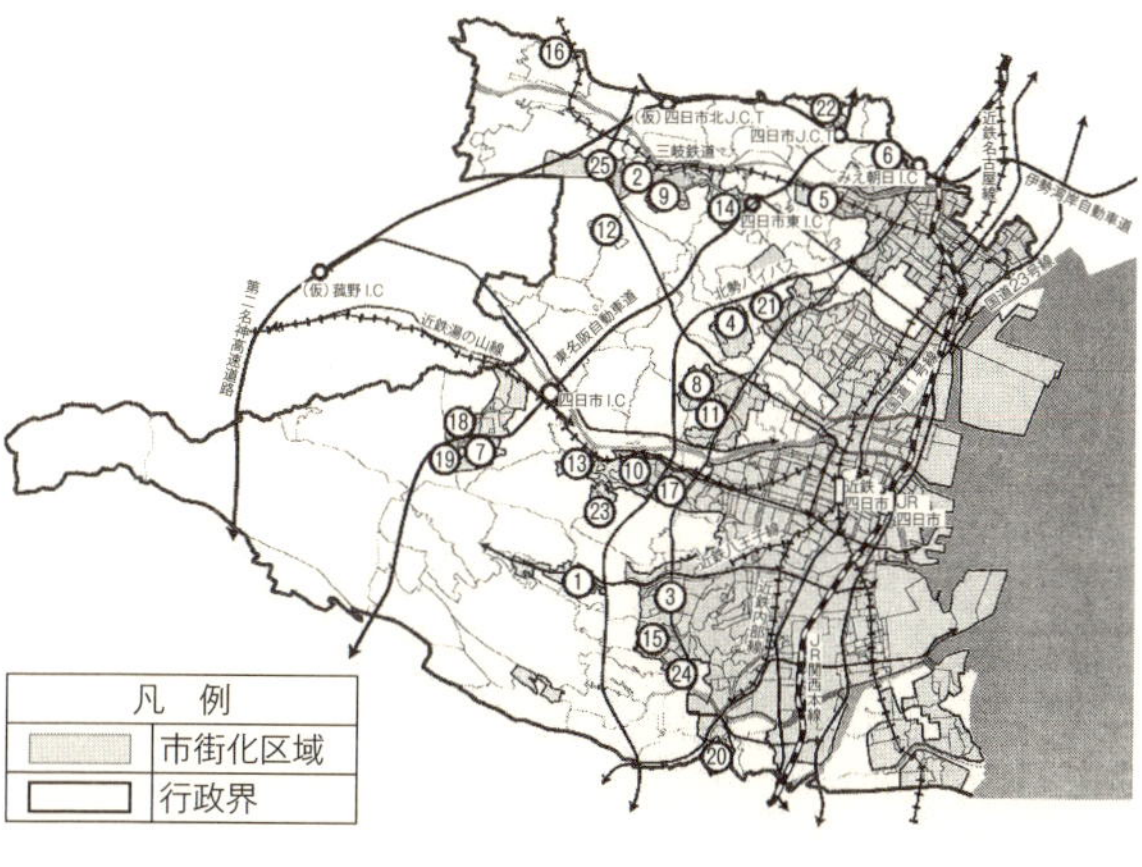

図３　主な住宅団地の高齢化率の推移

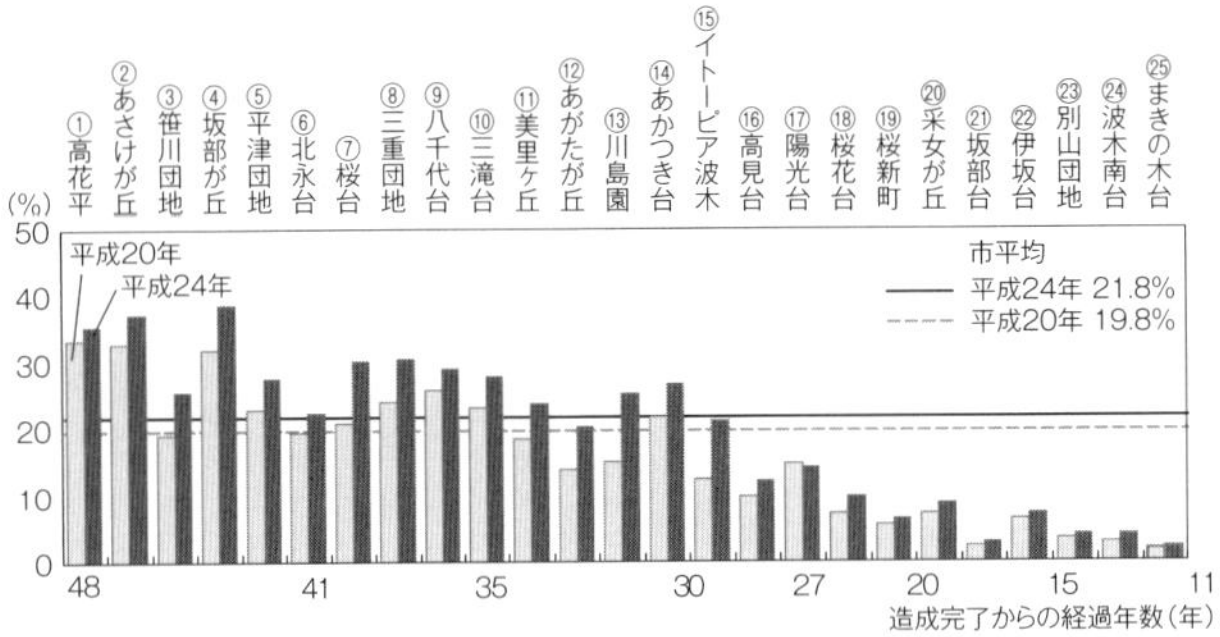

注：①～㉕は図２の No. に対応　（出典：住民基本台帳、外国人登録から作成）

表１　高齢者のみ世帯数の推移

	平成12年		平成22年				高齢者世帯数の増減率（%）
	世帯数	高齢者世帯	世帯数	増減	高齢者世帯	増減	
市全体	106,739	13,046	119,861	13,122	20,613	7,567	158
中心市街地	4,904	947	6,060	1,156	1,095	148	116
駅周辺等交通利便地	53,463	7,240	59,704	6,241	10,657	3,417	147
密集地域	11,667	2,723	11,910	243	3,207	484	118
住宅団地	24,941	2,293	27,265	2,324	4,877	2,584	213
住宅団地（30年経過）	19,051	2,150	19,109	58	4,431	2,281	206
臨海部既成市街地	30,611	5,217	33,673	3,062	6,820	1,603	131
既成市街地背後地	28,423	2,944	33,132	4,709	4,651	1,707	158
郊外既成市街地	12,080	1,395	15,363	3,283	2,415	1,020	173
既存集落	10,645	1,242	11,072	427	1,957	715	158

（出典：国勢調査（平成12、平成22）から作成）

表２　子育て世帯数の推移

	平成12年		平成22年				子育て世帯数の増減率（%）
	世帯数	子育て世帯	世帯数	増減	子育て世帯	増減	
市全体	106,739	32,776	119,861	13,122	31,325	−1,451	96
中心市街地	4,904	997	6,060	1,156	1,039	42	104
駅周辺等交通利便地	53,463	14,879	59,704	6,241	14,103	−776	95
密集地域	11,667	2,653	11,910	243	2,232	−421	84
住宅団地	24,941	9,073	27,265	2,324	7,947	−1,126	88
住宅団地（30年経過）	19,051	5,673	19,109	58	4,248	−1,425	75
臨海部既成市街地	30,611	7,925	33,673	3,062	7,444	−481	94
既成市街地背後地	28,423	8,144	33,132	4,709	8,579	435	105
郊外既成市街地	12,080	3,880	15,363	3,283	4,295	415	111
既存集落	10,645	3,705	11,072	427	3,227	−478	87

（出典：国勢調査（平成12、平成22）から作成）

れていない）空き家の増加が懸念されている（図４）。

郊外住宅団地の特性

急速な高齢化が進み、空き家の増加も懸念される郊外住宅団地であるが、以下のような良好な住宅地としての特徴を有している。

①道路・下水道・公園などの都市基盤が整っている。
②保育園等が住宅団地内もしくは近くにある。
③規模の大きい住宅団地は小学校・中学校がある。
④鉄道・バスなどの公共交通機関が比較的充実している。

総じて、高度成長期に造成された郊外住宅団地は、入居者の多くが当時の石油化学コンビナート等の企業の労働者であり、また、その多くが子育て世帯や若年夫婦世帯であったことから、子育て世帯向けに造られている。

計画への位置づけ

こうした郊外住宅団地の状況を踏まえ、四日市市総合計画（平成23年３月）、四日市市都市計画マスタープラン全体構想（平成23年７月）において、良好な居住環境を維持するとともに良質な住宅や宅地の流動化を図り、子育て世代など新たな世代の入居を促すことで、若い世代から高齢の世代まで、多世代が住む住宅団地としての再生を位置づけた。

また、これらの計画の住まいに関するアクションプランである、四日市市住生活

図４　空き家の増加

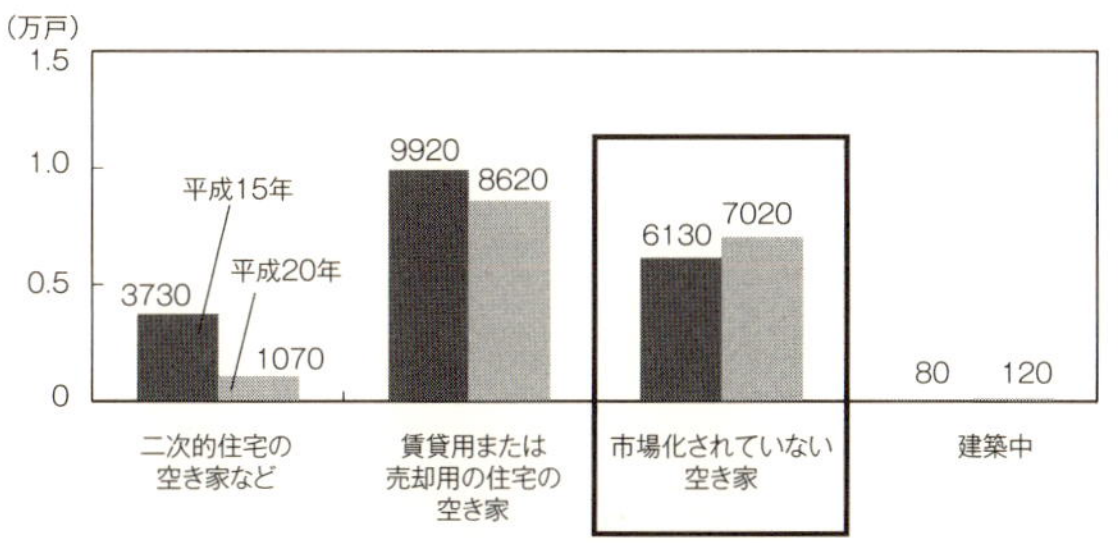

（出典：住宅・土地統計調査（平成15、平成20）から作成）

基本計画（平成25年3月）においての重点施策として郊外住宅団地の再生を位置づけるとともに、具体の施策として家賃・リフォーム補助と親世帯との近居への加算補助による子育て世帯の住み替えを支援することを位置づけた。

子育て世帯の住み替え支援事業の概要

四日市市住生活基本計画の策定作業と平行して、子育て世帯の住み替え支援事業の補助要綱の作成を行い、平成25年4月から図5の概要のとおり、社会実験的に事業をスタートした。

当事業は、高度成長期に郊外に造成された住宅団地へ、市外からの子育て世帯の転入者の住み替えを支援することにより、中古住宅の流通を促進し空き家の解消を図るとともに、定住を促進し、郊外住宅団地の活性化を図ることを目的としている。

事業の制度設計にあたっては、庁内でさまざまな議論を行ったが、対象世帯については、多世代が住む住宅団地としての再生や、若干ではあるがＵＩＪターンによる本市の生産年齢人口の増加も視野に、市外からの子育て世帯の転入者とした。対象とするモデル団地については、造成から30年以上が経過しかつ高齢化率が市の平均以上である（高齢化が進んで

図５　子育て世帯の住み替え支援事業概要

◦対象となる世帯
①子育て世帯、かつ ②市外からの転入者（平成25年4月1日以降）
◦対象となる郊外住宅団地
笹川団地等の11のモデル団地

笹川団地

◦対象となる住宅
一戸建の中古住宅
◦補助額
①家賃補助
家賃の1/2（上限3万円：**近居※4万円**）
最大3年間
②リフォーム補助
工事費の1/3（上限30 万円：**近居※50万円**）
※近居：親世帯と同一団地内もしくは同一小学校区内に居住すること

いる）、おおむね20 ha以上（一定の都市基盤が整っている）の住宅団地とした。また、対象となる住宅については、住宅団地には一戸建の住宅が多いこと、空き家対策の観点から、老朽危険家屋となった場合に周囲に影響を与えやすいことから、一戸建の中古住宅とした。

　近居の定義を同一団地内としたことは、文字通り、親世帯と近くに住むことで、後で述べるとおりさまざまな良い効果があることからである。同一小学校区としたことは、たとえば、住宅団地だけでなく、周辺の既成市街地に親世帯が住んでいる場合でも、同一小学校区であれば児童が放課後も学校区内で過ごすことができ、共働き世帯などが児童を安心して親世帯に預けることもできることなどから、同一団地内に居住することと同じ近居の効果が期待できるために設けたものである。

親世帯との近居について

　今回の事業においては、親世帯と近居する場合に補助金の上限額を加算するものであり、近居への支援をメインとしたものではないが、高齢化が進む住宅団地においては、現実に子ども世帯の多くが住宅団地から出て行っていることから、Uターンにより住宅団地に戻ってくることを期待して、インセンティブとして制度に組み込んだものである。

　住生活基本計画の策定にあたり、宅地建物取引業団体とも意見交換等を行った際にも、中古住宅の取引において、親の近くに住みたいというニーズがあることも伺っている。

また、少子高齢化・核家族化により、高齢者のみの世帯や親子のみの世帯が増加しており、介護や子育ての負担が大きい生活スタイルとなっていることから、近居により、双方の助け合いによる子育てや介護環境の向上が期待できる。子育て世帯にとっては、親世帯からの家事の支援なども期待でき、主に家事を負担している女性の社会参加や、共働きによる収入増により経済的に安定した家庭が実現できる。親世帯にとっても、子ども世帯からの介護も期待でき、住み慣れた地域で暮らし続けられる環境づくりにも寄与するものでもあると考えている。

本市の福祉政策においても、在宅医療・在宅福祉の推進を中心とした地域でのケア体制の確立を目指していることからも、近居への支援の取り組みは一つの福祉施策であるとも言える。

◇2 事業の実施状況と今後

事業の実施状況

事業のＰＲを開始したのが平成25年４月からということもあり、引越しシーズンも過ぎていたこと、住み替え支援の対象者・対象地などの条件が限定されていることなどから、当初よりある程度想定はしていたが、平成25年に住み替えに至った実績は非常に少ない状況である。

ただ、ＰＲを通じて、市民からの問合せは多く寄せられている。たとえば、モデル団地に住む親世帯からの問合せで、子ども世帯が近くに住むために制度の紹介をしてほしい、あるいは、子ども世帯からの同様な問合せも多く寄せられており、単なる住み替え制度だけではなく、近居に対するニーズがあることが伺える。

今後について

本市も全国の例に漏れず、空き家の問題が発生してきている。住宅・土地統計調査からは、本市の空き家数および空き家率は減少傾向にあるものの、前述したとおり、賃貸・売却等の住宅市場に出回っていない空き家は増加していることがわかっており、今後、さらなる増加が懸念されている。

四日市市住生活基本計画においては、重点施策として老朽危険家屋の対策を位置づけ、除却を促進する取り組みを進めるとともに、老朽危険家屋となる前に空き家が再活用される環境づくりを行い、まちの安全化を促進し、災害にも強い活力ある住宅地として再生を図ることとしている。

現在、空き家管理条例の制定に向けて庁内で議論を進めるとともに、空き家の再活用については、今年度は空き家情報バンク制度の構築を目指している。

今回の近居も含めた住み替え支援事業については、社会実験的に実施しており、３年程度は継続して実施することとしている。引き続きＰＲ等に努めるとともに、空き家の再活用施策と共に、広く市内外に情報発信し、多くの方々に四日市市に住んでいただけるよう、また、帰ってきていただけるよう努力していきたい。

3 地域における住宅施策

住まいは、家族を育み、心と体を癒すなど、生活を営むうえでなくてはならない大切な要素であり、人間の精神や意識を育て上げる人格形成のための最小の環境単位でもあることから、人を育む器と言える。また、地域や街並みを構成するもっとも基本的な要素であることから、個人の財産であるばかりではなく、まちの財産でもある。

このような住まいが有する特性を踏まえ、本市の将来都市像の実現に向け、住宅施策の視点を「ハウスからホームまで」すなわち、住宅の供給や質の向上を図るハード（ハウス）から、多様な居住者や住まい方（ホーム）に広げ、新たな施策展開を行うことが肝要である。

こうしたことから、住宅施策はまちづくり施策、交通施策、福祉施策、環境施策などさまざまな施策、そしてさまざまな部署、住宅関連事業者等と連携し、四日市市住生活基本計画の基本理念である、『みんなで暮らそうホームタウンよっかいち』が実現できるよう、それぞれの地域にマッチする住宅施策を展開していきたい。そのなかで、近居という施策はまさしく『ホーム』である。

第9章

〈品川区〉親元近居支援事業の取り組み

品川区都市環境事業部都市計画課住宅運営担当

品川区では、ファミリー世帯の定住化促進とバランスのとれた人口構成の確保を目的として、平成10年より二世代住宅取得等助成事業を実施してきた。同事業は、区民である夫婦が、いずれかの親と同居するための住宅を新築、購入または増改築する場合に、その費用の一部を区が助成するものである。当該住宅がバリアフリー対応であることを申請要件の一つとすることで、在宅介護の促進をも図っている。

親元近居支援事業は、この二世代住宅取得等助成事業について全面的な見直しを行い、平成23年度より新たに実施することとしたものである。

1 品川区の概要

品川区は、東京都の南東部に位置し、古くから交通の要衝として栄え、国際都市東京の表玄関として立地のよさを誇っている。面積は約23㎢で、東京23区では中程度の広さである。

区の産業についてみると、区内には1千㎡以上の大型店舗が30、商店街が108もあり、都内でも有数の商業地域となっているが、ここ数年の不況や後継者不足などによる空き店舗の増加など商店街には厳しい状況が続いている。また、戦後は京浜工業地帯の中核として発展してきたが、近年は都市化の進展や国際競争の激化などにより、企業の区外流失や転・廃業が進み、製造業の減少が目立っている。

住民基本台帳による品川区の人口推移については、昭和39年以降30年近くにわたり減少を続けてきたが、平成10年に増加に転じ、平成24年1月1日現在35万3千502人となっている。年齢階層別にみた特徴として、高齢人口（65歳以上）が平成5年に年少人口（0～14歳）を超え、以後も増加を続けており、平成24年1月1日で全人口比20％を占めている（図1）。

今後、区の総人口は穏やかに増加するものの、平成35年にピークを迎え、減少傾向に転じる一方で、高齢化の進行がより一層進み、高齢者の割合は平成44年には約25％となるものと見込まれる。このことから、継続的にファミリー世帯の定着化を図っていくことが検討課題の一つになっている。

◇2 二世代住宅取得等助成事業の見直し

事業の概要

前述のとおり、品川区では、ファミリー世帯の定住化を促進するため、平成10年

図1　住民基本台帳による品川区の人口の推移（各年1月1日）

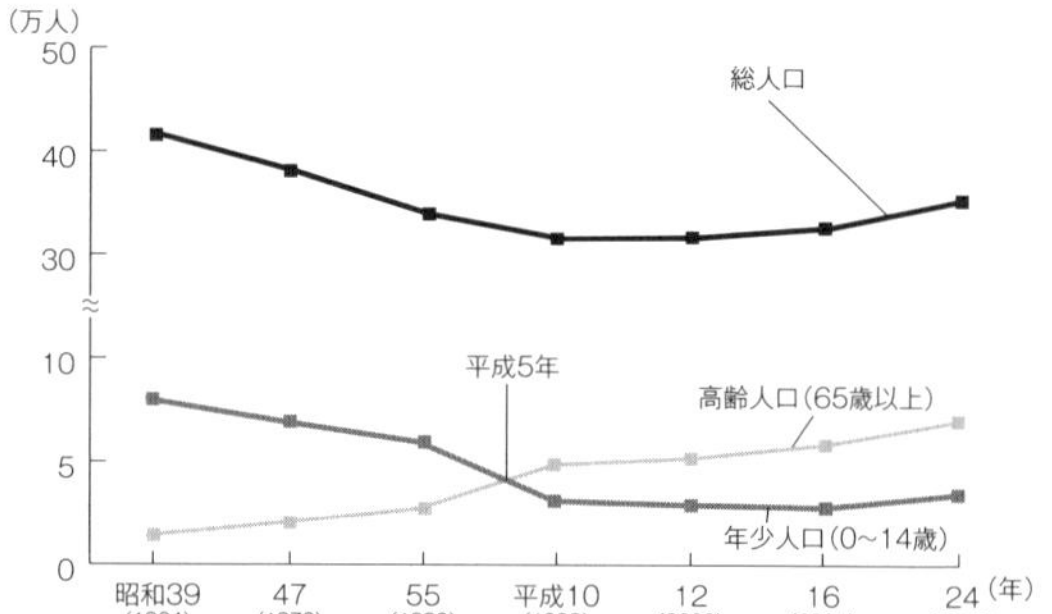

より二世代住宅取得等助成事業を実施してきた。

これまでの実績は**表1**のとおり。

事業の見直し

平成10年から実施してきた二世代住宅取得等助成事業は、平成22年度事務事業評価において、「子育てファミリー層の誘引等として、費用対効果の観点から、助成内容や助成対象を見直していく」必要があるものとされた。

すなわち、二世代住宅取得等助成事業には、

①助成対象を住宅の所有者としていたため、賃貸住宅等に二世代同居する区民については助成の対象とならず、区民間で不公平な扱いが生じている。

②現金支給による一時的な助成であるため、継続的な子育て世帯の定着化に資するものとはいえない。

③当区が実施したアンケートによると、助成事業を知らなかった利用者や助成事業がなかったとしても二世代住宅の新築・購入・増改築を予定していた利用者がほとんどである。

などの問題があった（**図2中②**）。

そこで、これらの問題点を踏まえて事業を見直すこととし、平成23年度から親元近居支援事業を新たに実施するとともに、二世代住宅取得等助成事業は廃止とした。

表1　二世帯住宅取得等助成事業実績

年度	募集件数	助成件数	助成金額
平成10年度	新築20 増改築20	12	新築90万円 増改築49万円
平成11年度	20	20	90万円
平成12年度	20	通常募集14 追加募集 3	90万円
平成13年度	20	20	90万円
平成14年度	20	20	90万円
平成15年度	20	19	90万円
平成16年度	20	21	90万円
平成17年度	25	14	90万円
平成18年度	25	15	90万円
平成19年度	25	13	90万円
平成20年度	25	24	90万円
平成21年度	25	26	90万円
平成22年度	新築25 増改築 5	新築28 増改築 2	新築90万円 増改築45万円
平成23年度	新築10	10 ※抽せんによる	新築90万円

図２　「二世代住宅取得等助成制度」に関するアンケート集計結果

平成20年度および21年度に助成を受けた50世帯を対象として平成22年10月に実施。回答数は40であった（回答率80％）

①「二世代住宅取得等助成制度」をどのように知りましたか？

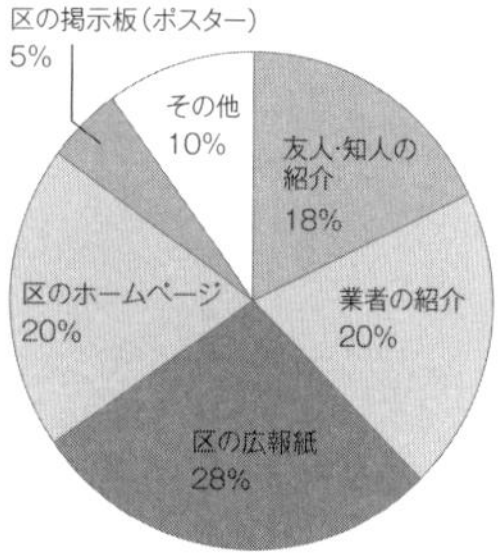

②この制度は、どの程度二世代住宅を新築するきっかけになりましたか？

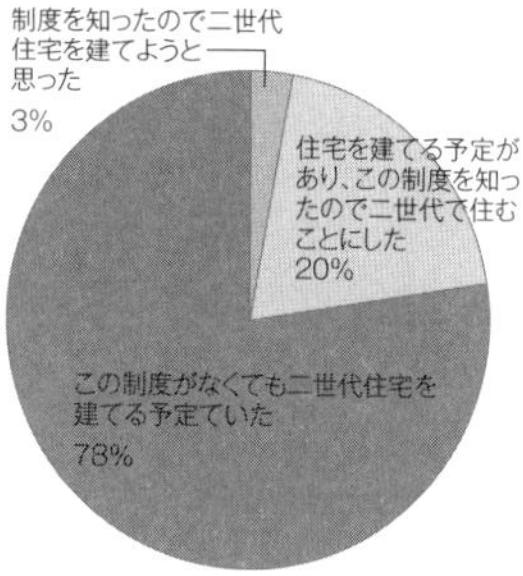

③二世代住宅に住むことは、育児や介護の面で役立っていますか？

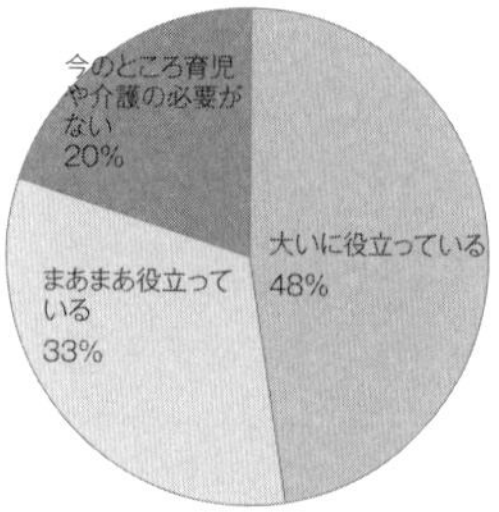

③親元近居支援事業の創設

事業の概要は次のとおり。

◆**目的**

親から孫までの三世代の近居または同居を促進し、介護や子育てなど相互に扶助することができる住環境を整え、ファミリー世帯の定住化を推進するとともに、地域経済の活性化に寄与することを目的とする。

◆**助成内容**

親世帯と近居または同居することになったファミリー世帯に対し、転入または転

居にかかった費用の一部を「三世代すまいるポイント」として交付する。[注1、2]

このポイントは、区内共通商品券等と交換することができる。

◆**主な申請要件**（すべて満たしていることが必要）

- ファミリー世帯には中学生以下の子どもがいること
- ファミリー世帯が区外から転入、または区内転居することにより、親世帯の住居との直線距離が1.2㎞以内（およそ徒歩15分圏内）になったこと
- 近居または同居の開始から3カ月以内であること
- 親世帯が区内に1年以上居住していること

④新事業の実施に当たり見直した点

助成対象について

自己所有の住宅に限らず、賃貸住宅に入居した場合も対象とする。

助成内容について

現金給付を廃止し、転入または転居にかかった費用に応じて、区内共通商品券等と交換することができる「ポイント」を交付する。

注1
ポイントの交付
転入または転居にかかった費用1円に対し、1ポイントを交付する（上限10万ポイント）。

注2
転入または転居にかかった費用の例
・引越業者に支払った引越代金
・住宅の登記に要した費用
・賃貸住宅の入居時に支払った礼金
・不動産業者に支払った仲介手数料
など

◆ポイント交換品の検討

ポイントの交換品目については、区内に本社または事業所等を有する企業が発売・実施しているイベント的なものとし、さらに親・子・孫の三世代が一緒に時間を過ごすことのできるものを選定した。これは、三世代が顔を合わす機会を提供することで、子育てや介護等相互扶助を円滑に促進し、さらに地域経済の活性化を図るためである（表2）。

◆企業との交渉

協力企業を募るに当たり、「しながわＣＳＲ推進協議会」の会員企業に着目した。同協議会は、企業の社会貢献活動等を一層推進することを目的として平成22年に発足した団体である。区内に本社または事業所等を有する企業に品川区役所を加えた構成となっており、平成25年12月６日現在で46企業が会員となっている。

同協議会の会員企業のうち、親元近居支援事業の趣旨に合致する企業をリストアップし、事業への協力依頼文を発送した。親元近居支援事業は、ＣＳＲとは直接的に関係のないものであったため、賛同する企業があるかどうか不安であったが、幸いにも数社から興味がある旨の回答を得た。これらの企業に対しては、職員が数回にわたり足を運んで事業の説明、ポイント交換品目についての相談等を行った。企

表２　ポイントの交換品

年度	品目名	協力店
平成23年度	品川区マイスター店利用券	品川区商店街連合会マイスター店（20店舗）
	四季劇場「夏」鑑賞引換券	四季株式会社
	職場体験	株式会社モスバーガー
	手作りウインナー教室	日本ハム株式会社
	野球観戦	株式会社北海道日本ハムファイターズ
	品川区区内共通商品券	品川区商店街連合会
平成24年度	品川区マイスター店利用券	品川区商店街連合会マイスター店（20店舗）
	四季劇場「夏」鑑賞引換券	四季株式会社
	手作りウインナー教室	日本ハム株式会社
	おふろの王様利用券	おふろの王様大井町店
	東京湾ランチクルーズ利用引換券	クリスタルヨットクラブ
	品川区区内共通商品券	品川区商店街連合会
平成25年度	四季劇場「夏」鑑賞引換券	四季株式会社
	手作りウインナー教室	日本ハム株式会社
	おふろの王様利用券	おふろの王様大井町店
	東京湾ランチクルーズ利用引換券	クリスタルヨットクラブ
	しながわ水族館入館券	株式会社サンシャインシティ
	品川区区内共通商品券	品川区商店街連合会

業との交渉のなかで、ポイント交換品目について特に心掛けたことは、親元近居支援事業の利用者が「お得感」を抱くことができるものとすることであった。たとえば、一般的には体験のできないこと、通常価格よりも安価で利用できること、「おまけ」が付いてくることなどである。企業担当者からも積極的な提案があり、事業利用者の興味を引く品目を揃えることができた。

◆事業の利用者がポイント交換品を選択する際の工夫

事業の申請時において、ポイント交換品目のなかでも金券に準ずる区内共通商品券への人気集中が予想された。そのため、区内共通商品券を希望する場合には、必ず他のポイント交換品目もあわせて選択するものとした。

⑤ 実績

平成23年度は7月からの受付開始ということもあり、ポイント交付件数としては25件であった。また、平成24年度においては、10月で予算総額に達したことにより、年度途中でありながらも受付を終了することとなった（表3）。

当事業の予算規模としては決して大きいわけではないが、他市等からの問い合わせも多く、視察を多数いただいたところである。

表３　親元近居支援事業（三世代すまいるポイント）実績

年度	募集件数	ポイント交付件数	交付ポイント総数
平成23年度	25	25	237万9500
平成24年度	35	35	327万5500

※平成24年度は年度途中で申請受付を終了

⟨6⟩効果の検証と課題

平成23年度および平成24年度の事業利用者49世帯に対して、親元近居支援事業に関するアンケートを実施した（図3）。

事業の周知方法について

事業の周知は、品川区の広報紙である「広報しながわ」やホームページへ掲載したほか、パンフレットを窓口配布することにより行っている。

アンケートによれば、広報しながわで事業を知った利用者がもっとも多いものの、「区のホームページ」「パンフレット」「区の掲示板等」「区役所の窓口」はほとんどなく、二世代住宅取得助成事業と同様、周知方法に課題を残す結果となった（図3中②）。

また、アンケート回答者の2割がこの事業を契機として近居または同居を決断しているが、残る8割は近居または同居の後に事業を知ったと回答していることから、親元近居支援事業の効果に疑問を投げかける状況となっている（図3中③）。

事業効果を上げるためには、事業の周知方法に工夫を凝らし、より多くの方々が当事業を知るようになることが必要である。しかしながら、区民に向けた周知手段は整っているものの、将来的に区民となる可能性のある区外居住者に向けた周知については、効果的な手法、手段をとることが難しいというのが実情である。この点

図３　「親元近居支援事業（三世代すまいるポイント）」に関するアンケート集計結果

平成23年度および24年度にポイント交付を受けた49世帯を対象として平成24年8月に実施。

回答数は37であった（回答率76％）

①どのようにして近居（同居）になりましたか？

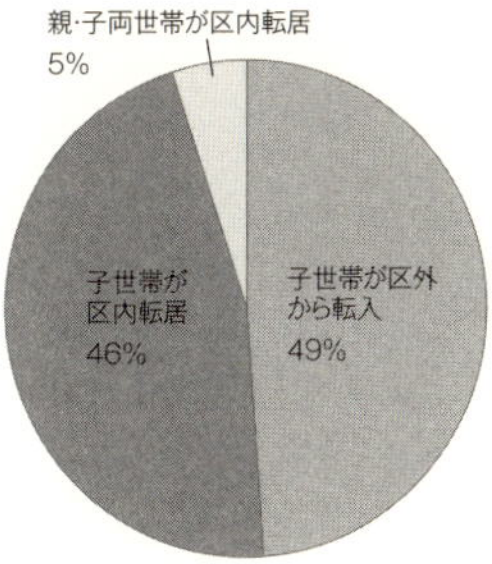

②「親元近居支援事業」をどのように知りましたか？

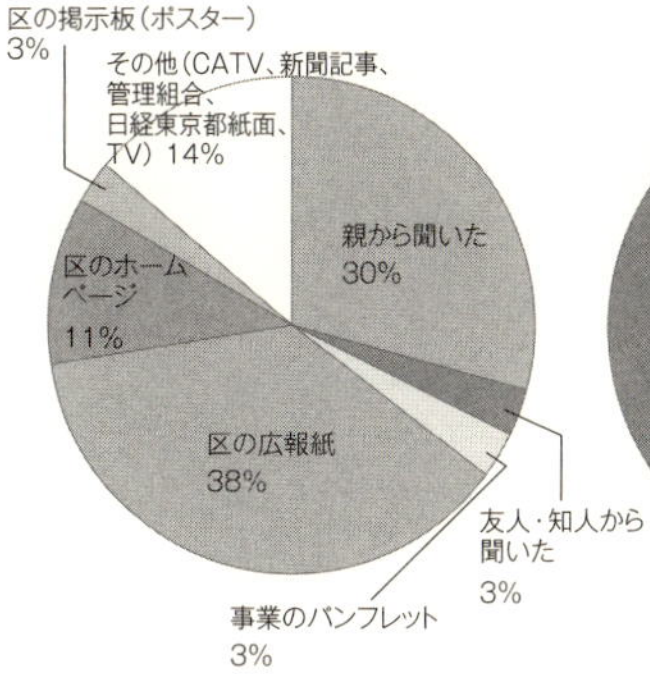

③この制度は、どの程度三世代で近居（同居）するきっかけになりましたか？

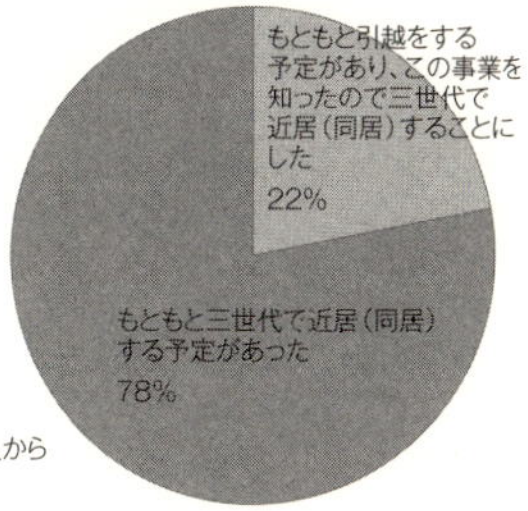

④近居（同居）することにした理由はどのようなことですか？（複数回答）

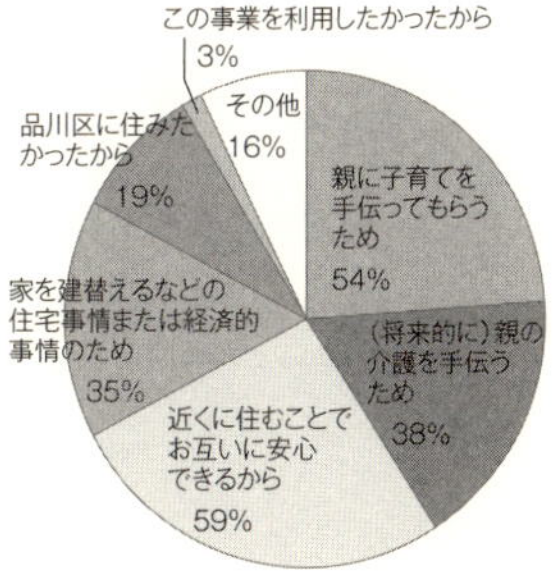

⑤三世代すまいるポイントと交換した商品は、どのようにご利用いただいてますか？

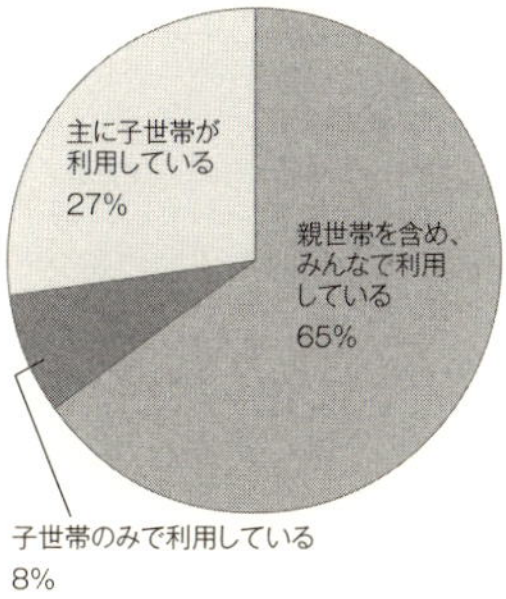

⑥なぜこの事業を利用しようと思いましたか？（複数回答）

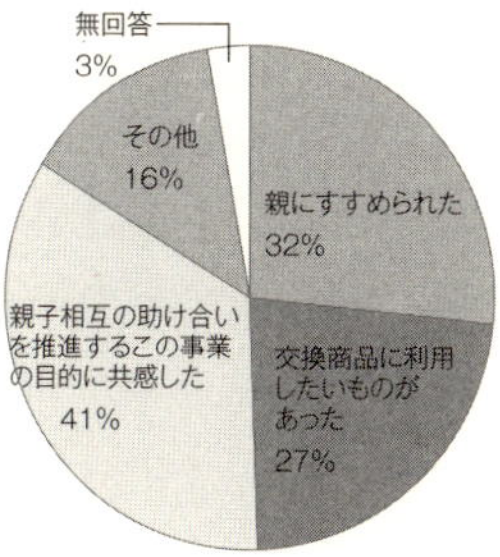

⑦この事業を利用したことでなにか変化はありましたか？（複数回答）

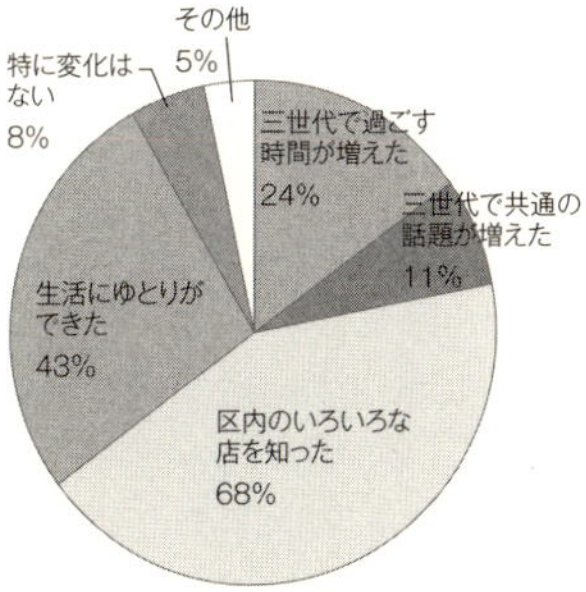

について、アンケートによると、親から事業について知ったケースも多いことから（**図3中②**）、区内に居住する親世帯を通じて、区外にいる子世帯に対して何らかの方策により周知することができるならば、一つの解決策になり得るのではと考える。
今後、検討を重ねていきたい。

申請期限について

申請期限は、転入日または転居日が属する月の翌月から数えて３カ月目に当たる月の末日としている。３カ月とした事情は、

①区が行う他の事業における申請期限を参考にしたこと

②東北大震災の影響により７月からの事業開始となったため、予定どおり４月に事業を開始していれば申請することができた転入者または転居者についても、受け付けることができるようにしたこと

などによる。

ところが、申請者のなかには、この３カ月という期限を経過していたために申請を受け付けることができないという場合が少なからずあった。このことについては、「事業について全く知らなかった」「転入・転居時に説明がなかった」等の苦情を受け、対応に苦慮しているところである。

３カ月の妥当性について議論の余地があるところだが、予算執行のうえでも、一定の期限は必要であるから、当区においては当面の間、申請期限を事実の発生から３カ月とすることに変更はない。

募集件数について

平成24年度においては、予算総額に達した10月で申請受付を終了した。その結果、引っ越しの時期によっては申請をすることができない区民もおり、十分に公平性の担保が確保されているとはいえない状況であった。当時、申請受付の延長を検討したところだが、親元近居支援事業を実施してまだ数年しか経過しておらず、事業効果をまだ見極めることができない状況であったために見送った経緯がある。

このことを踏まえて、平成25年度の事業実施に際しては、申請の機会を均等にするため、申請時期を3回に分けてそれぞれにポイント交付予定件数を設けることとし、これを上回った申請があった場合には抽選によりポイント交付者を決定するようにした。

7 今後の展望

親元近居支援事業は、平成25年で3年目となる。1年目は年度途中の7月から事業を開始し、2年目は予算額に達したために年度途中で受付終了となった。したがって、1年を通じて事業を実施するのは本年が最初となる。

また、これまでのアンケート結果や区民からの反応等を分析すると、事業効果を上げているとは必ずしもいえない状況にある。さらに、ファミリー世帯の転入は民間のマンション等の開発によっても影響を受け、事業目的の達成度を判断する場合には、必ずしも区の事業のみを勘案することができない事情もある。
今後については、まず平成25年の申請状況、効果等についてよく検証したい。そのうえで事業継続、廃止または新たな事業展開とするのかを検討することとする。

親元近居支援事業は、平成23年4月開始の事業であったが、東日本大震災の対応により事業開始が7月となった。その間、協力企業との打合せについても不手際なところもあったが、現在に至るまで事業にご理解ご協力をいただいていることについて、この場をお借りしてお礼を申し上げたい。

また、本誌にて、当区の事業について紹介する機会をいただいたことに感謝申し上げるとともに、この拙文が読者の方々に少しでもお役に立てていただけたならば幸いである。

〈参考文献〉

・「品川区勢概要」（２０１２年版）品川区企画部広報広聴課
・「品川区まちづくりマスタープラン」（２０１３年２月）品川区都市環境事業部都市計画課

3部

「住宅に住む」から「地域に住む」時代へ

第10章

近居をめぐる議論をふりかえる

在塚礼子

高齢期を誰と住むか。この議論は、産業構造が変化し、都市化とともに核家族化が進行して、三世代同居が当然の規範ではなくなった時に始まる。それに、ひとりひとりの長寿命化と社会の高齢化が加わって、日本の社会が〝老人問題〟を認識し始めたのは昭和40年代半ば、有吉佐和子著『恍惚の人』によって多くの人がその厳しさを知ったのは昭和48年のことだった。昭和45年には、日本は65歳以上の人口が7パーセントを超えて〝高齢化社会〟に入っていたのだが、まだ、この社会全体の再構成を求める捉え方は知られていなかった。

1 核家族化と親子の生活分離

同居・別居論から

高齢期の住み方は、まず、同居か別居かについて論じられた。それは、基本的には、伝統的な規範の根強さと新しい家族観との相克をめぐる議論だったが、同時に、誰が老人をお世話するか、というケアについての議論でもあった。

昭和60年ごろまでは、高齢者の三世代同居率は下がる傾向にはあったものの、実数は減っていないことなどを根拠として、日本では同居が中心であり続ける、という見方が強かった。この見方は、日本は欧米とは異なって老人と家族は緊密であるとする日本特別論とつながり、また、願望も含まれていたように思う。〝老人と家族〟という表現を、〝老人は家族なのだから、その表現はおかしい〟と強く反論されたのもこのころだった。

その例外が当時の厚生省老人福祉課長、森幹郎氏で、核家族化を重く捉えた発言は、老人福祉施策を担う者としての責任感に基づくものでもあったろう。〝自分の親がその親と同居していない子どもが、どうして将来、親と同居するだろうか〟、という発言のとおり、高齢者（いたわりや尊敬をこめた〝老人〟は、昭和50年代の半ばごろには使えなくなっていた）から見た同居率は大きく低下していなくても、全世帯から見た三世代同居率は、より低下していた。

その後の別居の急増によって、この議論はほぼ決着したかにみえる。同居と別居の比率は逆転し、ケアは社会の課題となったのである（**図1**）。

親子ペア住宅と二世帯住宅の登場

昭和50年ごろまでに、各種の調査が、意に反した同居や、別居希望の若年世代の存在、そして、同居と別居の中間形態への志向を明らかにしたが、それに先んじる

図1　60歳以上の者のいる世帯の割合

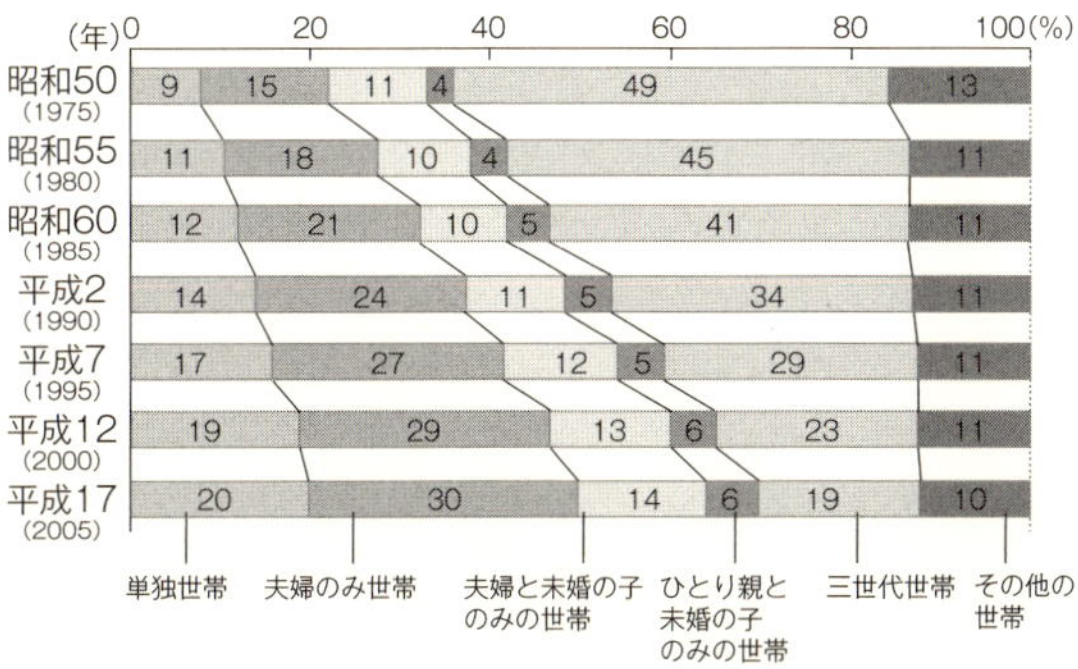

（出典：『国民生活白書（平成18年版）』）

ように、公営住宅は〝親子ペア住宅〟を供給した。厳しい住宅事情にある単身高齢者の入居を認めることもないままに実現させた事業でもあった。1戸を無理に分割したり、2戸を組み合わせて家賃が高くなったり、地域の需要から実現したわけではない〝隣居〟には、まだ同居を望んでいた入居者との不適合が多かった。特別設計の住戸は高齢者死去後の管理上の問題もあり、公団住宅では隣接する2戸へのセット入居の制度も導入された。〝近居〟のため、親または子世帯の住む住宅団地の空き住戸に子または親世帯の優先入居を認めようという議論もあったが、公平性の見地から実現しなかった。

その後、呼称としても定着したのは、昭和50年代半ばから本格化した民間企業による〝二世帯住宅〟だった。もっとも、当初多かったのは、〝二世帯〟とはいえない、同居に近いかたちだった。

これらを〝隣居〟とみるかどうか。いずれにしても、同居を基本としながら、核家族化という家族観の変化に対応した〝親子の生活の分離〟が、目指されたのだった。

◇2 生活分離する住み方

隠居慣行

隠居は「家」の存続を目的とした生活分離の居住慣行である。昭和39年には竹田旦氏によって『民俗慣行としての隠居の研究』[注1]に集大成され、地域ごと、階層ご

注1　竹田旦『民俗慣行としての隠居の研究』（未来社、1964）

とのきわめて多様な形態が整理、報告された。相続の内容や時期をはじめ、相続者は長子か末子か、男子か女子か、別棟居住か同棟居住かなど、家制度の成立以前の多様性は驚くほどである。さらに、実態としては、慣行に従うための、物置の片隅に移り住むような隠居もある一方、心身の状況に応じた、慣行とは異なる住み方も報告されている。持続的な居住慣行の規範の強さとともに、別棟居住の持つ許容力も注目された。

　多くの研究のなかで、岡村益氏によって示された隠居の条件[注2]は示唆に富んでいた。それらは、①経済分離の可能性、②老後の生活保障としての、山林そのほか恩給、貯蓄など、③隠居家、あるいは新築改造の可能性、④老人が健康で働けること、⑤老人に独立の意思があること、⑥老人が分離独立の必要感を持つことであり、④以下の主体的条件が予想以上の比重をもっていたこと、保障されるのは老人のニーズにかなった日常生活であることが指摘されていた。まさに隣居を成立させる条件として読みかえることができた。つまり、このような条件が整うまで、日本の都市居住者が隣居や近居を選ぶことは難しかったのである。

スープの冷めない距離

　〝スープの冷めない距離〟が理想のようだと、なぜか昭和40年代半ばごろには日本でも広く知られていた。しかし、それはあくまでも理想であって、ようやく一世帯一住宅が実現しようかという当時の日本の住宅事情にあっては、目標はまだ〝専用の老人室〟の実現に置かれていた。

注2
岡村益「農村における老親扶養と隠居制」（『老人扶養の研究』（垣内出版、１９７０）

この表現は、イギリスの古くからの知恵のように伝えられてもいたが、明確なのは昭和23年、J・H・シェルドンが老人の親族関係の大切さを実証し、指摘した時のもので、その距離は〝徒歩5分以内〟とされた。

しかし、より大きなインパクトを与えたのは、その後に出されたP・タウンゼント[注3]の著作である。東ロンドン地区での調査から、多くの高齢者が家族の近くに住み、毎日のように交流している生活ぶりが生き生きと描きだされ、この家族形態は〝拡大家族〟と名づけられた。近代化とともに家族と疎遠になったとされていた高齢者像を覆す生活ぶりが、この下町地区に限ったものではなく、西欧の国々で相当程度みられることを、その後の国際比較調査が明らかにすることとなった（**図2**）。

タウンゼントはまた、前年の著書[注4]で、〝施設か在宅か〟というもう一つの議論に、在宅主義を明快に結論づけて、その後の福祉を方向づけた。しかし、在宅福祉は制度化されたケアサービスのみで成立するわけではなく、前著に示されたような、頻繁に交流し、見守る家族や地域社会の存在を前提としていることについては、日本ではこれまで、必ずしも十分に認識されてこなかった。これからの隣居や近居に期待されるところである。

〝スープの冷めない距離〟は日本では〝味噌汁の冷めない距離〟とも言い換えられた。平成に入ったころだったか、どれくらいの距離であれば味噌汁が冷めないかの実験をしたところ、案外長く冷めなかった、と報告されたことがあった。調査にみられる老後の居住志向も、同居から隣居へ、隣居から近居へと、世代間の距離は遠ざかっていった（**図3**）。

注3　P・タウンゼント『居宅老人の生活と親族網』（山室周平監訳、垣内出版、１９７４、原書は１９６３）

注4　P. Townsend, *The last refuge : a survey of residential institutions and homes for the aged in England and Wales*, London : Routledge and K. Paul, 1962

図2　65歳以上老人と子との近住度（配偶者と子どものいる老人の場合）

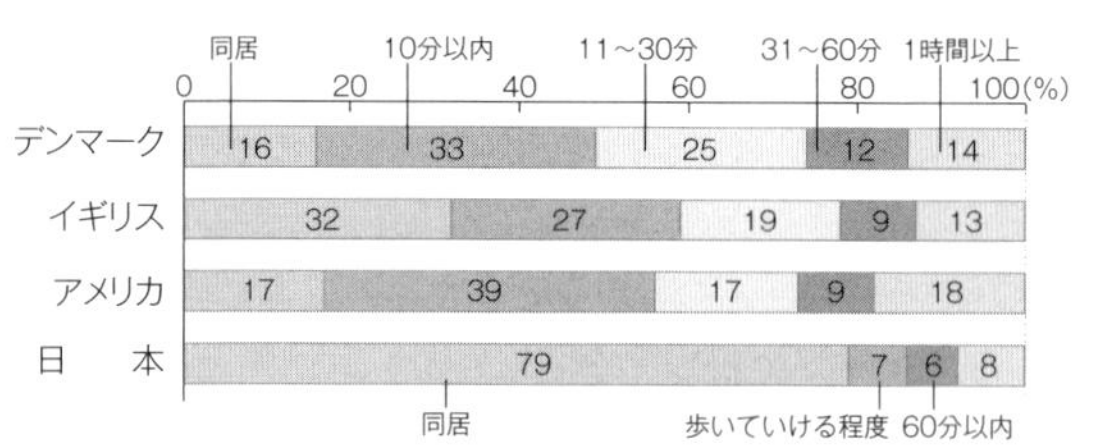

（注）デンマーク、アメリカ、イギリスはE. Shanas, P. Townsend, *Old people in Three Industrial Sosieties*, 1968, p.186. 日本は厚生省『昭和35年高齢者調査』による。いずれも65歳以上、全国抽出調査。

（出典：ドメス出版『老後問題事典』1973）

③隣居と近居

隣居も近居も、とくに説明の必要はない表現のようで、実はさまざまに用いられてきた。理想も現実も、その意味や捉え方も、時代とともに変化を続け、準同居、分居、修正拡大家族、親密別居、準近居などの表現が選ばれてきた。

昭和50年代半ば、筆者は、親子世代の生活分離と重なりから、多様化する実態を整理し、計画のあり方につなげようとした（**図4**）。当時、便所や浴室の専用度や、空間の分離が上下か左右かなどによる分類が提起されていたが、台所と玄関の独立度を重視したのは、台所は経済や食事の分離〈独立性〉と対応し、玄関は社会的な独立性に対応していると考えたからである。

したがって、隣居の定義は明快で、台所と玄関の分離（専用）が条件となる。分離するからこそ、視線の交流や共用スペースの確保を望ましいと考えた（この定義が市民権を得ることはなく、〝隣棟または隣地居住〟とするのが一般的である）。しかし、近居の定義については、10分以内とか、徒歩圏とか、徒歩10分とか、揺れた。車社会になれば10分でも距離は伸びる。いずれにしても今から振り返れば、同居に重点があり、それぞれの住み方に価値を置く整理だった。

当時、その実態を統計的に把握することは難しく、東京都の調査を再集計して得たのが**表1**である。隣居や近居は民間賃貸住宅で多くみられた。そのころ、国勢調査で単身高齢者が持家から民間木造アパートに転居する動向が表れていたことと符

図３　「子どもと同居したいか」についての高齢者（65歳以上）の意識

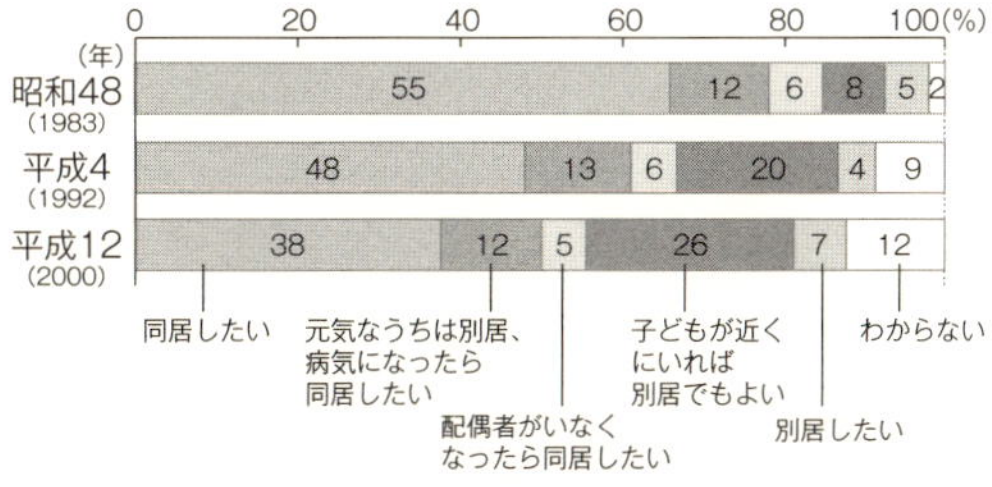

（出典：『国民生活白書（平成18年版）』）

合した。近居するには民間木造アパートしか選べず、親がそちらに移るのは規模からの合理性でもあったろう。しかし当時の民間木造アパートの質は、この〝現代の隠居〟を象徴していた。

平成2年には、高阪謙次氏が隣居と近居を、交流を重視した〝親密別居〟として捉えて、それへの志向性の強さを実証した。注5 平成12年になると、上和田茂氏が、支援を重視した〝サポート居住〟のために、より遠い近居の意義を見出して、同一都道府県内居住を〝準近居〟とし、その実態と意義を明らかにしている。注6

図4　老人と家族の居住形態

	老若領域の関係	老人領域の位置	老人領域での行為と所要室		
			行為	所要室	
				専用	近接
〈同居〉一体型	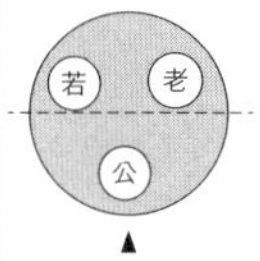	私室領域	就寝	居室	便所 浴室
〈同居〉相互型	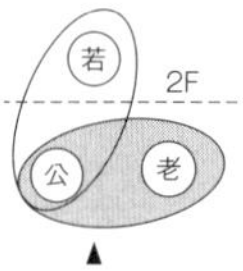	居間隣	就寝 昼寝 趣味 （テレビ）	居室 （副室）	
〈同居〉分離型 / 〈分居〉専用台所	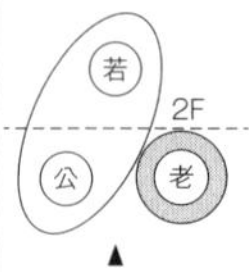	玄関脇	就寝 昼寝 趣味 テレビ 接客 （食事）	居室 副室 （台所） （便所）	
〈隣居〉専用玄関	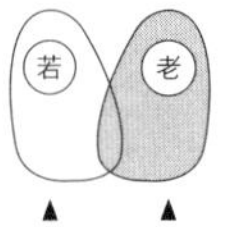		就寝 昼寝 趣味 テレビ 接客 食事	居室 副室 台所 便所 玄関 （浴室）	
〈近居〉徒歩圏内 / 〈別居〉	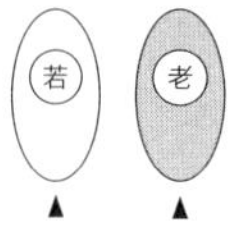			居室 副室 台所 便所 玄関 浴室 （宿泊室）	

※▲玄関

表1　住宅所有関係別に見た高齢者（65歳以上）の子どもとの近住度（東京都）

	計 実数	計 %	同居	敷地内別棟	隣地	10分未満	1時間未満	半日未満	半日以上	不明	子どもなし
持　ち　家	3593	100	65.7	7.2	1.9	2.2	9.8	0.9	0.9	1.1	5.1
公　共　借　家	224	100	52.2	0.4	1.3	2.7	14.2	1.8	3.6	1.3	5.4
民　間　借　家（除木造アパート）	327	100	54.4	1.2	3.1	3.4	16.8	11.3	0.6	0.6	8.6
民間木造アパート	238	100	25.6	1.7	4.2	5.0	18.0	13.4	3.4	2.5	26.1
間　借　り	40	100	7.5	10.0	5.0	2.5	10.0	22.5	—	—	42.5
給　与　住　宅	72	100	43.1	8.3	—	5.6	13.9	12.5	2.8	1.4	12.5
総　　計	4502	100	61.2	6.2	2.1	2.5	11.1	7.6	1.2	1.2	7.0

（出典：『昭和55年度老人生活実態調査報告書』より作成）

④ネットワーク居住へ

実は、一般には遠い理想のように思われた〃スープの冷めない距離〃が、日本でも実現しているという興味深い報告が、昭和47年になされていた。それは、当時50年近い歴史を経ていた同潤会アパートについての松本恭治氏による報告[注7]である。住戸に空きが出ると、まず、住棟内の住人に知らせる仕組みが成立していて、一つの家族が近接する複数住戸に住む例が多くみられることが〃スープのさめない距離〃と表現されていた。

高齢期居住の視点からではない、いわば、もう一つの近居へのアプローチであるが、こう表現されたのは、実際に高齢化が進んでいたためでもあった。その後、大月敏雄氏によってさらに明らかにされ、[注8]〃住みこなし〃の評価が高いこの状況も、当時は、同潤会ゆえの、あるいは狭小住宅のために生じた特別な複数住宅居住であるかのようにみえた。

しかし、その後、昭和50年代半ばにはニュータウンの〃親族間近接居住〃が重村力氏によって報告[注9]されたのをはじめ、多くの報告がなされるようになった。それらはおのずと、高齢期の親と子の双方の世帯にとっての、隣居や近居の意味を示すのもとなっている。

そして、平成6年、その後の家族と住まいの議論に大きな示唆を与える〃ネットワーク居住〃の捉え方が、金貞均氏らによって提起された。[注10]このころまでに浮か

注5
高阪謙次「高齢者の洞別居の現状と志向に関する研究」（『日本建築学会計画系論文集』１９９０）

注6
上和田茂他「準近居の存在からみた老親世帯の自立と支援を止揚するサポート居住の動向」（『日本建築学会計画系論文集』２００３）

注7
松本恭治「生活史・同潤会アパート」（『都市住宅』１９７２・７）

注8
大月敏雄「同潤会代官山アパートの住みこなしに関する研究　その１」（『日本建築学会計画系論文集』１９９９）他

注9
重村力他「千里ニュータウンの都市的成熟に関する研究　その４　親族間近接居住関係の形成とその分布」（『日本建築学会大会学術講演梗概集』１９８４）

注10
金貞均他「現代家族の分散居住の実態と居住ネットワークの形成」（『日本建築学会計画系論文集』１９９４）他

び上がっていたマルチハビテーション、単身赴任、高齢期の親子の住み方を含め、個人化する家族と住まいをめぐる新しい動向や問題は、これまでの一家族一住宅の捉え方を超えて、都市的、地域的な広がりのなかで把握することが求められていた。

このネットワーク居住論は、同じころ話題となった上野千鶴子氏による「家族」のよりどころを〝主観〟とする論、[注11] また、森岡清志氏らによる都市住民のパーソナルネットワーク研究[注12]が指摘する、地縁・血縁・職縁の選択縁化や空間分散化との議論とのつながりが深い。そして、これら家族論のなかで家族とケアの問題が再び浮上していることも注目に値する。高齢期居住の視点からの近居と、家族論からの近居はもともと一つのものであるが、両者の議論は、地域を舞台にしてさらに一つになる。

5 地域に住む

高齢者の住まいについて語られる時〝安心して住み続けられる〟ことが第一に挙げられてきた。当初、それは〝住み慣れた家に〟を意味したが、徐々に〝住み慣れた地域に〟に変わってきた。もしくは概念を広げてきた。地域の人間関係や、歩き慣れた道、顔見知りの商店や医院が大切であるとする認識が深まったためであろう。

ところが、日本の高齢者の地域の人間関係は、国際的に見て、欧米と比較しても、アジアの国々と比較しても著しく乏しいことが報告されてきた。[注13] そのうえ別居子と疎遠であることも早くから指摘されていた。同居率が下がり続けていくなか、こ

注11 上野千鶴子『近代家族の成立と終焉』（岩波書店、１９９４）

注12 森岡清志編『都市社会のパーソナルネットワーク』（東京大学出版会、２０００）

注13 昭和55年度から5年ごとに実施されている「高齢者の生活と意識に関する国際比較調査」（内閣府）による。

れでは、住み慣れた地域にも期待できない。しかし、これが平成12年以降、ようやく、やや好転してきた（図5）。また、平成17年の東京都の調査によれば、別居世帯の3割は子どもが10分以内の距離に居住しているという。本書にはさらに新たな動向が報告されるはずである。

同居が基本の社会から別居が基本の社会へと大きな変化を遂げたことで、社会が少しずつ動いてきたのだろう。そして、同居が基本の規範の中で生活分離や独立のためであった隣居や近居は、別居が基本となった今、交流や相互のケアのためのものとなっている。しかしこのことは決して公的ケアサービスの必要性を減じるものではない。

近居の実現を支援する政策も求められている。高齢者住宅を地域に分散配置することで近居も実現しやすくなる。近居の相手は、家族に限らない。自宅を残して、ケア施設と2拠点で居住する近居も志向されている。また、かつて住まいが家族の器だけでなく、地域生活の器でもあったように、各地で自ら住まいを開き、交流の場、ケアの場とする活動も進んでいる。〝美田は子孫に残さず、地域に残す〟と、活動に取り組む人もいる。活動が地域で継承されていくことに期待したいと思う。

図5　高齢者の人間関係（日本）

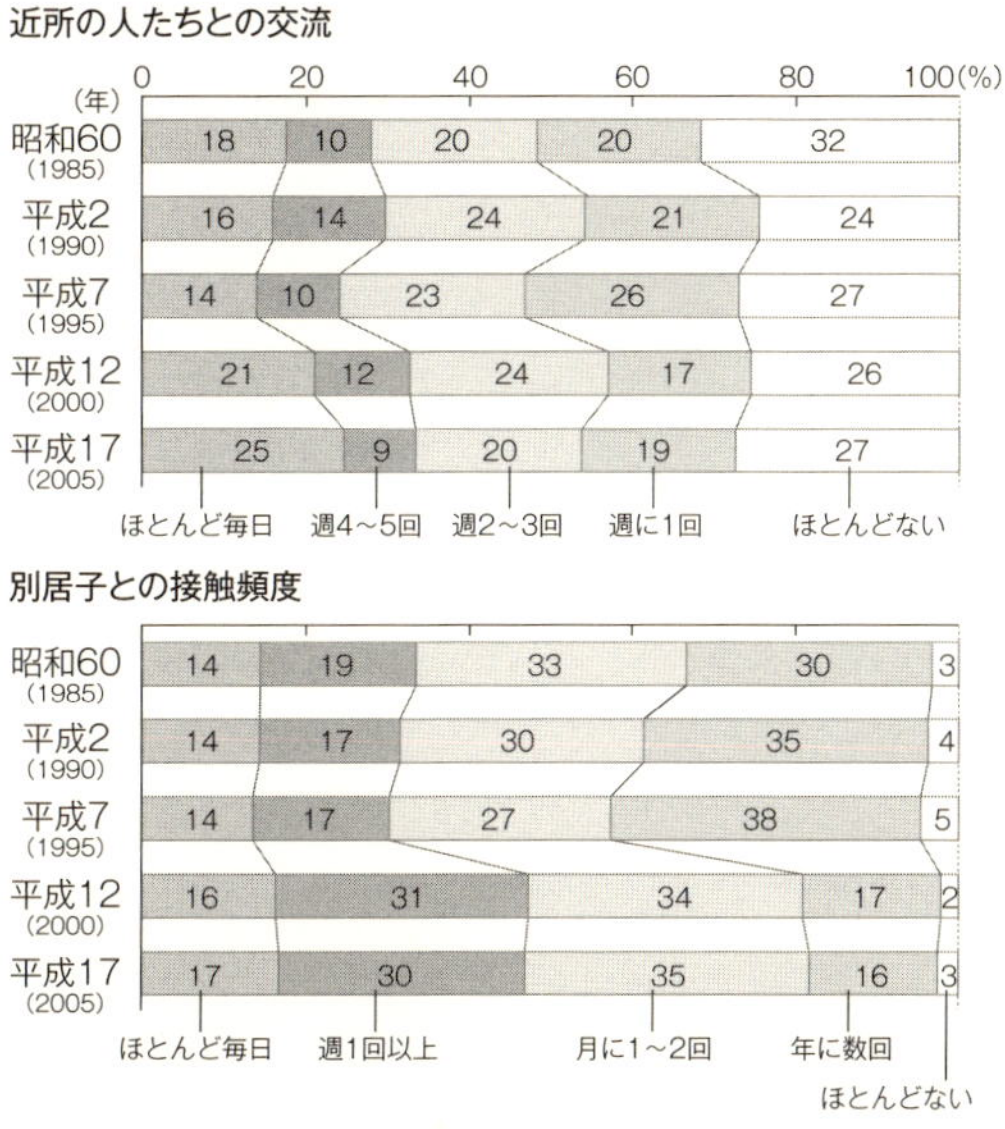

（出典：「高齢者の生活と意識に関する国際比較調査」内閣府より作成）

第11章

高齢者支援の視点からみた サポート居住と準近居

上和田茂

①サポート居住および準近居とは

親子両世帯が距離的に離れて居住していながらも、日常的な接触、交流、協力、支援を通して互いに支え合う親子の居住関係は、これまで「修正拡大家族」「親密別居」「準同居」あるいは「ネットワーク居住」などと呼ばれてきた。

それは、旧来の家族共同体の根をいささか残しながらも、一方で生活の近代化に対応した生活スタイルを指向する新たな居住関係の枠組みを示唆するものとして注目に値する。

筆者は、このような親子の居住関係に注目すると同時に、それらを高齢者支援という役割や機能を強調する視点から「サポート居住」と再定義し、隣居、近居、準近居などの総称として用い、その全国的実態について論及する。

なお、「準近居」は筆者の造語であり、子世帯が親元と自らの就業地との中間地に居住し、通勤の利便性と親世帯への支援の容易性とのバランスを図ろうとする居住形態と定義している。これまで隣居あるいは近居は「スープの冷めない距離」として親子両世帯の居住空間距離が漠然とながらイメージされていたが、それ以上の距離になると「別居」あるいは「遠居」などと十把ひとからげに取り扱われ、親子両世帯の関係を正確に表現できないきらいがあったことから、上記のような実態を反映すべく、あえて「近居」と「遠居」の間に「準近居」という居住関係を設定した。

②離れていても親しい関係

近年、三世代同居が激減するのに伴い、これまで家族が担ってきた高齢の親への支援は公的あるいは民間による介護サービスなどで肩代わりする傾向が強まっている。特に、身体的あるいは生活的ケアの領域においては、介護保険の導入もあって相当に前進をみている。

一方、情緒的なサポートをはじめ外的なサポートでは得られ難い柔軟なサポートへのニーズは増大しており、「離れて生活するけれども、親子としてのきずなは保つようにする」といった、つかず離れずのかたちで支援が可能な親子の居住関係への指向はむしろ強まっていると考えられる。

社会学者の直井道子氏は、このような関係に「離れていても親しい関係」という的確な表現を与えているが、今後、高齢化と同時に少子化が進み、親子の絆の緊密さが増すのに伴い、これらの傾向はますます強まるものと予想される。さらに、我が国における経済環境の低迷を背景に縮退社会が到来するのに伴い公助が徐々に影を潜め、地域での共助、互助そして自助の必要性が問われるなか、親子をはじめとする血縁による支援関係の重要性はますます顕在化するものと思われる。

◇3 自立と支援のバランス

そもそも隣居、近居、準近居などが話題になる背景には、それまで我が国における親子の居住関係の主流であった同居が、近代化、核家族化の風潮に伴い激減し、親子両世帯は別居することが基本であるとの考え方が定着するようになったこともある。

近年、財源に問題があるとされながらも年金制度が定着し、高齢者の経済的環境はそれなりに安定し、また介護保険の整備等により生活的・身体的なケア環境の改善も進展している。それらを背景として、高齢者の自立も急速に進んできており、自らの生活をデザインし、自らが選好するライフスタイルを貫こうとする指向も強まっているように思える。このように考えると、「子どもと離れて住む」ことは、必ずしも仕方のない選択ではなく、むしろ積極的に選択されるものとなっているとみなすべきであろう。

また、同様の理由から、たとえ同居や二世帯住宅あるいは隣居など近接して居住する場合であっても、必要以上に依存することは避け、互いに自立した関係を保つ、すなわち「近くにいても自立した関係」と表現できるような傾向も認められる。

このように解釈することができるならば、同居から遠居までの親子の居住関係の幅は、核家族化の主因の一つにもなった子どもの側の就業問題を基本要因としながら、**図1**に示すように、極論すれば、一方における高齢の親の自立の程度、他方における子世帯による親への支援がどこまで可能かという、自立と支援のバランスに帰着するといってもよい。

④ サポート居住の現状

サポート居住の実態調査

親子両世帯の居住関係に関する統計については、国調がそうであるように、これまでは「同居」と「同居以外」の区別がつく程度のデータしか存在せず、家族を軸とする高齢者の支援の方策を構想することに限界があった。

筆者は、この点を補うべく、まず平成9年〜平成13年に、中部地方以西における全市町村2千124箇所の住民課長または関係課長を対象とする郵送アンケート調査を行い、サポート居住についてその概略の実態を把握した。

さらに、より正確な実態を把握するために、平成13年〜平成14年に、全国52市町村を選定し、当該市町村に在住する65歳以上各100名を目途に民生委員を介した高齢者へのアンケート調査を行った。**表1**に示すように、西日本においては近畿地方の和歌山県、中国地方の岡山県、四国地方の香川県および高知県、九州地方の福岡県

図1　親子の居住関係

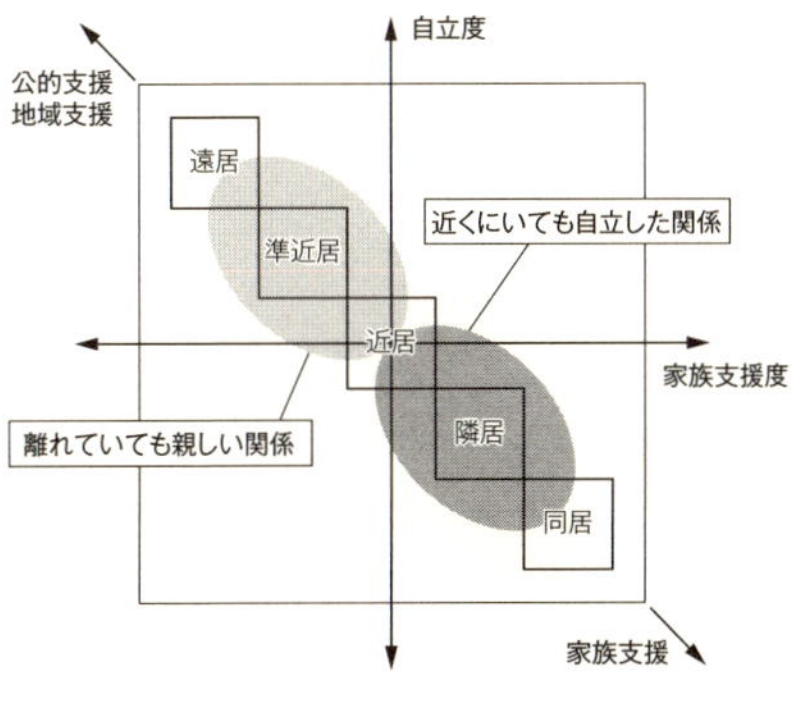

および熊本県の6県、各県内では中心都市（県都）と県縁辺部を結ぶ軸線上で数市町村ずつ、計31市町村を調査対象として選定した。東日本においては、東北地方の秋田県および宮城県、関東地方の群馬県、中部地方の愛知県および福井県の5県、計21市町村を選定した。以下の論考はこれらの調査結果に基づくものである。

サポート居住類型

親子の居住関係をいかに類型化するか、いろいろな考え方がみられるが、本章では、同居、隣居、近居、準近居、遠居の5類型に区分し、それぞれの出現比率を明らかにした。

なお、判定の便宜上、それぞれの類型の判定基準を以下のように仮定した。すなわち、「同居」は親世帯と子世帯が同棟居住のもの、「隣居」は敷地内別棟または隣接敷地居住のもの、「近居」は同じ市町村内に居住するもの、「準近居」は同じ県内に居住するもの、「遠居」は県外に居住するものとした。

表1　サポート居住の実態調査概要

地域名	地方名	県　名	市町村名	調査数	調査票数（世帯数）
西日本	近畿地方	和歌山県	下津町、吉備町、中津村、龍神村、印南町、日置川町	6	421
	中国地方	岡山県	瀬戸町、山手村、和気町、佐伯町、有漢町	5	488
	四国地方	香川県	志度町、大内町、白鳥町、引田町	4	300
		高知県	南国市、佐川町、安芸市、奈半利町、越知町、池川町	6	446
	九州地方	福岡県	筑紫野市、朝倉町、広川町、立花町、上陽町、星野村	6	587
		熊本県	菊陽町、大津町、長陽村、高森町	4	409
	4地方	6県	31市町村	31	2651
東日本	東北地方	秋田県	西仙北町、角館町、西木村、千畑町	4	282
		宮城県	涌谷町、豊里町	2	162
	関東地方	群馬県	吉岡町、小野上村、嬬恋村、草津町	4	298
	中部地方	愛知県	三好町、足助町、稲武町、津具村	4	332
		福井県	三国町、朝日町、上志比村、越前町、勝山市、大野市、和泉村	7	481
	3地方	5県	21市町村	21	1555
全日本	7地方	11県	52市町村	52	4206

同居以外のサポート居住の増加傾向

住民課長の判断により、同居以外のサポート居住のうちいずれの類型が増加傾向にあるか確認したところ、地方および県により差異はあるものの、おおむねどの地域においても「近居」の増加が著しいこと、それに続いて「準近居」の増加がみられることが明らかになった。

サポート居住類型別の出現状況

次に高齢者調査の結果によりサポート居住類型別の出現状況を示したものが**図2**である。全国的にみても、東日本と西日本に区分してみても、依然としてもっとも多いのが「同居」である。特に東日本において突出している。国調でも、同居は東日本に厚く、西日本に薄いとの結果が示されており、それに符合する結果が得られた。かつて東日本には同棟型の隠居慣行が、西日本には別棟型の隠居慣行が支配的であったことの影響がいまだに残っているのかもしれない。

「同居」に次いで多いのは「準近居」であり、「同居」に迫る多さである。前述の住民課長対象の調査結果では「近居」が「準近居」を上回っていたが、実際の出現比率としては「準近居」が「近居」の2倍程度と大幅に上回っていることが明らかである。なお、**図3**に示すように、各県においてもほぼ同様の結果が得られたが、逆に「近居」が「準近居」を上回る県も11県中2県みられた。群馬県と香川県である。理由は定かではない。

図2　サポート居住類型別出現率（全国）

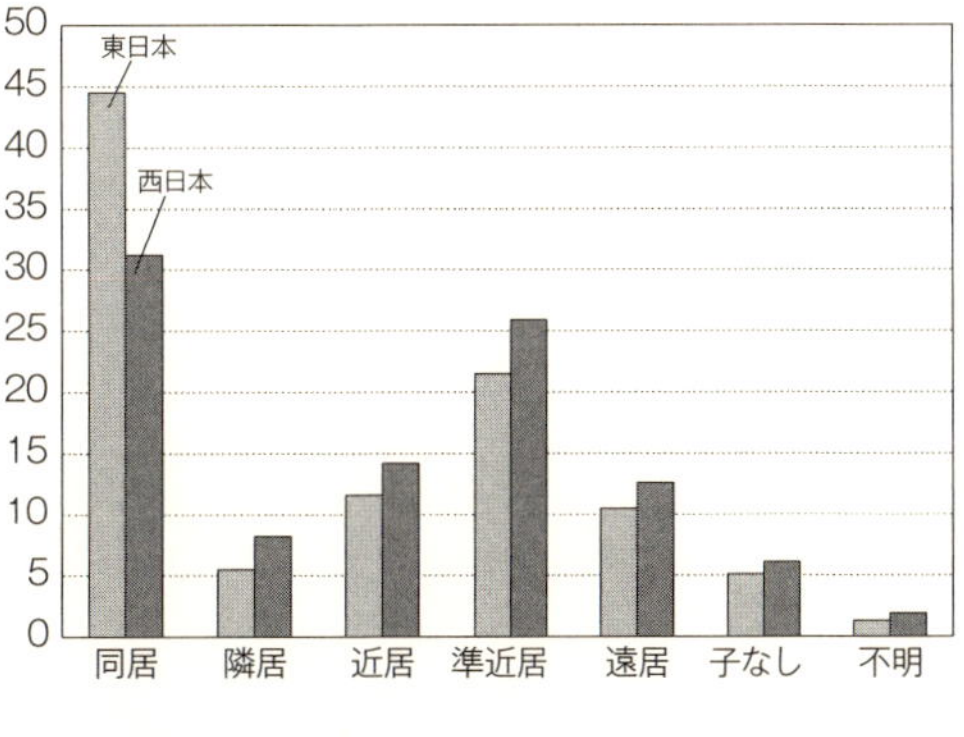

準近居の事例からみた実態

以上のように各地方および各県において顕著に存在している「準近居」が具体的にどのように出現しているのか、典型的な県を抽出し、出身地（親元）、居住地、就業地の位置関係を示したものが図４である。

試みに福岡県を例にとると、県南部の星野村や立花町（現在はいずれも八女市）などの山村部や農村部の出身者で、県庁所在地である福岡市あるいはその中間に位置する県内第三の都市である久留米市に就業地を有する子世帯が、親元と就業地の中間地で、比較的交通の便がよい場所に居を構えている様相がみてとれる。

各市町村における準近居の出現状況

このような状況を少し数値的に明確にするために作成したものが図５である。東日本と西日本に分け、各県において、中心都市にもっとも近い市町村を最左端に置き、それから県縁辺部に向けて各市町村を配列し、各市町村のサポート居住類型別出現率を示した。不鮮明な部分もみられるものの、全体的にみると、中心都市から県縁辺部に向かうのにしたがい「準近居」の割合が増加していることが認められる。また、「近居」の

図3-1　サポート居住類型別出現率（東日本・県別）

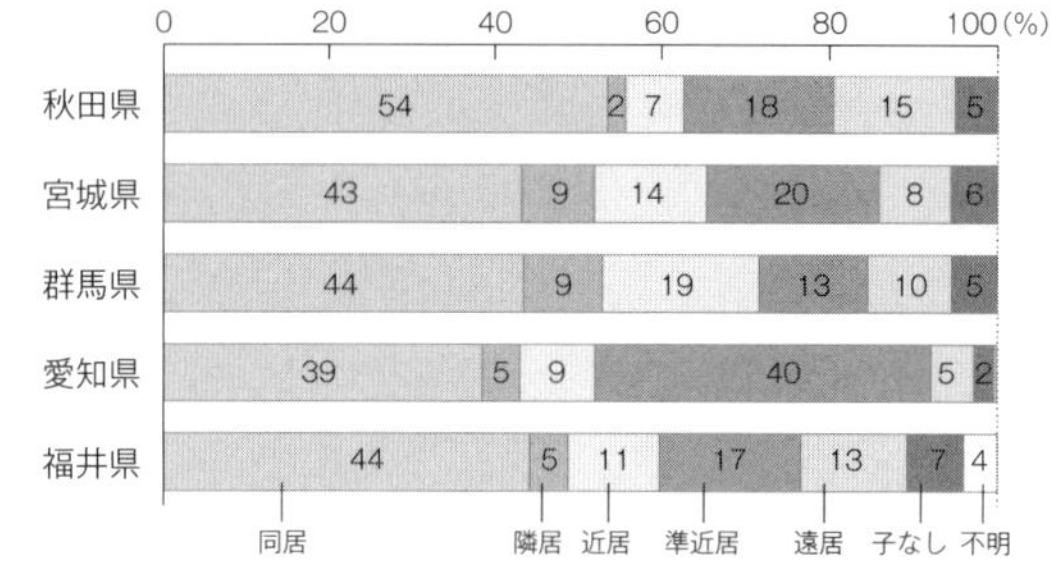

図3-2　サポート居住類型別出現率（西日本・県別）

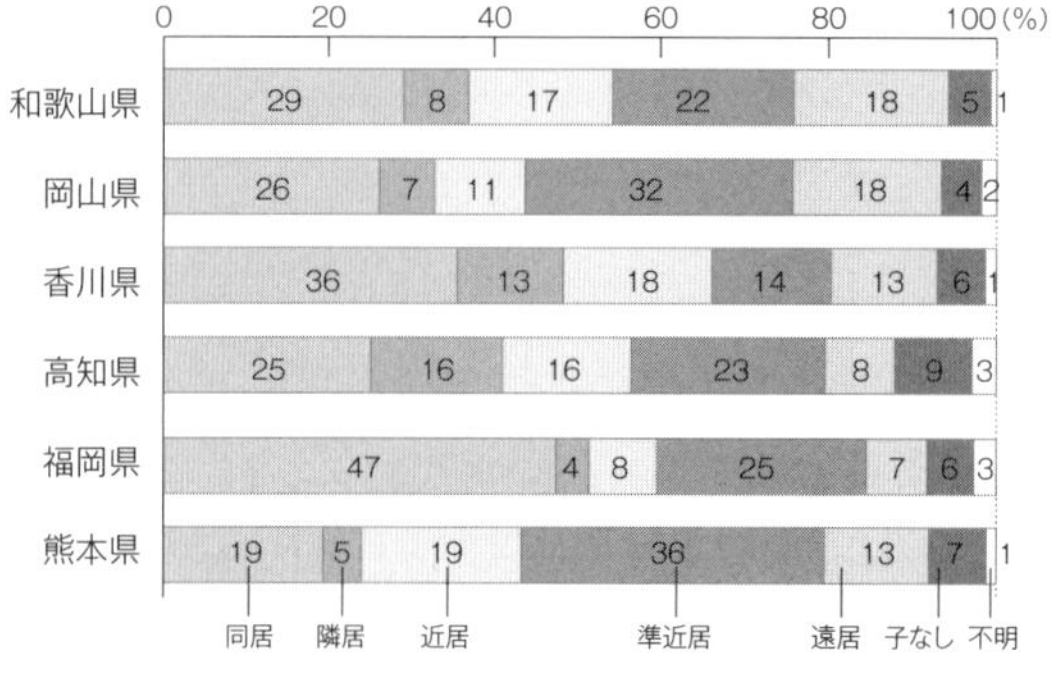

図４　準近居の事例

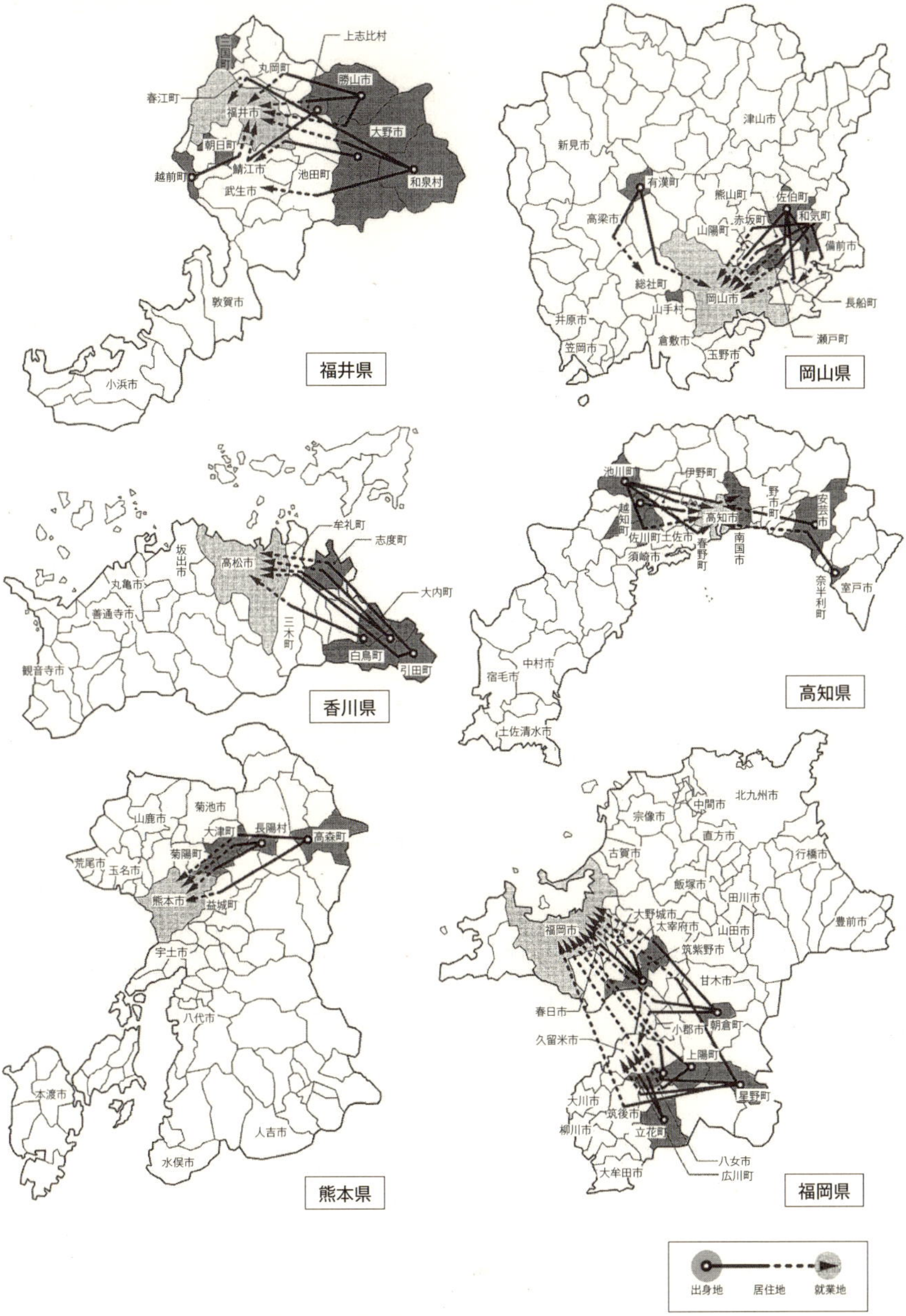
福井県
上志比村
三国町
丸岡町
春江町
勝山市
福井市
大野市
朝日町
鯖江市
越前町
池田町
和泉村
武生市
敦賀市
小浜市
岡山県
津山市
新見市
有漢町
熊山町
佐伯町
高梁市
赤坂町
和気町
山陽町
備前市
総社町
長船町
山手村
岡山市
井原市
倉敷市
笠岡市
玉野市
瀬戸町
香川県
牟礼町
志度町
坂出市
高松市
丸亀市
大内町
善通寺市
三木町
白鳥町
引田町
観音寺市
高知県
池川町
伊野町
野市町
越知町
高知市
安芸市
佐川町
土佐市
春野町
南国市
須崎市
室戸市
奈半利町
中村市
宿毛市
土佐清水市
熊本県
菊池市
山鹿市
大津町
長陽村
高森町
菊陽町
荒尾市
玉名市
熊本市
益城町
宇土市
八代市
本渡市
人吉市
水俣市
福岡県
北九州市
中間市
宗像市
直方市
古賀市
行橋市
飯塚市
田川市
大野城市
太宰府市
山田市
福岡市
豊前市
筑紫野市
甘木市
春日市
小郡市
朝倉町
久留米市
上陽町
星野町
大川市
筑後市
柳川市
立花町
八女市
大牟田市
広川町
出身地
居住地
就業地

図5-1　各市町村におけるサポート居住類型別出現率（東日本）

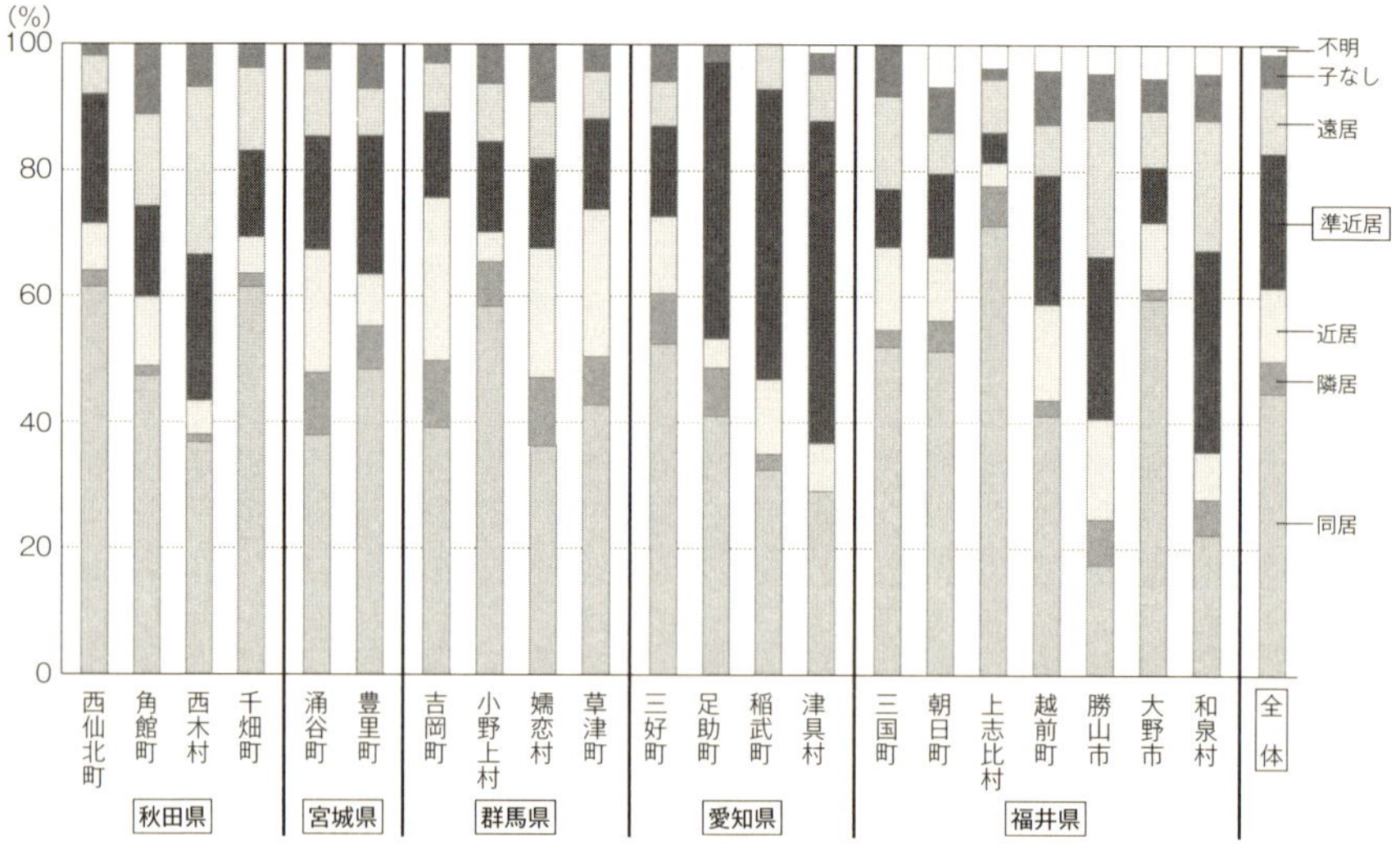

図5-2　各市町村におけるサポート居住類型別出現率（西日本）

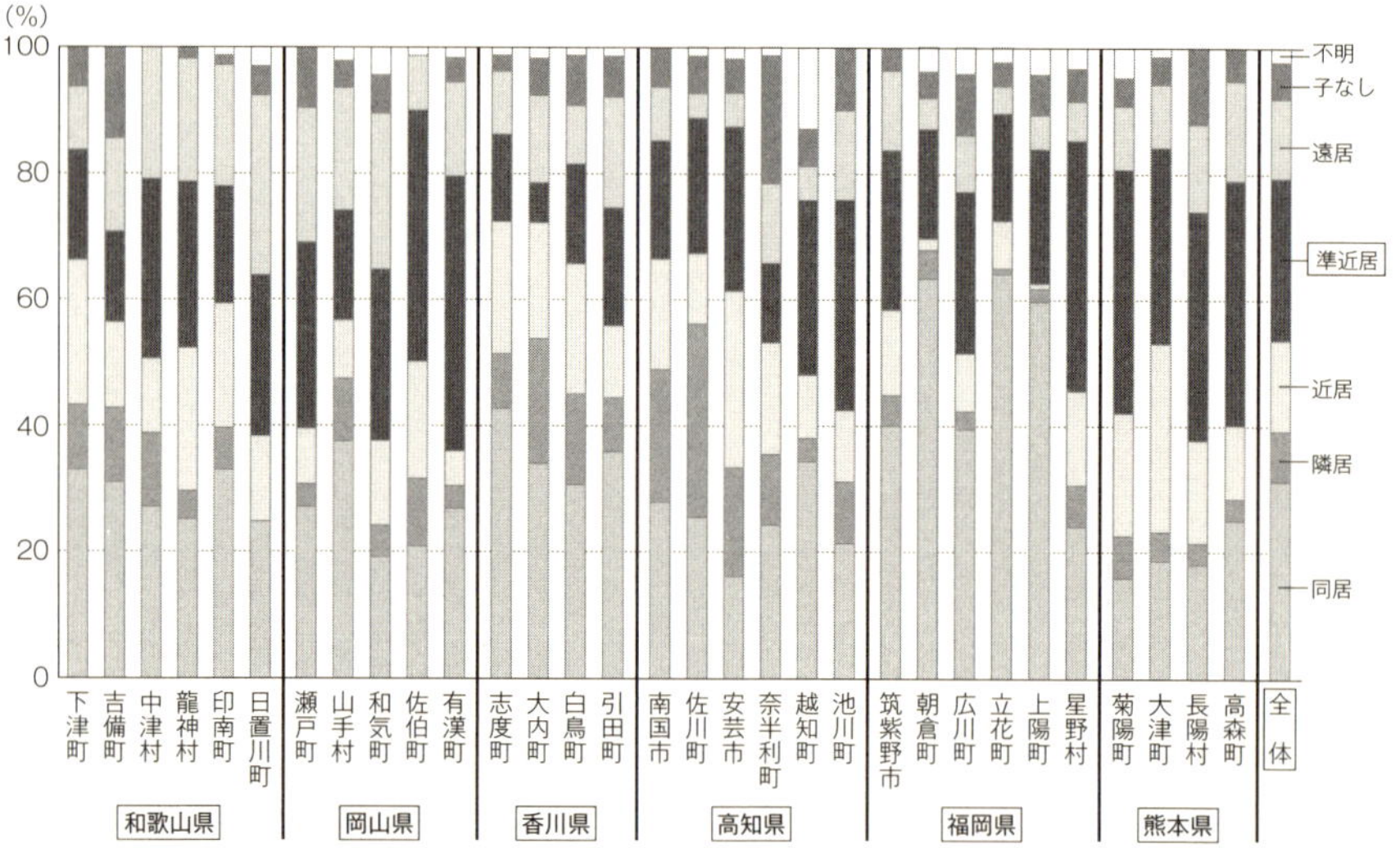

割合が中心都市に近い市町村にやや多めに出現していることも認められる。

子どもによるサポートネットワーク

サポート居住類型と親元からもっとも近い位置に居住する子どもの続柄との相関を示したものが図6である。これによると、「近居」の場合を除くほぼ全てのサポート居住類型において長男の比率が高い。一方、「近居」では長女の比率が長男の比率に匹敵し、また他の居住類型では少ない次女の場合も少なからずみられる。また、「準近居」の場合も、「近居」ほどではないにしろ、長女の比率が多くみられる。このことから、「近居」および「準近居」により親を支えているのは単に長男だけではなく、婚姻圏が狭いと推測される娘を含めて兄弟姉妹全体であること、そして、このような親世帯に対するサポートネットワークが形成されていることが「近居」あるいは「準近居」といったつかず離れずの居住関係が増加する要因にもなっていることが推察される。

意識された「準近居」

このような子どもによるサポートネットワーク、とりわけ「準近居」は本章の冒頭において単なる偶然の産物ではなく、子どもに意識されて選択された居住関係であると定義したが、その検証のため「準近居」の子世帯が居住地を選択する際に親への支援や接触のしやすさを考慮し

図6　サポート居住類型と子の続柄との相関

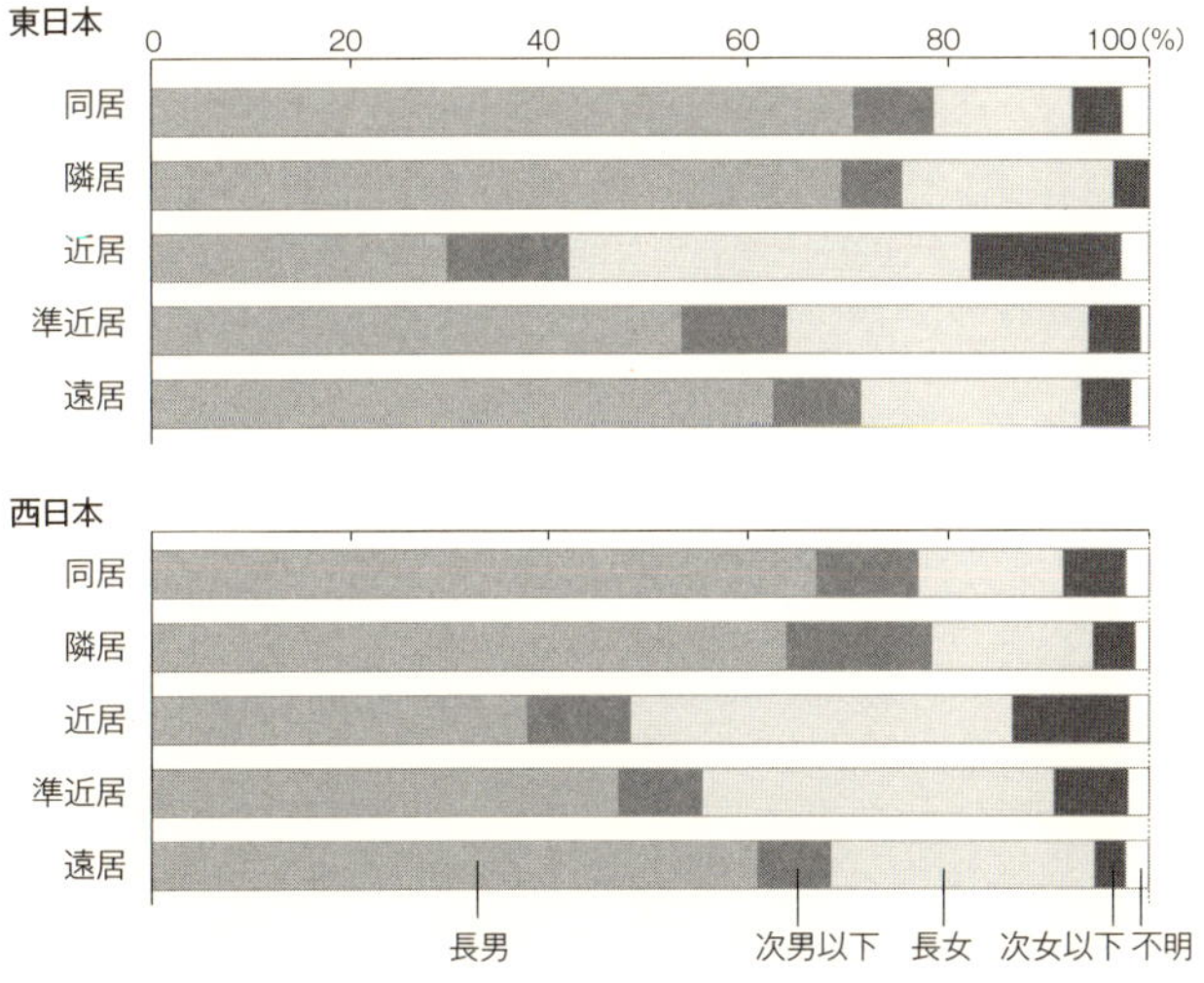

たか否かを問うた結果を示したものが図7である。東日本および西日本共に60％前後のケースにおいて考慮したと回答しており、仮説が検証されたとみてよい。

図8に示したように、このようなサポートネットワークの存在が、たとえ配偶者に先立たれても、それが必ずしもすぐさま子世帯との「同居」に転移せず、単身高齢者世帯として存続することの一因をなしていると思われる。

⑤ 親世帯への支援の状況

「準近居」は親への支援を意識して選択した居住関係であることが明らかになった。では、実際にどの程度子世帯が親世帯への支援や援助を行っているのか、「近居」と「遠居」の場合と比較しながら簡単にみておこう。

図9は、子世帯の親元への訪問頻度を示したものである。「近居」では、「週2～3回」が40％前後、「週1回」が30％前後、「月1回」が20～30％と全体的にかなりの頻度で子世帯が親世帯の家に訪問している。

「準近居」では、「週2～3回」が10％前後、「週1回」が20％前後と「近居」に比較して低率ではあるものの、「月1回」は40％とかなりの高率となっており、合計で

図7　居住地選定時における親への支援意識
（準近居の場合）

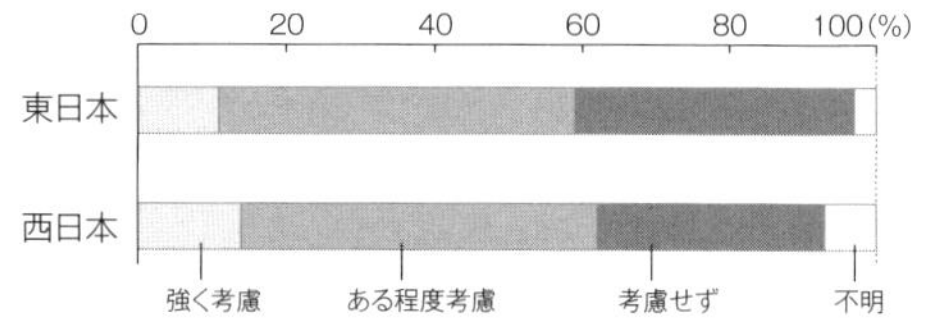

図8　世帯類型とサポート居住類型との相関

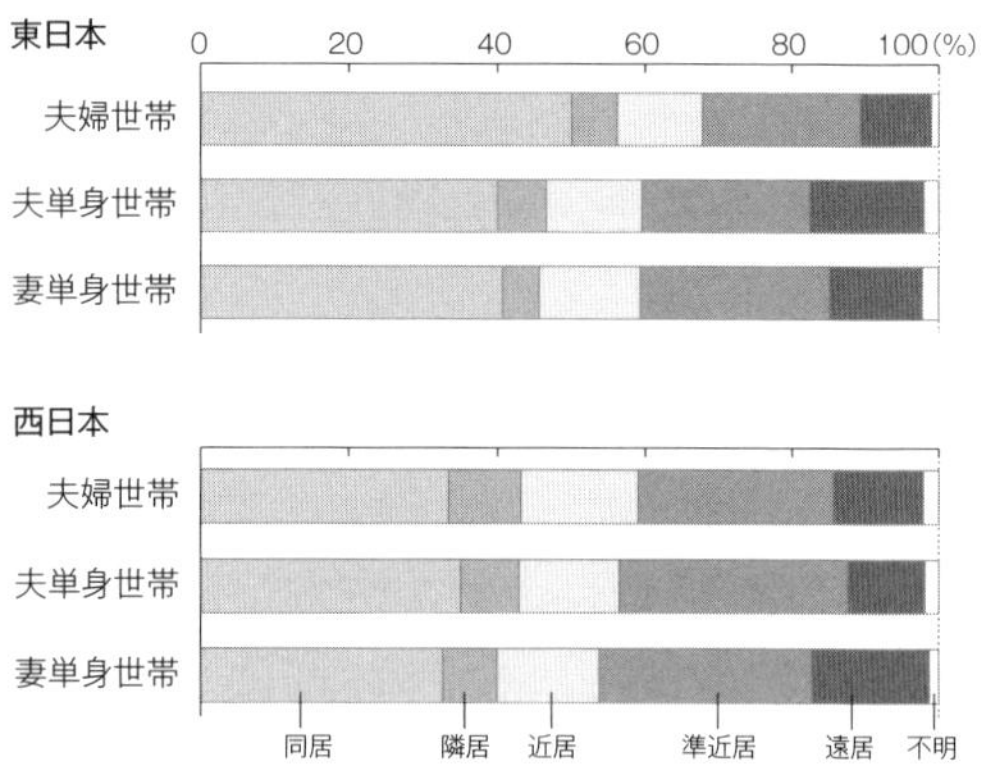

少なくとも70%の子世帯が「月1回」以上親元を訪問している。「遠居」の場合「月1回」以上の合計がわずか20%にすぎないことと比較すると、支援の厚さが明らかである。

図10は、親世帯の子世帯への訪問頻度を示したものである。子世帯の親元への訪問頻度と比較すると全般的に低調ではあるものの居住類型別の傾向は類似している。**図11**は、家事支援や介護等の身体的ケアなど生活的援助の状況を示したものである。東日本と西日本とで多少の違いはみられるが、「近居」では、「よく援助してくれる」が20%前後、「ある程度援助してくれる」が30%前後となっているが、「準近居」でもほぼ同率であり、「近居」の場合と比較して遜色なく援助が行われていることが認められる。援助の内容は多様であるが、**図12**はそのうち身辺の世話や介護の有無を示したものである。明確な差異は認め難いものの、準近居において一定程度身辺の世話や介護が行われていることがわかる。

⑥サポート居住の今後の展望

以上みてきたように、サポート居住類型のなかで、「準近居」は「同居」に次ぐ高い比率を占めている。また、「準近居」は老親の支援を目的として意識的に選択されたサポート居住であり、実際にも親世帯が子世帯から「近居」並みの密度高い支援を得ている。さらに、「準近居」において親世帯は長男からの支援に匹敵する支援を長女などから得ており、兄弟姉妹によるサポートネットワークが形成されている。こ

図9　子世帯が親世帯を訪問する頻度

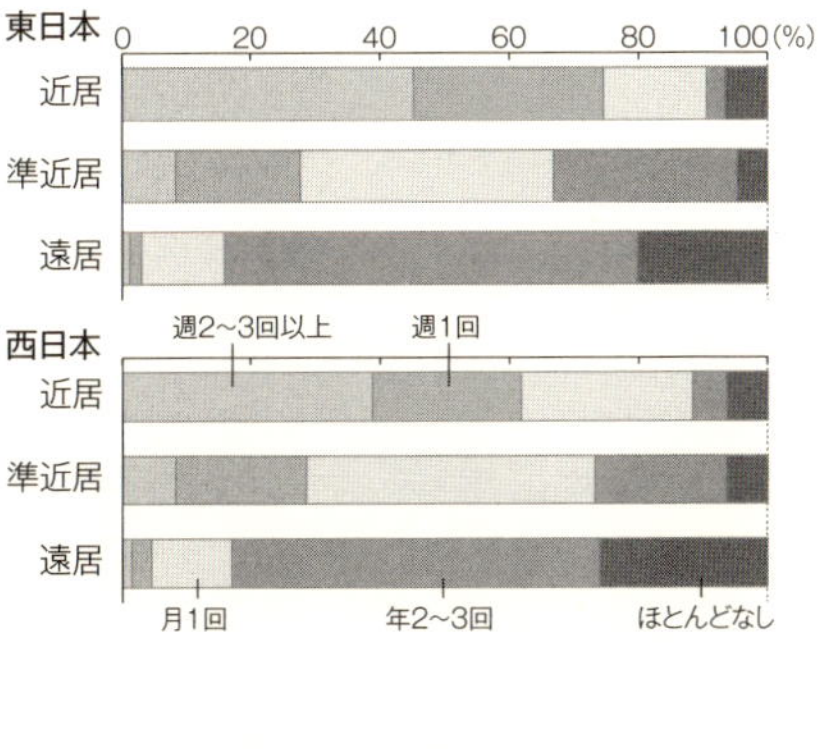

図10　親世帯が子世帯を訪問する頻度

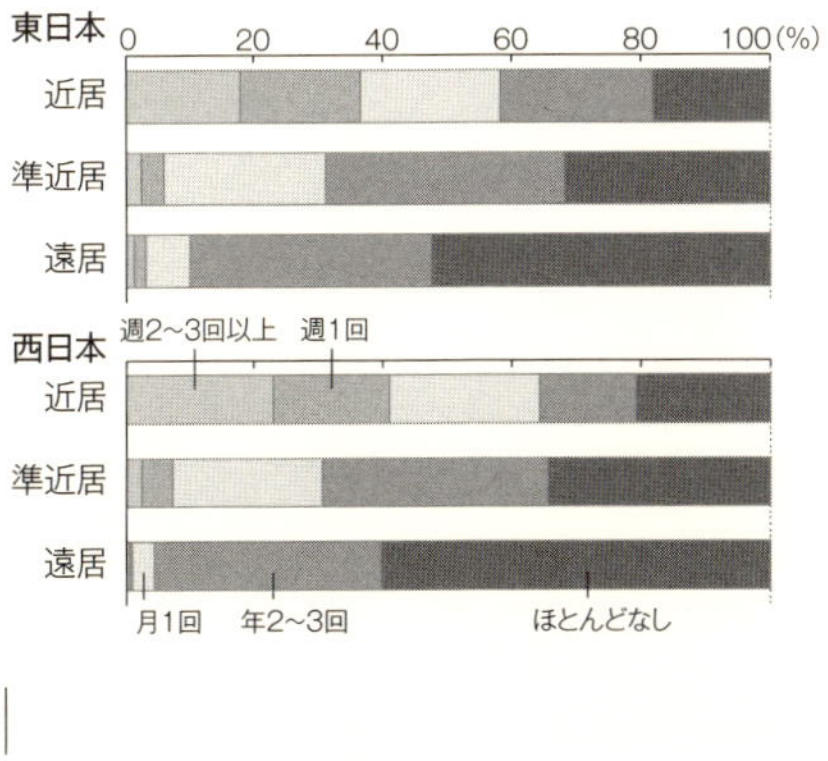

のようなことから、「準近居」は有力なサポート居住として、今後、居住政策における有力な居住形態の選択肢として取り上げる価値が高いと考えられる。

最後に、以上の分析を手がかりに今後におけるサポート居住の展望について触れておきたい。

「同居」は今後も緩やかに減少していくことが予測される。ただし、少子化、一人っ子化が進展していくと、親子の情愛および家の継承といった意味から横ばいあるいは微増もあり得る。

「隣居」は親子両世帯の住宅が並び立つだけの敷地規模が最大の要件であり、今後の増加は限定的である。地方都市および農村部において有力であり、大都市でも縁辺部であれば可能性があろう。ただし**図13**に示すよ

図12　身辺の世話や介護の有無

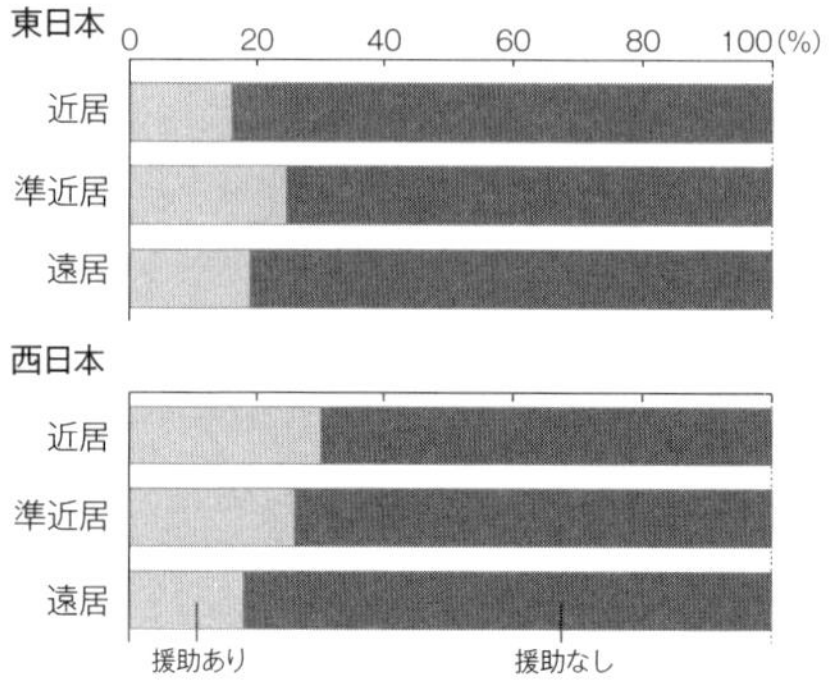

図11　親世帯への生活的援助の状況

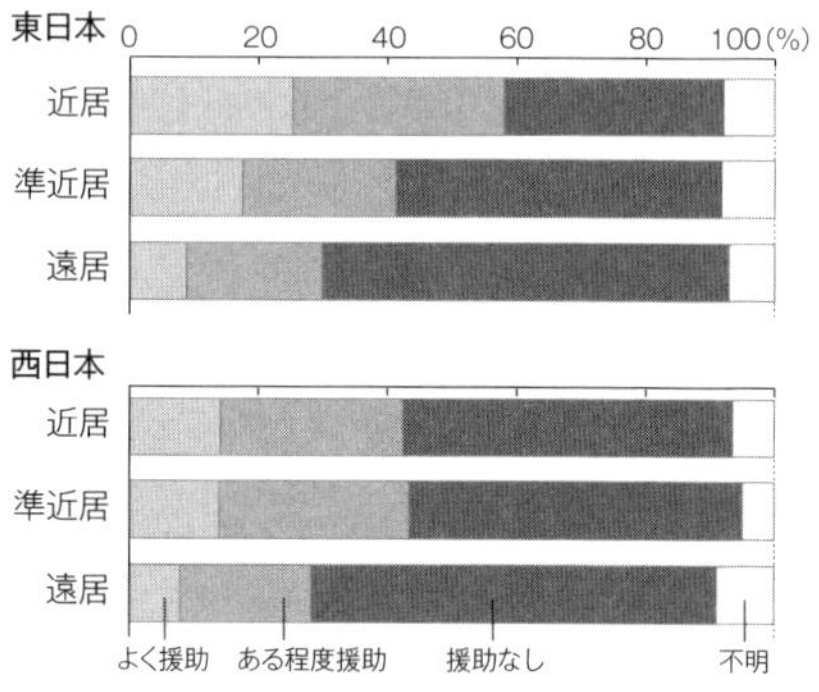

図13　隣居の長所・短所

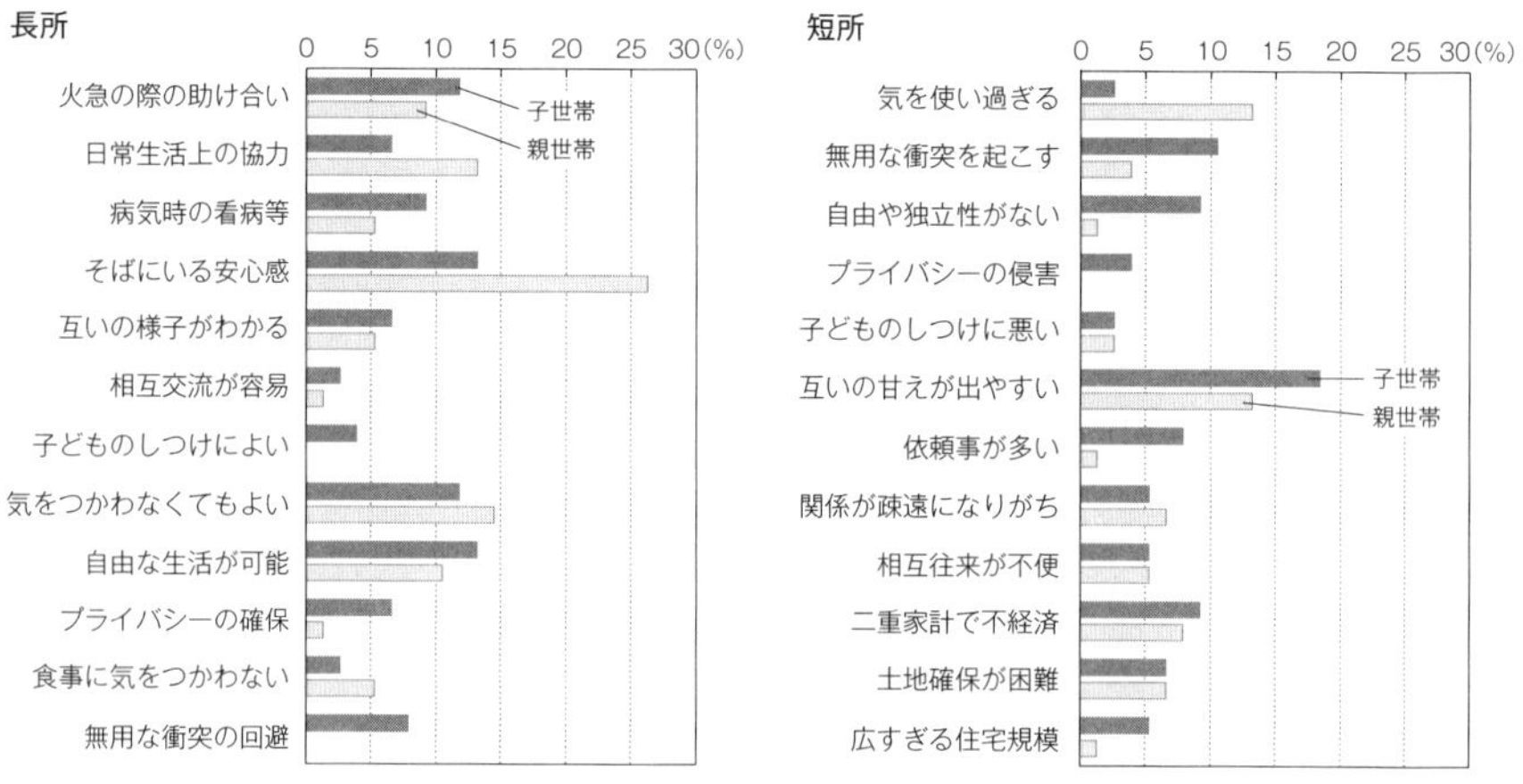

うに筆者の調査によれば子世帯側の負担感が大きい。

「近居」は、親子の自立と支援のバランスがほどよくとれた居住形態である。特に就業につきやすい都市においては、子世帯の就業と老親への支援の両立の可能性が高く、今後緩やかに増加していくものと推測される。

「準近居」は、親世帯が子世帯から近居並みあるいはそれに近い支援が得られる居住形態であり、今後、大都市圏への向都離村の風潮が低下するのに伴い、農村部あるいは県内の中心都市と県縁辺部との中間地域において緩やかに増加していくことが予想される。


〈参考文献〉

・高坂謙次「高齢者の同別居の現状と志向に関する研究、特に「親密別居」の動向を通して」（『日本建築学会計画系論文報告集』第409号、１９９０、85～94頁）
・直井道子「新しいつながりを求めて」（『高齢者と家族』サイエンス社、１９９３）
・金貞均「現代家族の分散居住の実態と居住ネットワークの形成」『日本建築学会計画系論文集』第456号、１９９４、209～216頁）
・広原盛明「住宅の近未来像、21世紀はどこでだれと住むか」（『都市住宅学』第26号、１９９９、52～61頁）
・上和田茂「二世帯同居の持続性と変容」（『少子高齢時代の都市住宅学』ミネルヴァ書房、２００２、55～69頁）
・上和田茂「準近居の存在からみた老親世帯の自立と支援を止揚するサポート居住の動向」（『日本建築学会計画系論文集』第566号、２００３、９～16頁）。

第12章

ネットワーク居住から見た多世代・多世帯居住と生活援助

金　貞均

◇1 現代家族の分散居住化

かつて家族は生活共同体集団として長く「生産と生存」を共にしてきた。しかし、近代期を経て戦後の産業化・都市化は社会経済構造の変動と労働力の地理的移動をもたらし、家族は小さい規模で分散し、性別役割分業を基盤とする「夫婦と子どもからなる核家族」が一般化する。その後、高度経済成長期を経て社会の高度化・多様化とともに、自立した個人の多様な価値観や生き方の選択により、家族変化の方向性は、さらに家族規模や機能の縮小といった分散居住化、個人化へと進んだ。

平成22年国勢調査[注1]によると、一般世帯数は5千万世帯を超え（平成2年4千万世帯）、1世帯当たり人員は2.4人と減少し（平成2年3.0人）、3人以下世帯の増加、4人以上世帯の減少が著しい。家族類型別にみると「単独世帯」は32%に上昇し、一般世帯の3割を占めている。「夫婦と子どもからなる世帯」の割合は3割弱で、もはや

注1　総務省統計局、人口等基本集計結果より、http://www.stat.go.jp/data/kokusei/2010/index.htm

近代核家族として成立した標準家族像は多様な家族形態の一つにすぎない。

こうした変化は、従来の家族規範の相対化であり、家族の分散居住化現象が止まることなく、進行形であることを示している。その結果が世帯の小規模化、家族形態の多様化、家族機能の個別化である。「家族」「世帯」「住宅」「生活」の不一致は少子高齢化の進展、単身世帯（65歳以上の高齢単身が占める割合は3割弱）の増加と孤立、女性の社会進出や共働き世帯の増加と相まって多くの居住問題を作り出している。

一方、住宅の方に目を向けると、戦後一世帯（家族）一住宅の掛け声とともに「完結する一世帯（家族）と完結する一住宅」の関係を居住水準という名で合理化し、住宅供給の指標としてきた。住宅の量産を目指して供給された大量の核家族向け住宅は、家族の小規模化の一翼を担ったともいえる。しかし世帯の1/3が単身世帯という都市部の分散状況（東京都23区は5割弱）と家族形態の多様化現状を考えると、住宅ストックと住要求のミスマッチは歴然である。なお、今後も高齢単身世帯の増加とともに、ますます、小規模世帯のシェアは拡大するとみられる。

しかし、このような状況が進展すればするほど世帯ではなく、「家族」という単位で住宅を見直す必要が生じてくる。目にみえる「世帯」や「住宅」いう単位は分散した「家族」の一部を対象としており、そこでは「家族」の実体はみえてこない。そこで、従来の「一住宅に居住する一世帯＝一家族」という図式を覆す論理が必要となる。

さて、人びとは目にみえない「家族」をどう捉え、どこまで家族として意識しているのか。

◇2 家族意識範囲と分散居住の類型

家族として意識する範囲の基準は社会により、時代により、人により異なるが、居住形態（同居か別居か）が一つの基準になるのも事実である。しかし、実際はどうであろうか。

これまでの日本の都市部や農山村地域における調査（仙台・東京・宮城県北地域・岡山・四国地方等）によると、①家族の分散が広く浸透しているなか、②分散しながらも意識される家族の範囲は通常の核家族より広く、「一住宅」を超えて広く捉える傾向が明らかになっている。つまり、「同居・別居に関係なく家族として意識する」家族意識範囲は血縁関係を中心に広く捉えていた。この家族意識範囲内の分散居住類型は大きく、「中心型（親子等の中心家族の分散居住）」「タテ型（夫妻の両方または片方の親世帯との分散居住）」「タテ＋ヨコ型（夫妻の親・兄弟姉妹世帯まで拡大した分散居住）」「ヨコ型（夫妻の兄弟姉妹世帯との分散居住）」の4パターンに分けられ、各パターン別類型の事例数こそ差がみられるものの、ほぼ全調査において同じ分散類型が見られた（**表1**は東京都の調査例）。

家族範囲を一緒に住む家族に限定する傾向が強い農山村地域に比べて、都市部は非同居の子どもや親戚（親と兄弟姉妹の近親者中心）の他に、非血縁の「友人型（非血縁の友人を中心とした分散居住）」も広く家族として意識されているのが特徴といえる。

さて、こうした分散居住の状態で、分散した一戸一戸の居住単位をみる意味は変わってくる。小規模単位で分散した家族は、もはや各自の住宅において家族の生活要求や機能を充分果たせなくなり、実態はますます離れて暮らす家族が複数の住宅をネットワークとして関連させ、住要求を全体として充たす居住システムを必要とする。

表1　「家族意識範囲」内の分散居住類型（東京都）

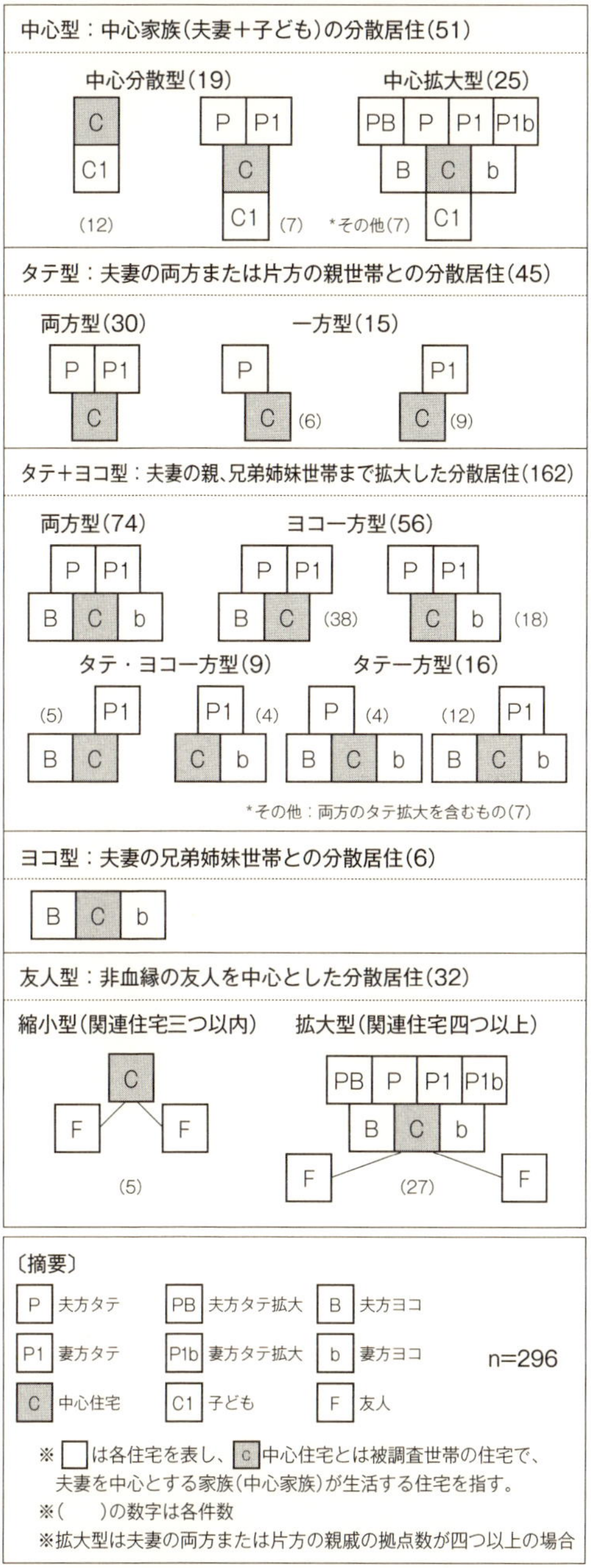

注：平成7年の調査による。

③分散居住を超えてネットワーク居住へ

ネットワーク居住とは

ネットワーク居住とは、現代社会の住宅問題が家族の分散居住の進展と不可分の関係にあるという観点に立って、住居の空間的分散と家族としての共同性の再構築との絶えざる相互作用をその本質とし、必要に応じて複数の住居をダイナミックに利用しながら生活要求を満たしていく居住システムである。つまり離れて住みながら家族関係や住機能を再編成することで、必要とする援助や交流が得られる居住のネットワーキングである。

ネットワーク居住に似た概念としては、Ｊ・Ｈ・シェルドンが提起[注2]した「スープの冷めない距離」、Ｐ・タウンゼント[注3]の「拡大家族」「親族網」、Ｌ・ローゼンマイヤーら[注4]の「親密距離」等があり、都市において核家族や一住宅を超えた親族ネットワークの成立を確認している。しかし、各拠点がそれぞれ「中心住居」の性格を強める西欧のネットワークに対して、これまで日本の他に韓国まで広げた調査で確認された「ネットワーク居住」は東アジアの伝統的価値観に基づいた「中心住居」と「周辺住居」という居住関係をその特徴とする。

分散距離とネットワーク居住

注2
スープの冷めない距離（a distance within which a hot meal could be carried from one house to the other without needing re-heating—or not more than 5 minutes' walking distance）は、J. H. Sheldon, *The Social Medicine of Old Age*, Oxford University Press, 1948 を参照。

注3
拡大家族（extended family）、親族網（kinship network）については、Ｐ・タウンゼント（１９５７）、山室周平監訳『居宅老人の生活と親族網―戦後東ロンドンにおける実証的研究―』（垣内出版、１９７４）を参照。

注4
親密距離（intimacy at a distance）については、L. Rosenmayr & E. Kockeis, Propositions for a sociological theory of ageing and the family, *International Social Science Journal*, Vol. XV, No.3, UNESCO, 1963 を参照。

ネットワークを形成している各拠点の位置、つまり分散距離は徒歩圏から同じ町・市内までの「狭域圏」、同じ都道府県内の「中間域圏」、その他の地域の「広域圏」まで幅広い。家族としての意識範囲は分散距離により決まるのではなく、子ども、タテとヨコ等の血縁や非血縁（友人）とのネットワークの強さによるものといえる。

ただ、物理的分散距離はネットワーク居住を規定する要因として作用する。狭域圏ネットワーク居住は、いわゆる近居・隣居を含む近距離分散居住において成立し、あらゆる生活要求に対して日常的相互援助と直接的交流関係が形成されやすい。

中間域圏は、生活要求に応じて「通う」行為が可能で（日帰り圏）、比較的安定した日常的・非日常的ネットワーク居住が可能な分散距離である。

広域圏での遠距離分散居住は心理的安心基盤ではあるが、代替機能への依存度が高く、間接的交流関係になりかねない。そこで中・広域圏分散の場合は「中間拠点（両方から移動が便利な地域の公共施設や商業施設、親戚の家、別荘等）」の存在が重要な役割を果たすことになる。

事例1は分散距離別ネットワーク居住の例である。近くに住む娘家族と日常的相互援助関係により互いの生活要求を満たす一方、仙台に住む息子の住宅には親のための専用部屋があり、様子を見に往来する傍ら、中間拠点を通して交流し合う様子がうかがえる。

仙台市の調査[注5]では、夫妻の親と既婚の子ども世帯との分散距離が「30分以内」までの狭域圏分散が4割程度で、その内「10分以内」の近距離分散が15%であった。大都市（東京都）の調査では関係範囲の8割が中間域圏（同じ都内）または広域圏

事例1　分散距離別ネットワーク居住の例

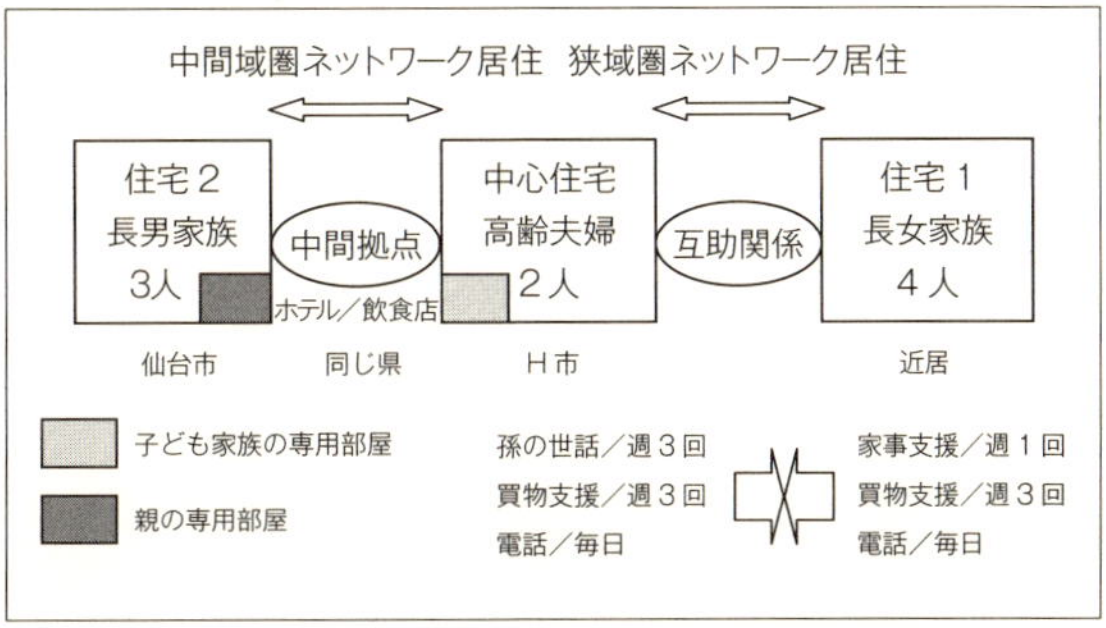

※事例1～5の外枠 □ は家族意識範囲を示す。

注5　仙台市の調査は平成4年、職域別（357件）および大学生（151件）を対象に実施された。

（他県等）での分散で、狭域圏ネットワーク居住は2割であった。参考までに、韓国ソウルで行った同調査では、夫妻の両方の親戚のなかで1世帯でも「徒歩圏内」「同じ区内（車で30分以内）」に住むケースが3割であった。韓国では被調査世帯の7割弱が日常的交流・支援の可能な距離内（同じ市内まで）に親戚の住宅が一つ以上あった。これと比較すると日本の大都市においては家族の分散がより広範囲に及んでいることを意味する。ただ日韓ともに少子高齢化の進展に伴い都市部においての近距離分散はより増えていくと考えられる。

ネットワーク居住の成立形態

本来「一緒に住む」ことで満たしてきた生活要求（「援助要求」「精神要求」「共同要求」）が分散居住により十分果たせなくなったのは事実である。しかし、調査によると家族意識範囲内の分散家族は「1住宅」を超えて、各居住単位どうしで互助的または補完的関係網を形成しており、新たな連帯を志向している現状が明らかになっている（ネットワーク居住の成立）。

図1は三つの生活要求を満たすために求められるネットワーク居住システムを図式化したものである。①「援助要求」に対して、家事

図1　ネットワーク居住成立のシステム図

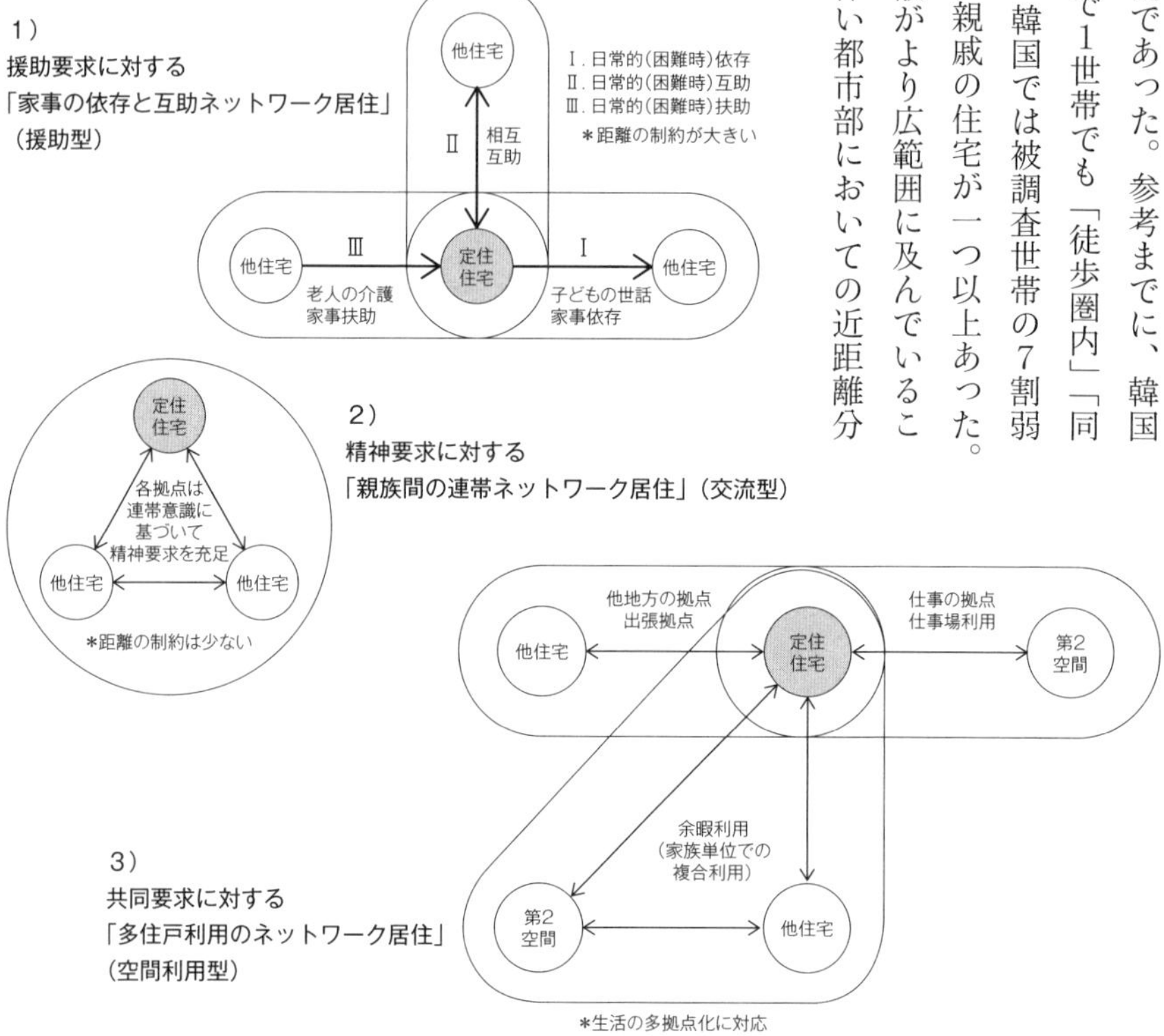

の依存と互助ネットワーク居住が分散居住による日常生活上のさまざまな問題に対応する。家事援助に関しては特に育児や介護に関する要求が高く、分散距離の制約を受け日常的または非日常的関係が形成される。②「精神要求」に対しては、親族間の連帯ネットワーク居住が分散居住により損なわれた情緒安定機能に対応し、安心基盤を形成する。③「共同要求」に対して、多住戸利用のネットワーク居住が一戸の住宅でまかない切れない機能を他住宅の空間の利用で補完する。

以上のようにネットワーク居住は実際の関係から大きく、「援助型」「交流型」「空間利用型」の三つの形態で存在し、機能していた。分散距離や生活要求に応じて、①「援助型5パターン：家事・保育・介護・経済・買物援助型」、②「交流型3パターン：直接対面・間接・複合型」、③「空間利用型3パターン：使い分け（収納や家事機能）・個人的利用（通勤や出張等）・余暇利用（休養）型」のさまざまな組み合わせにより居住関係を再編していた。

表2は日本と韓国の大都市におけるネットワーク居住成立形態で、「援助型」と「交流型」を比較したものである。日韓ともに親に対する援助は家事や経済援助が主であるが、加齢とともに介護援助が増えていくであろう。

交流型では日本は直接交流を好む反面、物理的に会えない場合、電話などによる間接交流の頻度も低くなる傾向がみられた。

表2　ネットワーク居住成立形態の日韓比較 注6

ネットワーク居住類型		関係範囲（各々の回答数により作成）				
類型	タイプ	夫方タテ	妻方タテ	夫・妻方ヨコ	子ども＊2	合計
援助型	家事援助型	12	16	10	6	44
	＊1	22	27	33	13	95
	保育援助型	6	16	10	6	38
		7	10	18	0	35
	介護援助型	5	11	2	1	19
		8	7	8	2	25
	経済援助型	40	13	7	13	73
		52	43	11	12	118
	買物援助型	13	10	11	3	37
		5	5	10	2	22
交流型	直接対面型	94	82	177	19	372
		52	64	91	3	210
	間　接　型	74	53	232	12	371
		123	138	207	7	475

＊1　上段は日本（n＝296）、下段（灰色）は韓国（n＝198）の事例数
＊2　子どもの分散があるケースは、日本が51件、韓国が21件である。
※夫妻両方のヨコ（兄弟姉妹）と子どもは複数カウントである。

注6　日本の東京都調査は平成7年、韓国のソウル調査は平成17年に実施された。

事例2は共働き夫妻が保育機能を夫方の親世帯に依存するケースで、親の住宅には孫のためのプレルームや遊び場（遊具の設置等）を設けるなど、住機能の分担の様子がうかがえる。**事例3**では、親の中心住宅に長男家族の持ち物の収納スペースを設ける、定期的交流のために広いダイニングルームを設けるなど、住機能の一部移動や中心となる住宅の空間機能の拡大が見られた。このように調査では子育て期の核家族が親世帯や兄弟姉妹世帯と日常的協力体制が組める距離内に居住するケースがみられた。いわゆる近距離分散居住による家族機能の再編成といえる。

事例4は、保持しているネットワーク全体を通して、必要とする生活支援または交流を行う、多世帯親族間ネットワーク居住である。

ただ都市部において血縁中心のネットワーク居住は各拠点間分散距離が広範囲に広がっており、非血縁とのネットワークに期待が高まるのも事実である。

実際大都市では非血縁の友人と援助し合い、家族の代替機能を果たしているケースもみられた。**事例5**のように互いの住宅を介して日頃の交流や相談を行い、互恵的な保育・家事援助関係を作っている。

なお、各住宅の物理的距離への選好として、「隣接型（互いに往来しやすいように、ある程度近くに住みたい）」と「分散型（ある程度の距離は置きたいが、遠距離への分散は避けたい）」という回答が多く、都市部の居住志向がみえてきた。

このように人びとは空間的地域的に離れた複数の住宅を関連させ、居住関係を積極的に構築する実態が確認された。

事例２　近居による生活援助

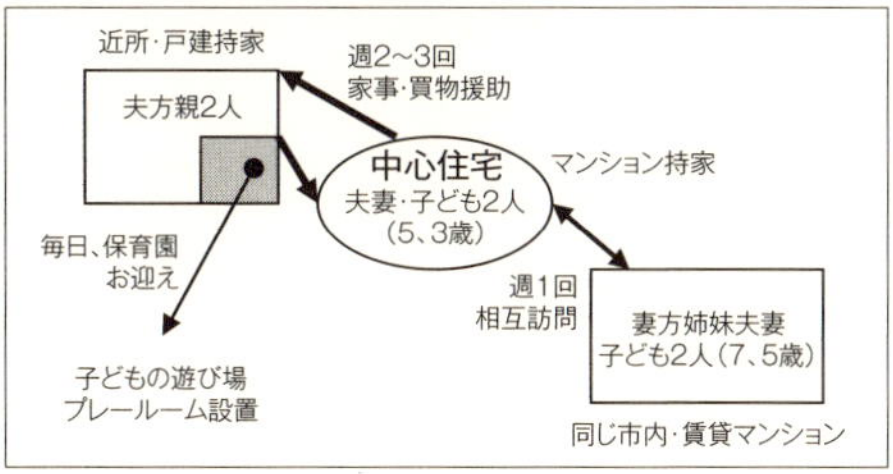

事例３　中心住宅の空間機能の拡大

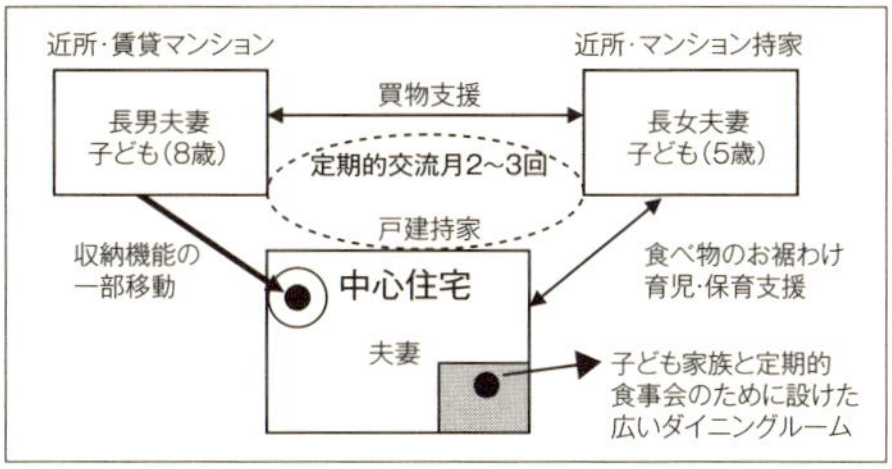

事例４　多世帯親族間ネットワーク居住

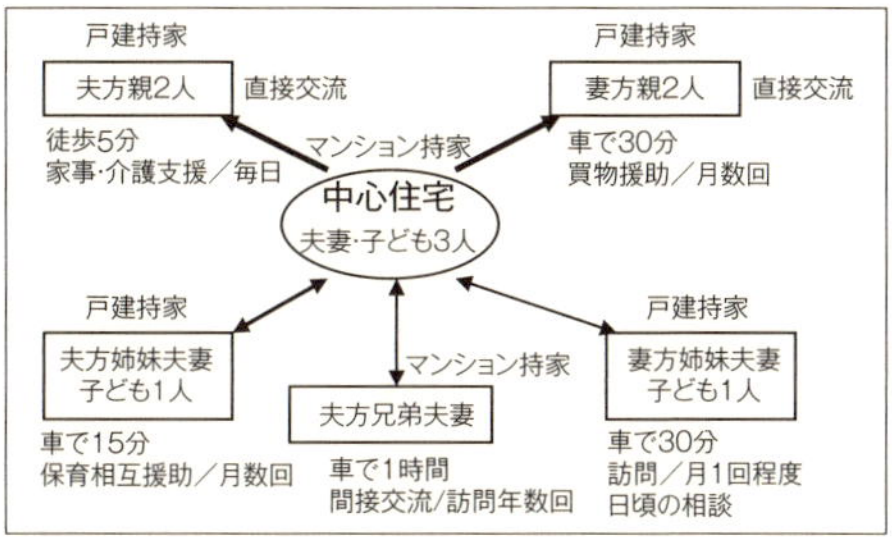

事例５　非血縁とのネットワーク居住

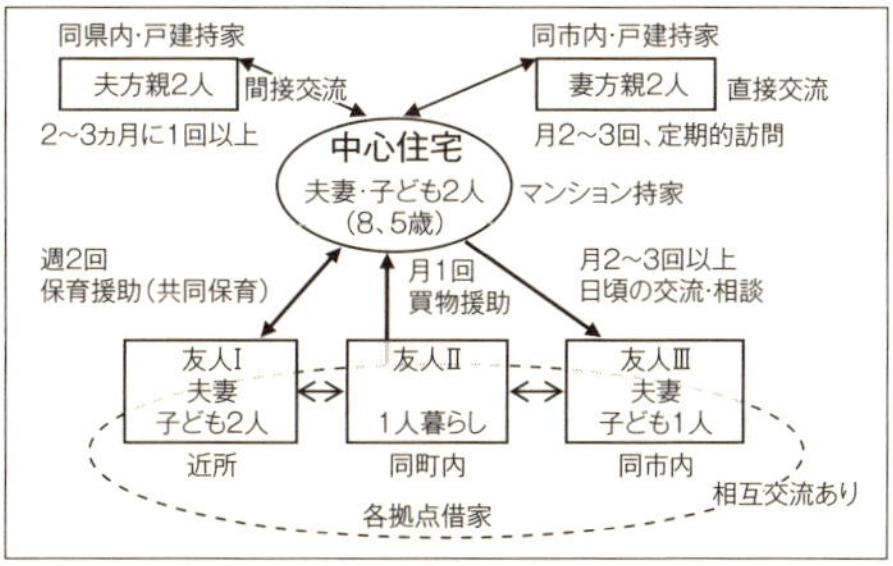

※事例１～５の外枠□は家族意識範囲を示す。

ネットワーク居住と住空間機能の変容

今日の居住社会に広く存在するネットワーク居住の多様な成立形態と複数の住宅の関係性による再編成は、従来の住宅の意味と役割の変容をもたらす。それはまず、家族と住宅における中心性の相対化（拡散・消失）であり、「中心住宅」の外延化（住機能の地域的分散）である。さらに従来の中心住宅（家族）の延長としての単身赴任・子世帯の分散が、各拠点の自立により、全面依存から双方向的交流・支援・空間利用に変化していく。

次は住機能の移転・分担による住空間機能・役割の変容である。「空間利用型」で収納機能を他住宅に一部依存するケースは住機能の分担であり、家事・保育・介護等の一方的依存関係は機能の移転といえる。その他に仕事の拠点や休養のための他住宅利用など、さまざまな空間ニーズに対応するためネットワーク上の複数住宅を利用する。こうした現状は他住宅（空間）との機能分担・移転または使い分けであり、「多住戸利用による生活の多拠点化」、つまり住機能の地域的分散を意味する。

さて、ネットワーク居住によって住機能が完結されるとしたら、一戸一戸の住宅の機能は変わっていく。中心となる住宅は空間機能を拡大させ、広間や台所の食事空間機能の充実化など、定期的に交流できる場を設ける。客間ではなく、遠距離分散に対応するため短期、中期、長期的な滞在が可能な「専用部屋」を備え、収納空間を確保する。ネットワーク居住における分散住宅が最小限の空間機能でいいとすると、中心となる住宅は多様な要望に対応するため、平面の可変性や柔軟性という計画上の課題が出てくる。

④居住のネットワーキングがもたらす住居の方向性

今日の分散家族において十全な生活要求がネットワークを通した複数住宅間の役割の再編成によって満たされる居住システムは、定住を目的とする「地域完結型の居住構造」から「地域間連帯による居住構造」への転換を追求する。そのために各種サービスと空間をつなげた多様な「中間拠点」の確保と多様な形態の住宅（たとえば、利用の観点から空間機能縮小型の「軽い住居」等）を用意する必要がある。

なお、「一戸の住宅が持つ意味や機能」に対する意識や「一世帯一住宅」という見方で一貫してきた住宅政策の方向転換を促すものである。従来の十全な個別住戸の供給から地域の住宅ストックの活用を含む多様な住宅形態と多様なレベルの住宅を確保・提供・管理していく政策への移行が求められる所以である。

一方、居住者側においては個別住居の枠を超えてつながる、「居住のネットワーキング」に対する自覚と積極的な取り組みや閉鎖的住居の開放化に対する意識の転換が求められる。

高齢社会の進展で高齢者の居住問題がクローズアップされるなかで、同居や隣居だけではなく、離れて住みながら親しい関係を維持し、住要求を充たしていく居住の解法が求められている。多世代・多世帯間のネットワーク居住はこのような成熟社会の住宅問題を解くキーワードともいえる。

〈参考文献〉

・金貞均・近江隆「現代家族の分散居住の実態と居住ネットワークの形成」（『日本建築学会計画系論文集』第456号、１９９４、209～216頁）
・近江隆・金貞均・小倉啓太「ネットワーク居住の成立形態と住機能の変化」（『日本建築学会計画系論文集』第468号、１９９５、161～169頁）
・金貞均・近江隆「大都市におけるネットワーク居住の成立形態と住機能の変容」（『都市住宅学』第16号、１９９６、101～107頁）
・金貞均・近江隆「地方中小都市及び農山村地域におけるネットワーク居住の成立とその役割」（『日本建築学会計画系論文集』第528号、２０００、195～202頁）
・金貞均「少子化における子育てと「ネットワーク居住」―「非血縁・ネットワーク居住」への期待を寄せて―」（『都市住宅学』第29号、２０００、33～38頁）

第13章

近居的家族のアジア的なあり方から地域に住むことを考える

畑　聰一

①東南アジアの隣居・近居とその背景

インドシナ半島の平野部を切り拓き水田耕作をおこなう人たちは、東南アジアにおける近代国家の担い手である。しかし、かれらの多くは姓氏をもたず、父方と母方とにこだわらない、さまざまな双系的社会を維持していた。いち早く近代国家への道を歩みはじめたタイの場合、国王の命により姓氏をもつことが義務づけられたのは大正５（１９１６）年である。マレーシアのマレー社会では、いまも姓氏を必要としない生活がいとなまれている。

このような家や家族の系譜にこだわらない東南アジアの社会は、男系の族譜をよすがとする中国や韓国の社会とは異質である。しかも、そのような社会構造の違いは、人びとが思いえがく家族像や人間関係の築きかたにまで深く及んでいる。前田成文氏は、東南アジアの典型がマレー社会にあるとして、その組織原理を２人の「間

注１　前田成文『東南アジアの組織原理』（勁草書房、１９８９）

注２　水野浩一『タイ農村の社会組織』（創文社、１９８１）

注３　神田淳『タイ族の住居、集落空間の構成に関する研究』（芝浦工業大学修士論文、１９９６）

柄」の論理にもとづく『対人主義』と位置づけた。[注1] また、そうした社会にあっては、家族と親族との境界はあいまいで、ともに親子、キョウダイという基礎的な血縁関係をもとにした社会関係の累積体であるとみる。

それは住居の形式や住まい方にも反映されている。かつて東北タイを調査した水野浩一氏は、親世帯の屋敷に子世帯がそれぞれに家を建てて住み、屋敷ごとに農地を共同で耕作し、共同の穀物倉に収蔵しつつ炊事を別々におこなう集団があるとして、これを屋敷地共住集団と呼んだ。[注2] それがどのような特徴をもっていたかを、タイ北部、メータム・ヌア村の調査事例[注3]を参照しながら考えてみたい。

メータム・ヌアは開墾期を経て、180年ほど前に定住をはじめた寒村である。調査時には145世帯からなっていた。90年前に建設された寺院、それに南接する聖なる大木、寺院の西には部落神を祀るガンチャイバーンという石積みなどが信仰の対象として存在し、ほかに市場、小学校、サラー（休憩所）などの施設が立地する。集落内には屋敷を増設する余地は残されておらず、幹線道路沿いの水田の一部が宅地化しはじめていた。**図1**は集落図のなかに婚姻で生じた住まいの移動を記したものである。すでに穀物倉を共同使用する習慣は失われ

図1　北タイ、メータム・ヌア村の屋敷地共住集団

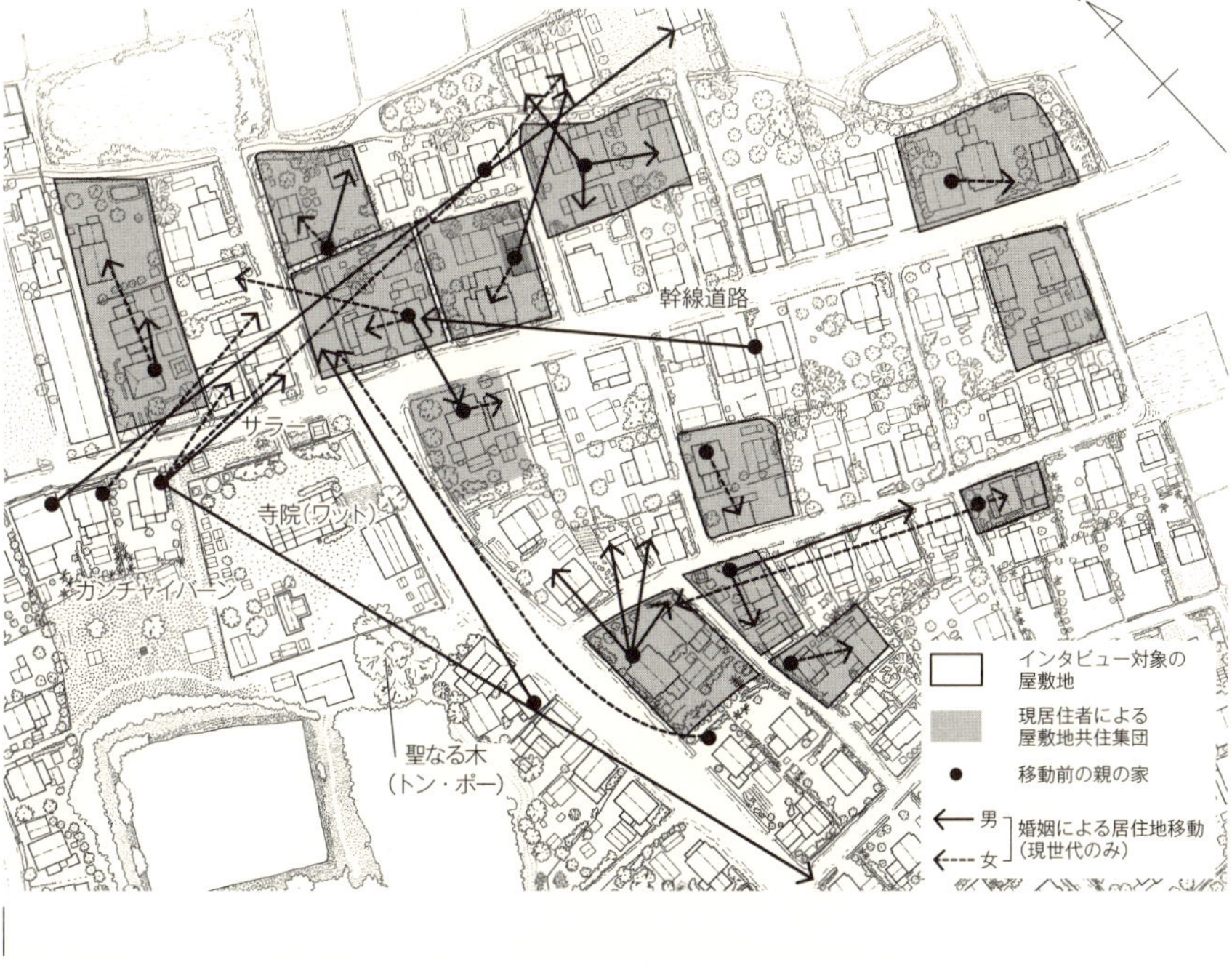

ているが、そこには屋敷地共住集団としての住まい方をみることができる。

屋敷に余裕がない場合、分家は近くの土地に建てざるをえないが、それらの土地も世代をさかのぼれば同一敷地だったと考えてよい。世帯数の増加とともに屋敷の分割を繰り返して現状のように細分化してきたからである。つまり、親戚筋に当たる家の空き地を借りるかまたは買って家を建てている。**図1**に示す13ヶ所の屋敷地にインタビューをおこなったが、最長老の直下の世代の全既婚者57家族のうち、60%に当たる34家族が村内に留まっていた。その内訳をみると息子の場合は41%に過ぎないが、娘は79%に達していた。娘や末子が財産を譲りうけるかわりに親の老後は世話役として期待されているのである。このような親の屋敷に娘世帯が割り入って新居を建てて居住するかたちは、マレーシア北部のマレー人集落の調査でも顕著であった。こうした事例は、東南アジアの平野部の組織原理が、血縁をもとにした社会関係の累積体であり、しかもそれが地縁的な広がりをもって展開することを示している。

②ロングハウスの住まい方と共同性

平成9年からしばらくサラワクの熱帯雨林に通ったが、すでに奥深くまで木材企業が進出し、自給自足のイバン文化は風前の灯であった。ここでは先行研究を参照しながら、特異な共同性を育むロングハウスの空間構成と住まい方について言及する。

写真1　屋敷囲いのない開放的な南ラオス・ノンブァヤイ村の床下空間

注4
J. D. Freeman "The Iban of Borneo", S. Abudul Majeed ; Kuala Lumpur eds., London School of Economics, *Monographs on Social Anthropology*, No.41, 1992.

ロングハウス研究の古典は、昭和24～26年におこなったフィールドワークをまとめたJ・D・フリーマン氏の民族誌[注4]である。当時のロングハウスは、ルアイ（**写真2**）と呼ぶ共用部分が床面積のほぼ半分を占め、棟下の仕切壁一枚によって世帯の大部屋であるビリックと二つに分割されていた。当時はまだ今日のようなダポールと称する後方の私的な空間は存在しておらず、仕切りのない大きなビリックが世帯のさまざまな生活を受け入れていた。昭和49年にRh・ウニョンのフィールドワークをおこなった関根康正氏はビリックの住まい方を詳細に報告[注5]しているが、これはダポールが付設される直前のビリックの状態を記録したものと考えてよいだろう。

当時までは、細長く見通しの良いルアイとこれにハーモニカの穴のように取りついたビリック、そしてルアイ前面（河川側）に設けた露台を使って生活した。かつてのルアイについては、フリーマン氏の民族誌などから、今日のような大雑把な廊下状の空間ではなく、一つながりであっても露台側の半分をビリックの間口ごとに軽く手すりで仕切る、パドン・ルアイという世帯用のスペースを設けていたことがわかっている。だから、ビリックの背後に私的なダポールが拡充される昨今の状態とは大きく異なり、共同生活を支える開放的なルアイがきめ細かくつくられ充実していたことになる。当時はロングハウス内での生活はいまよりも共同化へと向かい、ルアイが交流の拠点になっていたと推察される。ロングハウスの空間構成については**図2、3**に示した。[注6]

フリーマン氏の記述によれば、ロングハウスの社会構造は以下の特徴をもつ。同居する世帯は通常の家族という概念では捉えられないとして、イバンの呼称をその

注5
関根康正「ロングハウスをめぐる空間構造―イバン族のばあい」（『季刊人類学』10―2、1979）

注6
芝浦工業大学・畑研究室「ボルネオ島、サラワクのロングハウス／熱帯雨林の集合住宅」（『住宅建築』1999・9）

写真2　イバンのルアイ
ガワイ祭りは世帯ごとにそれぞれのビリック前のルアイにて行われる

まま使い、ビリック・ファミリーと呼んだ。世帯が拠点とする大部屋もまたビリックと呼ばれる。結婚後の居住は夫方でも妻方でもどちらでもよいが、どちらか一方を選択しなければならない。結婚によってビリックを離れると相続権を失うが居住先での相続権が生まれ、離婚や死別を機に元のビリックに戻ればそこでの相続権が復活する。つまり、常に居住するビリックの相続権だけが与えられる仕組みになっている。

　夫方居住と妻方居住の比率が半々であり、子どもの帰属についても夫方と妻方が半々である。また52人の未亡人のうち、夫との死別に際してとどまる者と生家に戻る者の比率も半々である。ビリックの創設者の54%が女性であり、46%が男性である。ロングハウスでは、建設のあとも端部に新規参入のビリックを建て増していくが、34の分立（分家という概念はそぐわない）のうち、夫方と妻方の系譜をひく分立についても半々である。一方、イバンは養子縁組を頻繁におこない、養子に対しても実子と同等の権利と義務を与えている。23のビリックのうちの15ビリックで養子縁組がなされている。

　離婚や再婚は住民の意思と棟長の裁定でおこなわれ、離婚後は一方が生家に戻り、子どもたちも

図2　フリーマンが示したロングハウスの空間構成

フリーマンが採集した1950年頃の事例

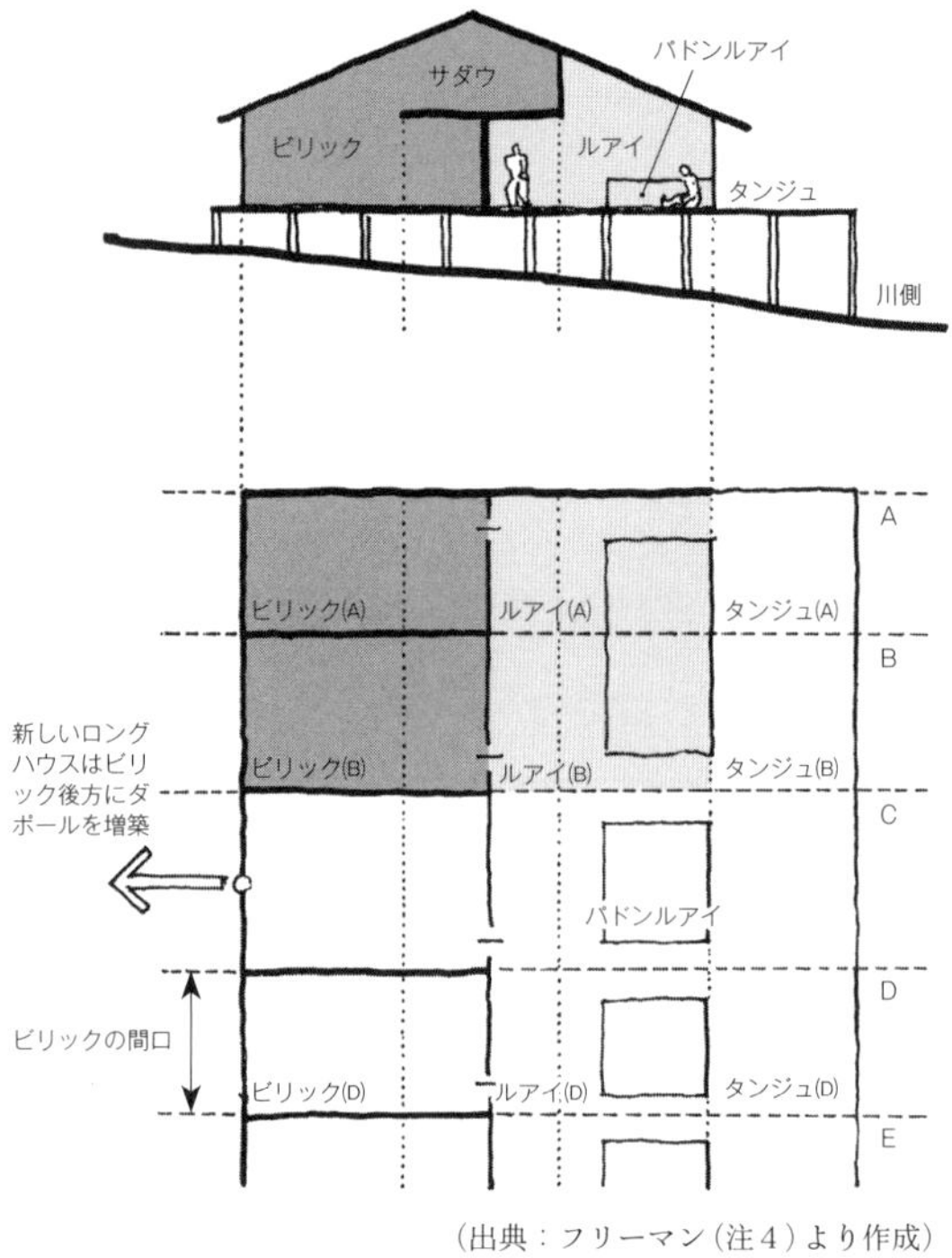

（出典：フリーマン（注４）より作成）

個々の判断で父方と母方のビリックの一方を選ぶことになる。同じロングハウスに住みつつ数回の結婚と離婚を経験して子育てをする人が少なくないので、近親者たちがルアイを介してともに暮らすことにもなる。イバン社会は、父方と母方の一方に偏ることなく人間関係を構築し、男女がビリックを拠点に生活しながら開かれた同等性を発揮して暮らすことに特徴がある。年月が経過すると棟内での婚姻が進み、拡大家族のように複雑化する。しかし、ロングハウスが解体されても、ビリックの相続権は担保され、ビリックに伝わる聖なる米や砥石とともに新しいロングハウスのビリックへと受け継がれていく。

イバンのロングハウスは、男、女の関係がイーブンで、開かれた共同体として桃源郷のごとく存在してきたが、社会構造と空間構造とが相即不離のものとして展開した背景を見逃すことはできない。

③ 済州島のバッコリと対馬のヨマ

戦前、済州島の人たちは、春になると小舟を連ねて数千人の規模で家族ごと対馬にやってきた。秋までの半年間、対馬に拠点を移して生活し、子どもは学校に通い女性たちは海女漁業を

図3　ダポールが増設された2棟（Rh. プソー、Rh. セリオン）のロングハウス（1998年調査時）

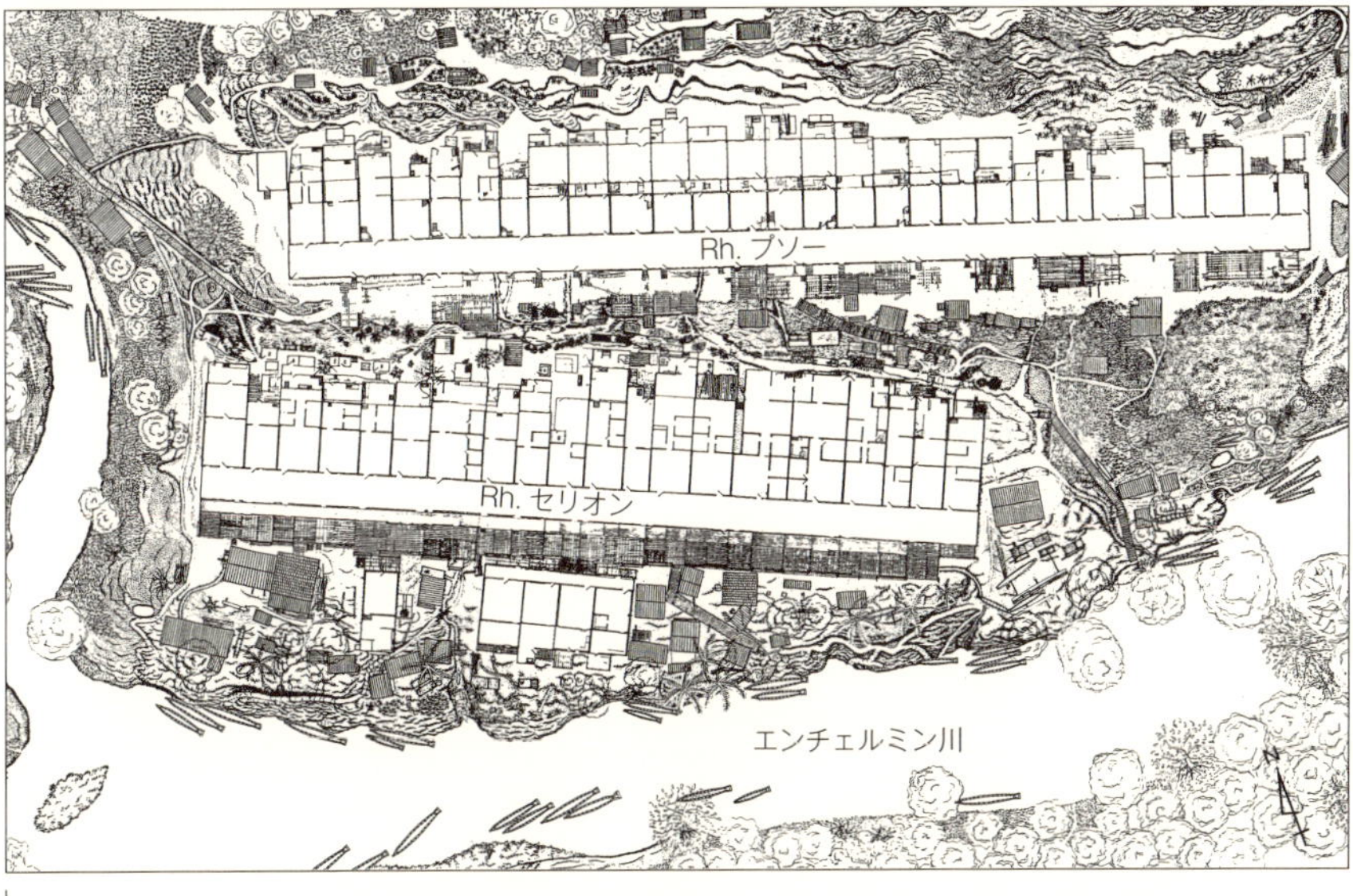

担っていた。そのような関係が居住文化に与えた影響は少なくないと思われるが、二つの島にはそれぞれ隠居分家の仕組みが存在していた。

済州島の家族は夫婦家族である。長男夫婦といえども、親が働けなくなるまで親夫婦と住まいを別け、別財、別食の生活を貫いていた。通常、二つの家は同じ屋敷に建てられ、アンゴリ（母屋）およびバッコリ（外屋／副屋）と称する。庭を挟んで向きあう（**写真3**）か、L型に配置して、二世代の家族が間取りや広さの要求に応じて住み替えられるようになっていた。バッコリに相当する家屋が離れた場所に確保される場合もあった。

アンゴリとバッコリを使い分ける分家の方法は、津波高志氏によって以下の三つのモデルにまとめられている。[注7]「分出帰還型」は、親夫婦が長男の結婚を契機にアンゴリを譲り、次男以下を連れ新しい家をつくって移り住み、このような分出を繰り返し、男子がすべて所帯をもったあと、ふたたび長男夫婦が住むもとの家のバッコリの方に帰還するかたちである。「送出継留型」は、長男が結婚し世帯を別けても、親夫婦は屋敷内にとどまり棟を別けて住み続け、次男以下については外に居を構えさせるかたちである。「単純継留型」は、息子がひとりしかいない場合や、いても養子に出すなどしてひとりの場合で、親夫婦、長男夫婦ともに屋敷に留まり続けるかたちである。

昭和63年の夏、漢陽大学校の朴勇煥《ぱくよんはん》研究室とともに済州島の古い山村と海村を選んでフィールドワークを実施した。そのうち28軒にインタビューをおこなった。ところが、若い世代の農業離れと過疎化が進んで、津波氏のいう住まい方は失われつ

注7　津波高志『沖縄社会民俗学ノート』（第一書房、１９９０）

つあった。バッコリの呼称を残す事例が半数あるにもかかわらず、海村では伝統的な平面を残していない。ほとんどがRC造に建て替えられている。同じ敷地のアンゴリとバッコリを世代で住み分ける事例はなく、村内の別の家屋とのあいだで住み替えてきた事例が二つある。一方の山村では、半数近くの屋敷に築年不詳の伝統的な平面をもつバッコリが残っていたが、そこには誰も住んでいなかった。かつてアンゴリとバッコリを上下世代で住み分け、交換もしたという事例が1つだけ存在した。

もう一方の対馬にも隠居家が存在する。鰐浦《わにうら》集落の調査をおこなったのはその翌年の昭和64年の夏である。耕地に恵まれない対馬では、世帯を本戸と寄留とに分け、本戸の数を増やさないようにして村を維持してきた。しかも本戸の男子は「子ども―本人―戸主―隠居」という年齢階梯のなかに位置づけられ、それぞれに役割を担ってきた。本人は一家の働き手として、ムラの公式会合や本戸の共同労働などに参加するが、イエの主催者としての役割はもっぱら戸主が担っていた。そして、イエやムラに対し、戸主を退いた隠居であることを可視化する空間が、「ヨマ」と呼ばれる隠居家であった。かつてのヨマは屋敷のなかにつくられ、寝るだけの空間であった。オモテと呼ばれる母屋には戸主の家族だけでなく、本人夫婦やその子どもたちも同居した。

昭和24年に18軒あったヨマは40年を経た調査時にいたっても3軒しか滅失していなかった。むしろ過疎が進むなか、53軒ある本戸のうちの37軒にヨマがつくられていた。ヨマは昭和30年代まで二間取りであったが、40年代に入ると三間取りになり、

写真３　済州島　アンゴリ（母屋）とバッコリ（外屋／副屋）が向き合う鳳城里の住まい

50年代以降はさらに規模が拡大して2階家となる。その間にヨマの機能も充実する。便所と風呂はオモテやヨマから離されていたが、やがてオモテに取り込まれ、50年代以降はヨマにもつくられるようになる。調査時には寝るだけのヨマは存在せず、その一方で、屋敷外の土地に、最新設備を備えた小さな住宅がヨマとして建てられるようになっていた。

変質してしまった対馬のヨマも、失われつつあった済州島のアンゴリとバッコリも、ともに時代の変化や家族の成長を受け入れるシステムとして地域社会を活性化させる役割を担ってきた。過疎に伴う共同体の緩みや人びとの高齢化など、時代の変化にあわせながら役割や内容を変えて生き続けた側面を見逃せない。

④ 伊勢湾答志集落が示唆する近居的家族

伊勢湾口の離島に位置する答志《とうし》集落は、地域の伝統的な居住文化を伝える稀有な事例である（写真４）。しかも、離島ゆえに育まれ維持されつづけた地域の居住文化のありようは、そのまま島国日本の縮図として受けとめることが可能である。答志の人びとに尋ねると、かれらの濃密な暮らしを支えるしかけが三つあると指摘する。

もっとも重視されているのは、かれらがキンジョと呼ぶ地縁の関係である。キンジョはかつての隣組を受けついでいるがそれだけではない。町内会や漁協、輪番でおこなう神事、神社の氏子などの組織にはそれぞれに工夫が施されているので、組や班の境界線は交叉して複雑に絡みあう。だから地縁の関係は濃密にするが、縁辺

写真４　昭和53年当時の答志。夕刻のセコミチ風景

をわざとぼかしているようにもみえる。その一方で、トナリは迷惑をかけることが避けられないとして、かつては葬式や結婚式の最上客として扱われた。となりの坂《さか》手《て》島《じま》では両隣の家をカンペキと称して特別な扱いをした。

キンジョに次いで重視されているのはネヤコである。答志ではいまも近世いらいの寝屋制度がかたちを変えて受け継がれている。男子は高校を出ると、仲間とともに社会経験が豊富で村内の信頼を集める人に頼んで義理の親になってもらい、その家の一部を借りて夜間の共同生活を続けるのである（図4）。ネヤコは青年期の社会教育や漁業技術を習得する場として重要な役割を果たしてきた。仲間が結婚して解散するまで何年も続けられるので、寝屋親、寝屋子の結束は強固なものになる。このような義理の関係は朋友会やネヤコ朋輩として人間関係の支えになっており、互恵活動の根幹をなしている。注8

三つ目はシンセキである。離島で生活していると、船が唯一の移動手段であり、人やモノの流れがよく見える。昭和30年代までは、集落に住む者どうしの結婚が大半を占めていた。だから、彼らのいう「島中が親戚」をとおり越して、島中が家族と呼べるほど濃密な関係であった。しかし、その後は鳥羽市への合併編入、漁協組織の統合再編などを契機に人びとの結束はゆるみ、生活は周

図4　答志における昭和5年以降の寝屋親経験世帯

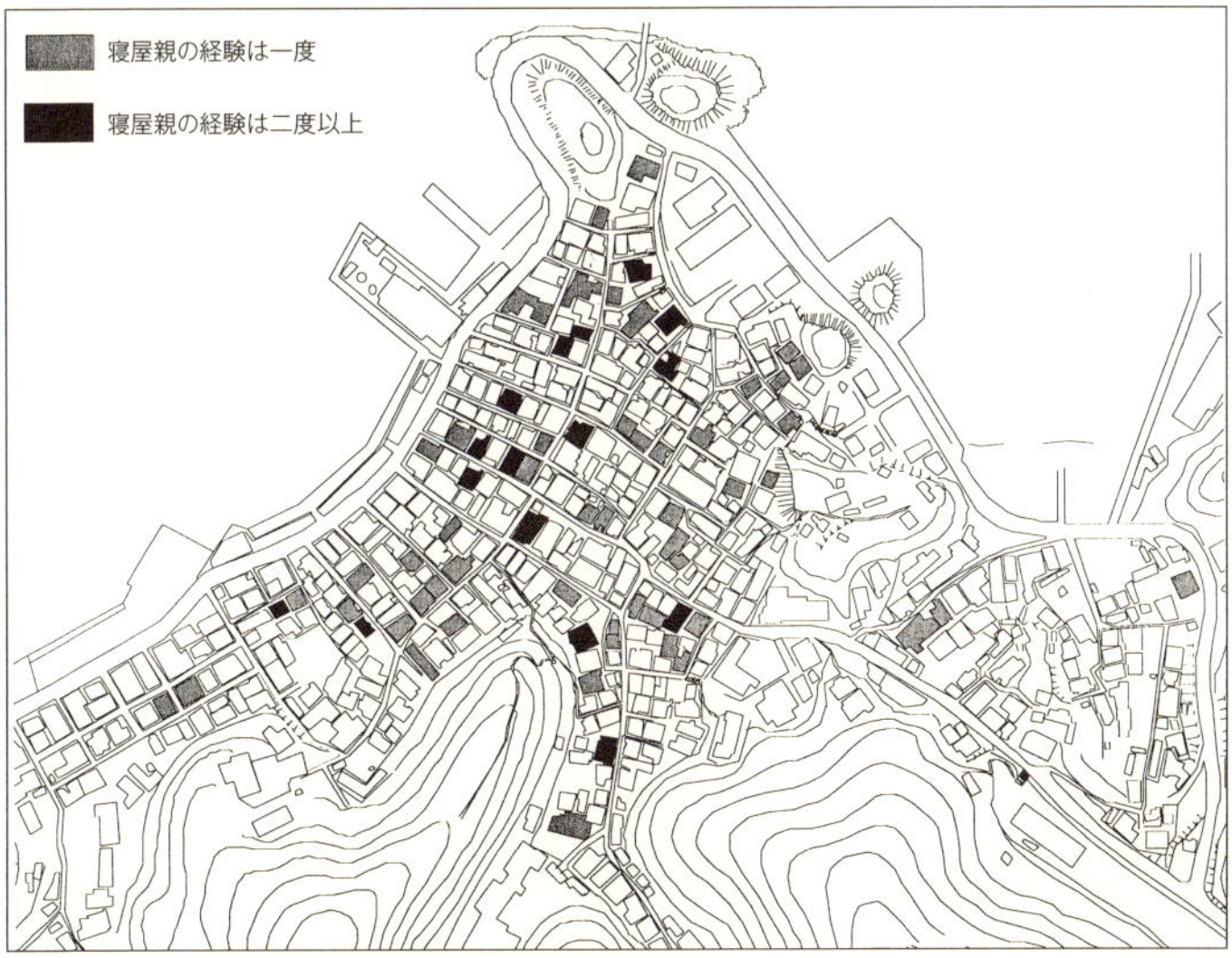

（出典：大庭（注8））

注8
大庭啓司『離島漁村における社会構造の空間構成に及ぼす影響に関する研究』（芝浦工業大学卒業論文、1998）

辺地域へとひろがった。陸部から嫁ぐ人が増え世代交代が進むと、息子には漁業を継がせたいが、娘を漁師の嫁にしたくないという偏った考えが生まれ、やがて大勢をしめるようになる。答志では夫婦で操業するなりわいが定着して家族経営の漁業を支えてきたので、このような変化は漁業の構造にも及んでいる。

　そのうえ寝屋や輪番でおこなう祷屋《とうや》祀りは住宅を使用する集落の行事として制度化されていた。結婚式や葬式などの人生行事も昭和50年代前半までは住宅を使っておこなわれたが、なかでも集落全員が見送る葬列は、死者と列を担う従者との間柄が決まっていたので、死者をとりまく人間関係さえも可視化するものであった。答志のお年寄りがひとりになっても答志を離れようとせず、何の不安もなく生きていけるのは、答志に育ったという自負とともに、このような役割を担いつづける仕組みが生きがいになり、人生にいろどりを添えているからである。

　近居をめぐるアジア的な住まい方に共通するのは、集落や地域のアイデンティティを持続させる文化的な仕組みが機能していたことである。いずれも課題を個別に受け止めることはせず、地域の慣習やルールに委ねて集団のものとしてとらえ解決し、またそこに価値をみいだしてきたといってよい。答志についていえば、地縁や血縁へと陥りやすい離島の社会を活性化させるために、ネヤコのような複雑な仕組みを展開させたと考えたい。しかもアジアで培われた人間関係は、もとより開放的、融和的であった。住まいのつくり方についても、固い壁で別けることは好まず、床の仕上げ材料やレベル差を巧みに使い分けるなど、つながりを重視しながらともに住まう方法を蓄えてきたといってよい。

あとがき

当財団が出版している機関誌『すまいろん』２０１１冬号に、『近居・隣居のススメ―「住宅に住む」から「地域に住む」』と題した特集記事を掲載しました。編集委員の一人であった大月敏雄准教授の企画提案によるものです。また関連して平成22年11月に開催したシンポジウムでの、大月先生をはじめ、パネリストで登壇いただいた金貞均教授、上和田茂教授のお話が、近居・隣居は、少子高齢化がもたらす課題に住民が主体的に取り組める手立ての一つと思うきっかけとなりました。

さて、当財団では住まいに関する研究活動の成果を一般向けに分かりやすく伝えるために、「住総研住まい読本」シリーズの出版に取り組んでおりますが、今回の第４巻は、『すまいろん』２０１１冬号に加え、平成25年11月に発行された一般社団法人日本住宅協会の機関誌『住宅』で、同じく大月先生が企画担当された特集「多世代居住」を加筆修正いただいたもので、近居の実態に関する調査研究や自治体の事例紹介などを含めて発行できたましたことは、日本住宅協会のご理解の賜物と改めてお礼申し上げる次第です。

本書の提示している論点の一つ目は、「会いたいときに娘家族に会える」「孫に会える」「何かあれば飛んで来てくれる」親の生きがいや安心感、「経済的な支援が得られる」「子供の面倒を見てもらえる」「二つの住居で生活が可能」などの子の実利面、親子間の近居による付かず離れずの暮らしが、少子高齢化に向けて住まい手が成果を描きやすい対策として期待できる点です。日常的な現実のなかに高齢期の暮らし方や地域のありようを解決するヒントが隠されているようです。

二つ目の論点は「人は住まいに住んでいるとともに、地域に住んでいる」ことを近居の実態から解き明かしている点です。若年層が親元を離れることで進む過疎化や高齢化も、近居による住民間の日常的な移動を「地域に住む」と捉えれば、地域で多様な年代が集まって住み続けているといえるのではないかということです。

三点目は近居の生活実態から捉えた結果の住宅政策への提言です。親と子からなる核家族を標準世帯とした戦後の住宅政策は、高齢者をひと括りにして扱ってきた結果、施設整備や生活支援や介護サービスに実態を超えた税金が投じられ、生産年齢層への過度の負担となっているのではないかという疑問と住宅政策への提言です。

本書では、すでに近居の生活実態を政策に取り込んでいる自治体が紹介されています。住民の生活実態を正確に捉え、政策に反映することは決して簡単なことではありませんが、住まい手の自主的選択の結果が政策に生かされると考えれば住まい手自らが作る政策ともいえます。

本書に描かれた近居の実態を読み解いていただき、明るい兆しを感じられる暮らし方の選択や住宅政策に活かしていただき、さらには当面の課題解決の先に、少子高齢化そのものの解消にヒントを見つけ出していただければと、期待しています。

末筆になりましたが、本書の執筆に関わられた大月先生を初め多くの諸先生、ならびに行政の方々、日本住宅協会の亀本和彦専務理事、谷川浩一業務部長代理、そして学芸出版社の前田裕資さんには心より御礼申し上げます。

一般財団法人住総研　専務理事　岡本　宏

著者略歴

大月敏雄（おおつき・としお）
東京大学教授。
１９９１年、東京大学工学部建築学科卒業。
１９９６年、同大学大学院工学系研究科博士課程単位取得退学。横浜国立大学工学部建設学科助手。博士（工学）取得。２００３年、東京理科大学工学部建築学科助教授を経て、現職に。主な著書に、『集合住宅の時間』（王国社）、『消えゆく同潤会アパートメント』（共編著、河出書房新社）、『２０３０年超高齢未来』（共著、東洋経済新報社）、『現代住宅研究の変遷と展望』（共著、丸善）など。

軽部　徹（かるべ・とおる）
桜川市市長公室産業立地推進課主幹。東京大学大学院工学系研究科建築学専攻博士課程。
２００２年、同志社大学文学部社会学科卒業。
２０１３年、東京大学大学院工学系研究科修士課程修了。２００３年、岩瀬町役場に入庁後、町村合併を経て、現職に。主な業務実績として、桜川市景観まちづくりマスタープランの策定、桜川市都市のあり方検討報告書の作成、桜川筑西ＩＣ周辺都市整備構想の策定など。

横江麻実（よこえ・まみ）
大和ハウス工業株式会社商品開発部主任。
１９９４年、日本女子大学住居学科卒業後、大和ハウス工業株式会社入社。同社総合技術研究所研究員を経て、現職に。一級建築士、消費生活アドバイザー。主な著書に『エイジング・イン・プレイス 超高齢社会の居住デザイン』（共著／学芸出版社）など。

松本吉彦（まつもと・よしひこ）
旭化成ホームズ株式会社くらしノベーション研究所所長、二世帯住宅研究所所長。日本インテリア学会理事。一級建築士、インテリアプランナー。
１９８３年、東京大学工学部建築学科卒業、同年旭化成工業（当時）入社。１９９６年、英国・マンチェスター大学芸術学部都市計画・景観学科修士コース修了（MA）。２００３〜０４年、日本女子大学非常勤講師。２００７年より生活情報サイト All About「二世帯住宅で暮らす」のガイド。２０１３〜１４年、東京工業大学非常勤講師。主な著書に『二世帯住宅という選択 実例に見る同居の家族』（平凡社）など。

平山洋介（ひらやま・ようすけ）
神戸大学大学院人間発達環境学研究科教授。
１９８８年、神戸大学大学院自然科学研究科博士課程修了。２００３年より現職。住宅政策・都市計画を専攻。主な著書に、『住まいを再生する—東北復興の政策・制度論』（共編著、岩波書店）、『都市の条件—住まい、人生、社会持続』（ＮＴＴ出版）、『住宅政策のどこが問題か』（光文社新書）、『東京の果てに』（ＮＴＴ出版）、『不完全都市—神戸・ニューヨーク・ベルリン』（学芸出版社）、*Housing and Social Transition in Japan*（共編著、Routledge）など。

神奈川県県土整備局建築住宅部住宅計画課
住宅企画グループ
住生活基本計画など住宅施策の総合的企画・調整、住宅対策の推進、市町村公営住宅の指導・調整に関する業務を担っている。

神戸市都市計画総局住宅部住宅政策課
「神戸市住生活基本計画」や「神戸市高齢者居住安定確保計画」に基づき、神戸市における住宅政策の企画調整・調査研究を行うとともに、民間住宅に対する支援施策の立案及び実施などを担当。

四日市市都市整備部都市計画課政策グループ

都市計画マスタープランの見直し、土地利用計画、都市計画の決定及び変更手続き、住生活基本計画、緑の基本計画に関する業務を担っている。

品川区都市環境事業部都市計画課
住宅運営担当

包括的なまちづくりに資するため、都市計画課の一部署として住宅政策の企画、調整および調査を担当。公的住宅の維持管理・運営のほか、親元近居支援事業や住宅のリフォーム工事に係る費用の助成、分譲マンションの管理支援など住環境改善のための施策を実施。

在塚礼子（ありづか・れいこ）

埼玉大学名誉教授。工学博士。一級建築士。１９７０年、日本女子大学住居学科卒業。東京大学大学院工学系研究科修士課程修了、博士課程単位取得。埼玉大学教育学部講師、助教授を経て教授、東京学芸大学連合大学院教授兼任。２００６年、退職。主な著書に『老人・家族・住まい――やわらかな住宅計画』（住まいの図書館出版局）、『住まいを読む――現代日本住居論』（共著、建築資料研究社）、『変動する家族』（共著、建帛社）、『建築計画』（共著、市ヶ谷出版）、『住みつなぎのススメ』（共編著、萌文社）など。

上和田茂（かみわだ・しげる）

九州産業大学副学長、工学部住居・インテリア設計学科教授。

１９７７年、九州大学大学院工学研究科博士課程建築学専攻単位取得退学。１９８７年、工学博士。１９９３年、九州産業大学工学部建築学科教授。２００２年、工学部長を経て、２０１３年より現職。１９９１年、日本建築学会奨励賞受賞。主な著書に『「私らしく生きる」』（共著、ナカニシヤ出版）、『少子高齢時代の都市住宅学』（共著、ミネルヴァ書房）など。

金　貞均（きむ・じょんぎゅん）

鳴門教育大学大学院学校教育研究科生活・健康系コース教授。

1983年、祥明女子師範大学家政教育科卒業（韓国・ソウル）。１９９６年、東北大学大学院工学研究科建築学専攻博士課程修了、博士（工学）。１９９７年、鳴門教育大学学校教育学部助教授。２０１０年より現職。１９９３年、日本建築学会優秀修士論文賞受賞。１９９７年、日本建築学会東北支部研究奨励賞受賞。１９９７年、日本建築学会奨励賞受賞。

畑　聰一（はた・そういち）

芝浦工業大学名誉教授。博士（工学）。１９６６年、芝浦工業大学建築学科卒。１９６６～１９６７年、連合設計社みねぎしやすお事務所勤務。１９７３年、早稲田大学大学院博士課程満期退学。１９７６年から芝浦工業大学専任講師、助教授、教授。１９７５～２００８年まで、学生たちとともに、日本、アジア、地中海各地のフィールドワークをおこない、２００９年3月退職。

一般財団法人　住総研

１９４８年、戦後の逼迫した住宅不足に対応し、住宅建設に関する諸問題を研究、実践することを目的として、当時の清水建設社長清水康雄氏が私財を寄付し、設立された。現在は、住まいに関する総合的な研究・実践並びに人材育成を推進し、住生活の向上に資する事を目的に活動を行っている。編著に『第3の住まい―コレクティブハウジングのすべて』（エクスナレッジ）、『住みつなぎのススメ―高齢社会を共に住む・地域に住む』『新米自治会長奮闘記―こんなところに共助の火種』（萌文社）など。

本書担当　上林一英、岡崎愛子

住総研住まい読本

近居 少子高齢社会の住まい・地域再生にどう活かすか

2014年3月31日　第1版第1刷発行
2014年7月20日　第1版第2刷発行

編著者　大月敏雄＋一般財団法人 住総研
発行者　京極迪宏
発行所　株式会社 学芸出版社
〒600-8216　京都市下京区木津屋橋通西洞院東入
電話 075-343-0811
http://www.gakugei-pub.jp/
E-mail info@gakugei-pub.jp
印　刷　イチダ写真製版
製　本　山崎紙工
デザイン　KOTO DESIGN Inc.　山本剛史　萩野克美

ISBN 978-4-7615-1337-5